D1673722

ALEX BANAYAN

DAS TOR ZUM ERFOLG

ALEX BANAYAN

DAS TOR ZUM ERFOLG

MEINE VERRÜCKTE REISE AUF DER SUCHE NACH DEM GEHEIMNIS DER ERFOLGREICHSTEN MENSCHEN DER WELT

FBV

Bibliografische Information der Deutschen Nationalbibliothek
Die Deutsche Nationalbibliothek verzeichnet diese Publikation in der Deutschen
Nationalbibliografie. Detaillierte bibliografische Daten sind im Internet über
http://dnb.d-nb.de abrufbar.

Für Fragen und Anregungen
info@finanzbuchverlag.de

1. Auflage 2021

© 2021 by FinanzBuch Verlag, ein Imprint der Münchner Verlagsgruppe GmbH
Türkenstraße 89
80799 München
Tel.: 089 651285-0
Fax: 089 652096

Übersetzung: Kerstin Brömer
Redaktion: Silke Panten
Korrektorat: Anne Horsten
Umschlaggestaltung: Karina Braun
Umschlagabbildung: Shutterstock.com/Temstock
Illustration »Equality Hudles« Seite 285: © by Emanu. Published with permission of the artist.
Satz: Daniel Förster, Belgern
Druck: GGP Media GmbH, Pößneck
Printed in Germany

ISBN Print 978-3-95972-393-0
ISBN E-Book (PDF) 978-3-96092-725-9
ISBN E-Book (EPUB, Mobi) 978-3-96092-726-6

Weitere Informationen zum Verlag finden Sie unter

www.finanzbuchverlag.de

Beachten Sie auch unsere weiteren Verlage unter www.m-vg.de

Für meine Mutter und meinen Vater,
Fariba und David Banayan,
die all dies ermöglicht haben.

Und für Cal Fussman,
der diesen Traum Wirklichkeit werden ließ.

INHALT

SCHRITT 1
VERGESSEN SIE DIE WARTESCHLANGE

*L*eben, Geschäft, Erfolg ... damit ist es genau wie mit einem Nachtclub.

Es gibt immer drei Wege hinein.

Die erste Tür ist der Haupteingang, an dem die Warteschlange die Straße entlang und um die nächste Ecke herumführt; dort stehen 99 Prozent der Menschen an, in der Hoffnung, hineinzukommen.

Die zweite Tür ist der VIP-Eingang, durch den die Milliardäre, die Berühmtheiten und die Menschen schlüpfen, die in ein Leben der Reichen und Schönen hineingeboren wurden.

Aber was Ihnen niemand sagt, ist, dass es immer, wirklich immer ... die dritte Tür gibt. Sie ist der Eingang, bei dem man aus der Reihe springen, die Gasse hinunterrennen, hundertmal gegen die Tür klopfen, das Fenster aufbrechen, durch die Küche schleichen muss – es gibt immer einen Weg.

Ob es darum geht, wie Bill Gates seine erste Software verkaufte oder wie Steven Spielberg der jüngste Studioregisseur in der Geschichte Hollywoods wurde, sie alle nahmen ... die dritte Tür.

KAPITEL 1
AN DIE DECKE STARREN

》》 Hier entlang ...«

Ich schritt über den Marmorboden, bog um eine Ecke und betrat einen Raum mit gleißend hellen Fenstern, die von der Decke bis zum Boden reichten. Dahinter glitten Segelboote übers Wasser, sanfte Wellen schlugen ans Ufer, und ein Yachthafen reflektierte die Nachmittagssonne, die die Lobby mit einem strahlenden, himmlischen Schein erfüllte. Ich folgte einer Assistentin einen Flur entlang. Im Büro standen Sofas mit den plüschigsten Kissen, die ich je gesehen hatte. Die Kaffeelöffel funkelten auf eine Art und Weise, wie ich noch nie zuvor Löffel hatte funkeln sehen. Der Tisch im Konferenzraum sah aus, als wäre er von Michelangelo selbst geschnitzt worden. Wir betraten einen langen Korridor, der von Hunderten von Büchern gesäumt war.

»Er hat jedes Einzelne gelesen«, sagte sie.

Makroökonomie. Informatik. Künstliche Intelligenz. Polio-Ausrottung. Die Assistentin zog ein Buch über Fäkalienrecycling heraus und reichte es mir. Ich blätterte es mit schweißnassen Händen durch. Auf beinahe jeder Seite waren Passagen unterstrichen und Notizen an die Ränder gekritzelt. Ich musste lächeln – die Handschrift der Kritzeleien erinnerte an die eines Fünftklässlers.

Wir gingen den Flur hinunter, bis die Assistentin mich schließlich bat, zu warten. Ich stand regungslos da und blickte auf eine hoch aufragende Milchglastür. Ich musste mich davon abhalten, sie zu berühren, weil ich am liebsten gefühlt hätte, wie dick sie war. Während ich wartete, dachte ich an all die Dinge, die mich hierher geführt hatten – das rote Halstuch, die Toilette in San Francisco, der Schuh in Omaha, die Kakerlake im »Motel 6«, das ...

Die Tür öffnete sich.

»Alex, Bill hat nun Zeit für Sie.«

Er stand direkt vor mir, mit ungekämmten Haaren und einem locker in die Hose gesteckten Hemd, und nippte an einer Dose Cola Light. Ich wollte etwas sagen, aber ich bekam nichts heraus.

»Hey«, sagte Bill Gates. Bei seinem Lächeln hoben sich seine Augenbrauen. »Kommen Sie herein ...«

Drei Jahre zuvor, in meinem Zimmer im Studentenwohnheim, erstes Studienjahr

Ich wälzte mich im Bett auf die Seite. Ein Stapel Biologiebücher lag auf meinem Schreibtisch und starrte mich an. Ich wusste, dass ich lernen sollte, aber je länger ich die Bücher ansah, desto mehr wollte ich mir die Bettdecke über den Kopf ziehen.

Ich drehte mich auf die rechte Seite. Ein Football-Poster der University of Southern California hing an der Wand über mir. Als ich es dorthin geklebt hatte, hatten die Farben geleuchtet. Jetzt schien das Poster mit der blassen Wand zu verschmelzen.

Ich drehte mich auf den Rücken und starrte an die stumme weiße Decke.

Was zum Teufel stimmt nicht mit mir?

Seit ich mich erinnern kann, sollte ich Arzt werden. So ist das, wenn man der Sohn persisch-jüdischer Einwanderer ist. Ich bin praktisch mit einem »Dr.« als Brandzeichen auf meinem Hintern geboren worden. In der dritten Klasse trug ich zu Halloween einen Arztkittel in der Schule. Ein solches Kind war ich.

In der Schule war ich zwar nicht der Klügste, aber ich war beständig. So bekam ich beispielsweise als Note typischerweise eine Zwei minus, und ich las andauernd irgendwelche Lektürehilfen zum Lehrstoff. Den Mangel an glatten Einsen machte ich wett, indem ich beharrlich mein Ziel verfolgte. Während meiner Highschool-Zeit unternahm ich alle erforderlichen Schritte – ich arbeitete freiwillig in einem Krankenhaus, nahm zusätzlichen naturwissenschaftlichen Unterricht und war besessen davon, die Tests zur Überprüfung der Studieneignung exzellent zu bestehen. Aber ich war zu sehr damit beschäftigt, all diese Erwartungen zu erfüllen, anstatt einmal innezuhalten und mich zu fragen, wessen Erwartungen das eigentlich waren. Als ich mit dem College anfing, hätte ich mir nicht vorstellen können, dass ich einen Monat später jeden Morgen vier- oder fünfmal auf die Schlummertaste drücken würde – nicht weil ich müde war, sondern weil mir langweilig war. Trotzdem schleppte ich mich weiterhin in den Unterricht, erfüllte weiterhin alle Anforderungen auf dem Weg zum Mediziner und fühlte mich dabei wie ein Schaf, das der Herde folgt.

So kam es, dass ich nun hier auf meinem Bett lag und an die Decke starrte. Ich hatte mir vom Studium am College Antworten erhofft, doch stattdessen stellten sich mir nur noch mehr Fragen. *Wofür interessiere ich mich eigentlich? Was will ich als Hauptfach studieren? Was will ich mit meinem Leben anfangen?*

Ich drehte mich wieder um. Die Biologiebücher waren wie seelenlose Fabelwesen, die das Leben aus mir heraussaugten. Je mehr ich davor zurückscheute, sie aufzuschlagen, desto mehr dachte ich an meine Eltern – wie sie durch den Flughafen von Teheran gerannt und nach Amerika geflohen waren, dass sie alles geopfert hatten, um mir eine Ausbildung zu ermöglichen.

Als ich mein Zulassungsschreiben von der University of Southern California erhielt, sagte meine Mutter mir, dass ich nicht dort studieren könne, weil wir es uns nicht leisten könnten. Obwohl meine Familie nicht arm und ich in Beverly Hills aufgewachsen war, führten wir, wie viele Familien, ein Doppelleben. Wir wohnten in einem guten Wohnviertel, doch meine Eltern mussten eine zweite Hypothek aufnehmen, um die Rechnungen zu bezahlen. Wir fuhren in den Urlaub, doch es gab Zeiten, in denen ich an unserer Haustür Zettel sah, auf denen stand, dass uns das Gas abgestellt werden würde. Der einzige Grund, warum meine Mutter mir erlaubte, die USC zu besuchen, war, dass mein Vater am Tag vor dem Anmeldeschluss die ganze Nacht aufblieb und mit Tränen in den Augen mit meiner Mutter sprach und sagte, er würde alles tun, damit wir über die Runden kämen.

Und so dankte ich es ihm? Indem ich im Bett lag und mir die Decke über den Kopf zog?

Ich warf einen Blick zur anderen Seite des Raumes. Mein Zimmergenosse Ricky saß an einem kleinen Holzschreibtisch, machte seine Hausaufgaben und spuckte Zahlen aus wie ein Taschenrechner. Das Quietschen seines Bleistifts verspottete mich. Ricky kannte seinen Weg. Ich wünschte, das wäre bei mir ebenso. Doch ich konnte nur an die Decke starren – und so gewiss keine Antworten erhalten.

Dann dachte ich an den Mann, den ich am vorigen Wochenende getroffen hatte. Er hatte ein Jahr zuvor sein Mathematikstudium an der USC abgeschlossen. Er hatte genau wie Ricky an einem Schreibtisch gesessen und Zahlen ausgespuckt, und jetzt verkaufte er ein paar Kilometer vom Campus entfernt Eiscreme. Mir wurde langsam klar, dass ein College-Abschluss nicht länger mit Garantien verbunden war.

Ich sah wieder zu den Lehrbüchern. Studieren ist das Letzte, was ich tun möchte.

Ich rollte mich auf den Rücken. Aber meine Eltern haben alles geopfert, damit ich nichts anderes zu tun brauche als zu studieren.

Die Decke blieb stumm.

Ich wälzte mich herum und vergrub mein Gesicht im Kissen.

***

Am nächsten Morgen stapfte ich mit meinen Biologiebüchern unterm Arm in die Bibliothek. Doch so sehr ich auch zu lernen versuchte, meine innere Batterie blieb leer. Ich brauchte eine Starthilfe, etwas, das mich inspirierte. Also schob ich meinen Stuhl vom Tisch zurück, schlenderte zu den Gängen mit den Biografien und holte ein Buch über Bill Gates heraus. Ich dachte mir, wenn ich über jemanden lese, der so erfolgreich ist wie Gates, könnte das eine Flamme in mir entzünden. Und das passierte tatsächlich. Es war nur nicht die Art Flamme, die ich erwartet hatte.

Dieser Mann hatte in meinem Alter seine eigene Firma gegründet, sie zum wertvollsten Unternehmen der Welt ausgebaut und eine Branche revolutioniert. Er war der reichste Mann der Welt geworden und dann als CEO von Microsoft zurückgetreten, um der großzügigste Philanthrop der Welt zu werden. Darüber nachzudenken, was Bill Gates erreicht hatte, fühlte sich an, als stünde man am Fuße des Mount Everest und würde auf den Gipfel starren. Ich konnte mich nur fragen: *Wie hat er die ersten Schritte den Berg hinauf gemacht?*

Unvermittelt blätterte ich durch die Biografien einer erfolgreichen Person nach der anderen. Steven Spielberg hatte als Regisseur den Mount Everest bestiegen, doch wie hatte er es geschafft? Wie war aus einem jungen Kerl, der von der Filmschule abgewiesen worden war, der jüngste Hauptregisseur eines großen Studios in der Geschichte Hollywoods geworden? Wie hatte Lady Gaga, als sie neunzehn Jahre alt war und in New York City kellnerte, ihren ersten Plattenvertrag bekommen?

Ich kehrte immer wieder in die Bibliothek zurück und suchte nach einem Buch, das die Antworten auf diese Fragen enthielt. Aber nach mehreren Wochen stand ich noch immer mit leeren Händen da. Es gab kein einziges Buch, das sich auf die Lebensphase konzentrierte, in der ich mich befand. Diese Leute waren zunächst völlig unbekannt gewesen und hatten keinerlei Verbindungen gehabt. Wie hatten sie es unter diesen Voraussetzungen geschafft, ihre Karrieren in Gang zu setzen? Plötzlich hatte mein achtzehnjähriges Ich eine naive Idee: *Nun, wenn niemand das Buch geschrieben hat, das ich lesen* möchte, *warum schreibe ich es dann nicht einfach selbst?*

Es war eine dumme Idee. Ich konnte nicht einmal eine Hausarbeit schreiben, ohne dass ich sie zur Hälfte mit roter Tinte bedeckt zurückbekam. Ich verwarf den Gedanken.

Aber während die Tage verstrichen, ließ die Idee mich nicht mehr los. Was mich interessierte, war nicht so sehr das Schreiben eines Buches, sondern vielmehr, mich auf »eine Mission« zu begeben – auf eine Reise, um die Antworten zu finden. Ich dachte mir, wenn ich nur selbst mit Bill Gates sprechen könnte, würde er mir den Heiligen Gral der Ratschläge geben.

Ich besprach diese Idee mit meinen Freunden und stellte fest, dass ich nicht der Einzige war, der an die Decke starrte. Auch sie wollten unbedingt Antworten haben. *Was, wenn ich im Namen von uns allen auf diese Mission ginge?* Warum rufe ich nicht einfach Bill Gates an, interviewe ihn, spüre einige andere Ikonen auf, schreibe ein Buch über meine Entdeckungen und teile sie mit meiner Generation?

Das Schwierigste, so dachte ich, wäre, das Geld dafür aufzutreiben. Die Reisen, um mit all diesen Leuten persönlich zu sprechen, würden Geld kosten, Geld, das ich nicht hatte. Ich erstickte in Studiengebühren und hatte nichts mehr von meinen Bar-Mizwa-Geldgeschenken übrig. Es musste eine andere Möglichkeit geben.

***

Zwei Nächte vor den Abschlussprüfungen des ersten Semesters war ich wieder einmal in der Bibliothek und machte eine Pause, in der ich durch Facebook scrollte. Da sah ich den Beitrag eines Freundes über Freikarten für die Fernsehshow *The Price is Right*. Die Spielshow wurde nur einige Kilometer vom Campus entfernt aufgezeichnet.

Sie gehört zu den Sendungen, die ich als Kind gesehen habe, wenn ich krank war und zu Hause blieb, statt in die Schule zu gehen. Darin wurden Zuschauer als Kandidaten aufgerufen, man zeigte ihnen ein Produkt, und wer den tatsächlichen Wert dieses Produkts am besten schätzte, ohne ihn zu überschreiten, gewann es. Ich hatte noch nie eine ganze Folge dieser Show gesehen, aber wie schwer konnte das schon sein?

Was wäre, wenn … Was wäre, wenn ich in die Show ginge, um etwas Geld zur Finanzierung meiner Mission zu gewinnen?

Es war absurd. Die Sendung sollte am nächsten Morgen aufgezeichnet werden. Ich musste für die Abschlussprüfungen lernen. Aber der Gedanke nagte an mir. Um mir zu beweisen, dass die Idee furchtbar war, öffnete ich mein Notizbuch und schrieb eine Liste mit den besten und schlimmsten Szenarien.

• • • • • • • • •

Das Schlimmste, was passieren kann …

1. Ich bestehe meine Abschlussprüfungen nicht.
2. Ich ruiniere meine Chancen auf ein Medizinstudium.
3. Mama wird mich hassen.
4. Nein … Mama wird mich umbringen.
5. Ich sehe im Fernsehen dick aus.
6. Alle werden sich über mich lustig machen.
7. Ich schaffe es nicht einmal in die Show.

Das Beste, was passieren kann …

1. Ich gewinne genügend Geld zur Finanzierung der Mission.

• • • • • • • • •

Ich informierte mich online über die Gewinnchancen. Von dreihundert Menschen im Publikum gewinnt einer. Ich rechnete mit meinem Handy nach: Das entspricht einer Chance von 0,3 Prozent.

Sehen Sie, das ist der Grund, warum ich Mathe nicht leiden konnte.

Ich blickte auf die 0,3 Prozent auf meinem Handy, dann auf den Stapel Biologiebücher auf meinem Schreibtisch. Doch ich konnte an nichts anderes denken als: *Was wäre, wenn …?* Es fühlte sich an, als hätte mir jemand ein Seil um den Bauch gebunden und zöge langsam daran.

Ich beschloss, das Naheliegende zu tun und zu lernen.

Aber ich lernte nicht für die Abschlussprüfungen. Ich lernte, wie man *The Price is Right* hackt.

KAPITEL 2
THE PRICE IS RIGHT

J eder, der *The Price is Right* auch nur dreißig Sekunden lang
gesehen und den Ansager »Sie sind dabei!« sagen gehört hat,
der weiß, dass die Kandidaten bunt gekleidet sind und schil-
lernde Persönlichkeiten haben. Die Show erweckt den Anschein,
als ob die Kandidaten zufällig aus dem Publikum ausgewählt würden – aber um etwa vier Uhr morgens, nachdem ich bei Google
nach »Wie komme ich zu *The Price is Right*« gesucht hatte, stellte
ich fest, dass es sich nicht um einen Zufall handelt. Ein Produzent interviewt jeden Zuschauer und wählt die ausgefallensten
aus. Wenn der Produzent Sie mag, setzt er Ihren Namen auf eine
Liste, die an einen Undercover-Produzenten weitergegeben wird,
der Sie aus der Ferne beobachtet. Setzt der Undercover-Produzent
ein Häkchen bei Ihrem Namen, werden Sie auf die Bühne gerufen.
Das war kein Glück: Es gab ein System.

Am nächsten Morgen öffnete ich meinen Schrank und zog
mein leuchtendstes rotes Hemd, eine große bauschige Jacke und
eine neongelbe Sonnenbrille an. Ich sah ungefähr so aus wie ein
pummeliger Tukan. *Perfekt.* Ich fuhr zum CBS-Studio, stellte meinen Wagen auf dem Parkplatz ab und näherte mich dem Anmel-
deschalter. Da ich keine Ahnung hatte, wer der Undercover-Produzent war, ging ich davon aus, jeder könnte es sein. Ich umarmte
Sicherheitskräfte, tanzte mit den Pförtnern, flirtete mit alten Da-

men – ich habe sogar Breakdance getanzt, obwohl ich nicht einmal weiß, wie man Breakdance tanzt.

Ich stellte mich mit den anderen Zuschauern in einem Gewirr von Abtrennungen vor den Studiotüren an. Die Schlange bewegte sich vorwärts, bis ich schließlich fast an der Reihe war, befragt zu werden. *Da ist der Kerl.* Ich hatte in der Nacht zuvor stundenlang über ihn recherchiert. Er hieß Stan und war der verantwortliche Produzent für die Casting-Kandidaten. Ich wusste, woher er kam, wo er zur Schule gegangen war – und dass er sich auf ein Klemmbrett verließ, das er aber nie selbst in der Hand hielt. Seine Assistentin, die hinter ihm auf einem Stuhl saß, hatte es. Wenn Stan einen Kandidaten auswählte, drehte er sich zu ihr um, zwinkerte ihr zu, und sie schrieb den Namen auf.

Eine Sicherheitskraft bedeutete uns, dass zehn vortreten sollten. Stan war drei Meter entfernt und ging von einer Person zur nächsten. »Wie heißen Sie? Woher kommen Sie? Was machen Sie beruflich?« Seine Bewegungen hatten einen Rhythmus. Offiziell war Stan ein Produzent, aber in meinen Augen war er der Türsteher. Wenn es mir nicht gelingen sollte, meinen Namen auf sein Klemmbrett zu bekommen, würde ich nicht in die Show kommen. Und jetzt stand der Türsteher direkt vor mir.

»Hey, ich heiße Alex, komme aus Los Angeles und studiere an der University of Southern California, um mich auf das Medizinstudium vorzubereiten!«

»Vorbereitung auf das Medizinstudium? Dann müssen Sie wahrscheinlich ständig lernen. Wie haben Sie da Zeit, sich *The Price is Right* anzusehen?«

»The … was? Oh! Da bin ich also?«

Er hat nicht einmal aus Mitleid gelacht.

Ich musste umdenken. In einem der Businessbücher, die ich gelesen hatte, behauptete der Autor, dass körperlicher Kontakt eine Beziehung beschleunigt. Ich hatte eine Idee.

Ich musste Stan berühren.

»Stan, Stan, kommen Sie hierher! Ich will einen geheimen Handschlag mit Ihnen austauschen!«

Er rollte mit den Augen.

»Stan! Kommen Sie schon!«

Er trat vor, und wir klatschten einander ab. »Alter, Sie machen das ganz falsch«, sagte ich. »Wie alt sind Sie?«

Stan lachte, und ich zeigte ihm, wie man beim Handschlag vorgeblich etwas gemeinsam zertrümmert und in die Luft jagt. Er lachte noch ein wenig mehr, wünschte mir Glück und ging weiter. Er zwinkerte seiner Assistentin nicht zu. Sie schrieb nichts auf das Klemmbrett. Es war vorbei, einfach so.

Dies war einer dieser Momente, in denen man seinen Traum vor sich sieht, man kann ihn fast berühren, und dann ist er einfach so weg, er gleitet einem wie Sand durch die Finger. Und das Schlimmste daran ist, dass man weiß, man hätte ihn ergreifen können, wenn man nur noch eine weitere Chance gehabt hätte. Ich habe keine Ahnung, was damals in mich gefahren ist, aber ich fing an, zu schreien, aus vollem Halse.

»STAN! STAAAAN!«

Das gesamte Publikum warf den Kopf herum.

»STAAAAAAAAAAAN! Kommen Sie zurück!«

Stan kam herüber und nickte langsam, wobei er mir diesen »Alles klar, Junge, was jetzt?«-Blick zuwarf.

»Äh ... äh ...«

Ich musterte ihn von oben bis unten: Er trug einen schwarzen Rollkragenpullover, Jeans und ein schlichtes rotes Halstuch. Ich wusste nicht, was ich sagen sollte.

»Äh ... äh... IHR HALSTUCH!«

Er blinzelte. Jetzt wusste ich *wirklich* nicht, was ich sagen sollte.

Ich holte tief Luft, schaute ihn mit aller Intensität an, die ich aufbringen konnte, und sagte: »Stan, ich sammele leidenschaftlich Halstücher, ich habe 362 davon in meinem Zimmer im Studentenwohnheim, und mir fehlt genau dieses! Woher haben Sie es?«

Die Spannung fiel in sich zusammen, und Stan brach in Gelächter aus. Es war, als wüsste er, was ich beabsichtigte. Er lachte weniger über das, was ich gesagt hatte, als vielmehr darüber, warum ich es gesagt hatte.

»Oh, in diesem Fall können Sie meinen Schal haben!«, scherzte er, zog ihn aus und hielt ihn mir hin.

»Nein, nein, nein«, erwiderte ich. »Ich wollte nur wissen, woher Sie ihn haben!«

Er lächelte und drehte sich zu seiner Assistentin um. Sie kritzelte etwas auf ihr Klemmbrett.

***

Ich stand vor der Tür zum Studio und wartete darauf, dass sie sich öffnete. Eine junge Frau ging vorbei, und ich bemerkte, dass sie sich umsah und auf die Namensschilder der Leute starrte. Aus ihrer Gesäßtasche lugte ein laminiertes Namensschild hervor. Sie musste die Undercover-Produzentin sein.

Ich stellte Augenkontakt mit ihr her, schnitt lustige Grimassen und warf ihr einige Luftküsse zu. Sie lachte. Dann machte ich eine alberne Tanzbewegung aus den 1980er-Jahren, und sie lachte noch mehr. Sie sah auf mein Namensschild, holte ein Blatt Papier aus ihrer Tasche und machte sich eine Notiz.

Ich hätte mich wie ein Gewinner fühlen sollen, aber dann wurde mir klar, dass ich zwar die ganze Nacht damit verbracht hatte, herauszufinden, wie ich *in* die Show käme – ich wusste jedoch noch immer nicht, wie das Spiel funktionierte. Ich holte mein Handy hervor und googelte: »Wie man *The Price is Right* spielt.« Dreißig Sekunden später riss mir jemand vom Sicherheitsdienst mein Handy aus der Hand.

Ich blickte mich um und sah, dass die Sicherheitskräfte allen die Handys wegnahmen. Nachdem ich durch Metalldetektoren gegangen war, ließ ich mich auf eine Bank fallen. Ohne mein Handy fühlte ich mich unbewaffnet. Eine alte, grauhaarige Frau, die neben mir saß, fragte mich, was los sei.

»Ich weiß, das klingt verrückt«, sagte ich zu ihr, »aber ich wollte hierherkommen und etwas Geld gewinnen, um meinen Traum zu finanzieren, aber ich habe noch nie eine komplette Folge der Sendung gesehen und jetzt wurde mir auch noch mein Telefon weggenommen, sodass ich keine Möglichkeit habe, herauszufinden, wie das Spiel funktioniert, und ...«

»Oh, Schätzchen«, sagte sie und zwickte mich in die Wange. »Ich sehe mir diese Sendung seit vierzig Jahren an.«

Ich bat sie um Rat.

»Schätzchen, du erinnerst mich an meinen Enkel.« Sie beugte sich zu mir und flüsterte: »Immer unterbieten.« Sie erklärte, dass man verliere, wenn man auch nur einen Dollar zu viel biete. Wenn man um 10 000 Dollar unterbiete, habe man jedoch noch eine Chance. Während sie mit ihren Erläuterungen fortfuhr, hatte ich das Gefühl, als würde ich jahrzehntelange Erfahrungen in meinen Kopf herunterladen. Endlich sah ich klar.

Ich bedankte mich bei ihr, drehte mich zu dem Typen zu meiner Linken um und sagte: »Hey, mein Name ist Alex, ich bin achtzehn und habe noch nie eine ganze Folge der Sendung gesehen. Haben Sie einen Rat für mich?«

Anschließend wandte ich mich einer weiteren Person zu. Dann einer Gruppe von Leuten. Ich sprang durch die Menge, sprach beinahe mit der Hälfte der Zuschauer und eignete mir so ihr Wissen an.

Schließlich öffneten sich die Türen zum Studio. Ich trat ein, und der Ort roch nach den 1970er-Jahren. Türkisfarbene und gelbe Vorhänge hingen vor den Wänden. Dazwischen blinkten goldene und grüne Glühbirnen. Auf die Rückwand waren psychedelische Blumen gemalt. Es fehlte nur noch eine Discokugel.

Die Titelmusik erklang, und ich nahm meinen Platz ein. Ich stopfte meine Jacke und meine gelbe Sonnenbrille unter den Stuhl. Zum Teufel mit dem Tukan – jetzt war Spielzeit.

Wenn es jemals eine Zeit zum Beten gegeben hatte, dann jetzt. Ich senkte den Kopf, schloss meine Augen und legte eine Hand über mein Gesicht. Dann hörte ich eine tiefe, polternde Stimme von oben. Jede Silbe wurde in die Länge gezogen. Die Stimme wurde immer lauter und lauter. Aber das war nicht Gott. Es war der Fernsehgott.

»Looooos geht's, aus dem Bob-Barker-Studio bei CBS in Hollywood, hier ist *The Price is Right!* ... Und hier ist Ihr Moderator, Drew Carey!«

Der Fernsehgott rief die ersten vier Teilnehmer zu sich. Ich war weder der erste noch der zweite noch der dritte, aber bevor der vierte Name aufgerufen wurde, spürte ich, dass es meiner sein würde. Ich rutschte auf meinem Stuhl nach vorn, und ... es war nicht mein Name.

Die vier Kandidaten standen an blinkenden Pulten. Eine Frau in Karottenjeans gewann die Eröffnungsrunde. Sie stieg in eine Bonusrunde auf. Vier Minuten nach Beginn der Show wurde ein fünfter Kandidat aufgerufen, um das nun leere Ratepult der Frau mit den Karottenjeans einzunehmen.

»ALEX BANAYAN, Sie sind dabei!«

Ich sprang vom Stuhl auf, und die Menge explodierte mit mir. Als ich die Treppe hinunterlief und dabei Leute abklatschte, kam es mir so vor, als wäre das Publikum meine erweiterte Familie und all meine Cousins und Cousinen wüssten Bescheid, dass dies ein Witz war – sie wussten, dass ich keine Ahnung hatte, was ich tat, und sie genossen jede Sekunde. Als ich an meinem Pult ankam, blieb mir nicht einmal eine Sekunde Zeit, um zu verschnaufen, bevor Drew Carey sagte: »Den nächsten Preis, bitte.«

»Ein moderner Ledersessel und Ottomane!«

»Fangen Sie an, Alex.«

Unterbieten. Unterbieten.

»Sechshundert!«

Das Publikum lachte. Als Nächstes boten die anderen Teilnehmer. Der tatsächliche Verkaufspreis lag bei 1661 US-Dollar. Die Gewinnerin war eine junge Frau, die aufsprang und jauchzte. Fast jeder, der schon einmal in einer Bar auf einem College-Campus war, hat dort eine junge Frau wie sie gesehen: das Woo-Mädchen. Sie kippt Tequilas herunter und ruft nach jedem: »Wooooooo!«

Das Woo-Mädchen spielte ihr Bonusspiel, und dann war es Zeit für die nächste Runde.

»Ein Billardtisch!«

Meine Cousins haben einen Billardtisch. Wie viel könnte so etwas kosten?

»Achthundert Dollar!«, sagte ich.

Die anderen Teilnehmer boten höher und immer höher. Drew enthüllte den Verkaufspreis: 1100 US-Dollar. Die anderen Teilnehmer hatten alle überboten.

»Alex!«, sagte Drew. »Kommen Sie zu mir!«

Ich eilte auf die Bühne. Drew warf einen Blick auf das USC-Logo auf meinem roten Hemd. »Schön, Sie kennenzulernen«, sagte er. »Sie gehen auf die USC? Was studieren Sie?«

»Betriebswirtschaft«, sagte ich, ohne nachzudenken. Es entsprach zur Hälfte der Wahrheit: Ich studierte auch Betriebswirtschaft. Aber warum entschied ich mich dafür, in einer Fernsehsendung, die im ganzen Land ausgestrahlt wurde, mein vorbereitendes Medizinstudium nicht zu erwähnen? Vielleicht kannte ich mich besser, als ich zugeben wollte. Aber mir blieb keine Zeit, darüber nachzudenken, denn der Fernsehgott enthüllte bereits den Preis für meine Bonusrunde.

»Ein Whirlpool!«

Es war ein Whirlpool mit LED-Leuchten, einem Wasserfall und Lounge-Sitzplätzen für sechs Personen. Für einen Studenten im ersten Studienjahr war das Gold wert. Wie er in mein College-Zimmer passen sollte? Ich hatte keine Ahnung.

Mir wurden acht Preise angezeigt. Würde ich den richtigen wählen, dann würde der Whirlpool mir gehören. Ich tippte auf 4912 US-Dollar. Der tatsächliche Verkaufspreis lag bei … 9878 US-Dollar.

»Alex, wenigstens haben Sie einen Billardtisch«, sagte Drew. Er blickte in die Kamera. »Gehen Sie nicht weg. Wir werden noch am Glücksrad drehen!«

Die Show wurde für einen Werbeblock unterbrochen. Produktionsassistenten karrten ein etwa viereinhalb Meter hohes Rad auf die Bühne, das wie ein riesiger Spielautomat aussah, der mit Glitzer und blinkenden Lichtern bedeckt war.

Ich wandte mich an einen der Assistenten. »Äh, Verzeihung«, sagte ich. »Entschuldigung, kurze Frage. Wer dreht am Rad?«

»Wer daran dreht? *Sie* drehen daran.«

Er erklärte, dass wir drei, die die ersten Runden gewonnen hatten, am Glücksrad drehen würden. Darauf befanden sich zwanzig Zahlen: jede ein Vielfaches von fünf, hoch bis hundert. Wer auf der höchsten Zahl lande, so der Assistent, ziehe in die Endrunde ein. Gelinge es jemandem, das Rad so zu drehen, dass die Hundert getroffen werde, so gewinne er zusätzlich einen Geldpreis.

Die Titelmusik erklang, und ich lief zu meiner Position zwischen der Karottenjeans und dem Woo-Mädchen. Drew Carey kam herüber und hob sein Mikrofon zum Mund.

»Willkommen zurück!«

Die Karottenjeans fing an. Sie trat vor, griff nach dem Glücksrad und … *TICK, TICK, TICK, TICK* … achtzig. Das Publikum jubelte und sogar mir war klar, dass das ein unglaublich gutes Ergebnis war.

Ich ging wie in Zeitlupe nach vorn, packte den Griff des Rades und zog ihn nach unten ... *TICK, TICK, TICK, TICK, TICK* ... fünfundachtzig! Die Menschenmenge brach in Jubel aus, der Tumult war so laut, dass das ganze Studio beinahe wackelte.

Das Woo-Mädchen trat vor, drehte am Rad und ... fünfundfünfzig. Ich wollte schon losjubeln, da fiel mir auf, dass das Publikum still war. Drew Carey gab ihr eine weitere Chance. Ich erfuhr, dass das Glücksradspiel ähnlich wie Blackjack funktionierte. Das Woo-Mädchen konnte noch einmal drehen, und wenn ihre Zahlen aufaddiert eine höhere Summe als meine Zahl ergeben würden, ohne die Hundert zu übertreffen, dann würde sie gewinnen. Sie drehte noch einmal am Glücksrad und ... erneut fünfundfünfzig.

»Alex!«, rief Drew. »Sie sind im Finale mit dem Schaufenster! Mit *The Price is Right* geht es gleich weiter.«

***

Ich wurde an die Seite der Bühne geführt, während eine neue Gruppe von Kandidaten darum kämpfte, wer in der Endrunde gegen mich antreten würde. Zwanzig Minuten später stand es fest. Ihr Name war Tanisha, und sie hatte die anderen Teilnehmer der Runde so vernichtend geschlagen, als ob sie ihr ganzes Leben damit verbracht hätte, durch Warenhäuser zu laufen und Preisschilder zu studieren. Sie hatte ein Kofferset für tausend US-Dollar und eine Reise nach Japan im Wert von zehntausend US-Dollar gewonnen und am Glücksrad hatte sie die Hundert getroffen. Gegen Tanisha anzutreten, fühlte sich an, als stünde David Goliath gegenüber, nur dass David seine Steinschleuder vergessen hatte.

Während der Werbepause vor der Endrunde wurde mir klar, dass ich die Show noch nie bis dahin gesehen hatte. Und obendrein hatte mir niemand aus dem Publikum Ratschläge zu diesem Teil gegeben, weil niemand geglaubt hatte, dass ich so weit kommen würde.

Tanisha kam an mir vorbei. Ich streckte meinen Arm aus, um ihr die Hand zu schütteln.

»Viel Glück«, sagte ich.

Sie musterte mich von oben bis unten. »Ja, *du wirst es brauchen.*«

Sie hatte recht. Ich brauchte dringend Hilfe, also ging ich händeringend zu Drew Carey hinüber.

»Drew! Ich fand Sie in *Whose Line is it Anyway* absolut klasse!« Ich umarmte ihn. Er zog sich offensichtlich peinlich berührt zurück und tätschelte meinen Arm. »Drew, könnten Sie mir irgendwie erklären, wie das Schaukasten-Finale funktioniert?«

»Zunächst einmal«, sagte er, »ist es das Schaufenster-Finale.«

Er erklärte mir die Regeln der Finalrunde, als würde er mit einem Kindergartenkind sprechen, und schneller als gedacht erklang erneut die Titelmusik. Ich rannte zu meinem Pult. Sechs maschinengewehrgroße Kameras zielten auf mein Gesicht. Blendend weißes Licht schoss von oben herab. Zu meiner Linken tanzte Tanisha. *Scheiße, ich muss heute Abend noch in die Bibliothek gehen und lernen.* Zu meiner Rechten trat Drew Carey vor und richtete seine Krawatte. *Oh mein Gott, Mama wird mich umbringen.* Die Musik wurde lauter. Ich bemerkte die alte Dame, die mich in die Wange gekniffen hatte. *Konzentrier dich, Alex, konzentrier dich.*

»Willkommen zurück!«, sagte Drew. »Bei mir sind Alex und Tanisha. Und schon geht es los! Viel Glück!«

»Es erwartet Sie eine Achterbahnfahrt voller Action und Abenteuer auf Ihrer Reise zum Magic-Mountain-Freizeitpark in Kalifornien!«

Aufgrund der vielfältigen Reize, die auf mich einströmten, hörte ich die restlichen Details nicht. *Wie teuer wird wohl eine Eintrittskarte für einen Freizeitpark sein? Fünfzig Mäuse?* Doch ich hatte überhört, dass es sich um ein VIP-Paket handelte, inklusive Limousine, Pässe, mit denen man nirgends anstehen muss, und allen Mahlzeiten – für zwei Personen.

Bei der Ansage des zweiten Preises hörte ich nur: »Bla, bla, bla, eine Reise nach Florida!« Ich hatte noch nie ein Flugticket gekauft. *Was kostet so was? Etwa hundert Dollar? Nein ... ein paar Hundert?* Wiederum hatte ich einige Details verpasst, nämlich dass der Preis auch einen Mietwagen und fünf Übernachtungen in einem erstklassigen Hotel beinhaltete.

»Und dazu werden Sie bei dem Parabelflug die Schwerelosigkeit kennenlernen!«

Das klang nach einem Fahrgeschäft, wie es sie auf der Kirmes gibt. *Wie viel könnte das kosten? Weitere hundert?* Später fand ich heraus, dass die NASA auf diese Weise Astronauten ausbildet. Fünfzehn Minuten in der Schwerelosigkeit kosten fünftausend US-Dollar.

»Und zu guter Letzt ... erwartet Sie ein Abenteuer auf hoher See, dank dieses atemberaubenden neuen Segelboots!«

Die Türen glitten auf, ein Supermodel fuchtelte mit den Armen, und da war es: ein strahlendes, perlweißes Segelboot. Als ich mich schließlich beruhigte und genauer hinsah, erschien mir das Boot relativ klein. *Vier-, nein, fünftausend Dollar* – höchstens? Und wieder waren mir einige Details entgangen, nämlich dass es sich um ein fünfeinhalb Meter langes Catalina-Mark-II-Boot mit Anhänger und innenliegender Kabine handelte.

»Wenn Sie dieses Schaufenster gewinnen, werden Sie mit Ihrer Reise zum Magic-Mountain-Freizeitpark, mit Ihrem Urlaub in Florida und mit dem neuen Segelboot nie wieder Langeweile haben. All das wird Ihnen gehören, wenn der Preis stimmt!«

Der Jubel des Publikums hallte von den Studiowänden wider. Die Kameras schwenkten hin und her. Als ich die Summe zusammenrechnete, kam mir eine Zahl in den Kopf, die sich einfach richtig anfühlte. Ich beugte mich vor, griff nach dem Mikrofon und sagte mit aller Zuversicht, die ich aufbringen konnte: »Sechstausend Dollar, Drew!«

Totenstille.

Ich stand da, gefühlt für mehrere Minuten, ohne zu verstehen, warum das Publikum still geworden war. Dann bemerkte ich, dass Drew Carey meine Antwort nicht festgehalten hatte. Ich sah zu ihm hin und registrierte seinen verblüfften, beinahe schon entgeisterten Gesichtsausdruck. Endlich verstand ich den Wink mit dem Zaunpfahl. Ich beugte mich erneut vor, ergriff das Mikrofon und sagte schüchtern: »Nur ... ein Scherz?«

Das Publikum brach in Applaus aus. Drew erwachte wieder zum Leben und fragte nach meiner tatsächlichen Antwort. *Nun, das war meine richtige Antwort.* Ich schaute auf das Segelboot, dann zurück zum Publikum. »Leute, ihr müsst mir helfen!«

Ihre Rufe vermischten sich zu einem Getöse.

»Alex, wir brauchen eine Antwort«, drängte Drew.

Das Publikum begann langsam damit, eine Zahl immer wieder zu skandieren, aber ich konnte sie kaum verstehen.

»Alex, wir brauchen eine Antwort.«

Ich packte das Mikro. »Drew, ich gehe diesmal mit dem Publikum mit. Dreißighundert Dollar!«

Drew sagte sofort: »Sie wissen, dass es einen Unterschied zwischen *dreißighundert* und *dreißigtausend* Dollar gibt, oder?«

»Äh ... natürlich weiß ich das! Ich habe Sie nur veräppelt.« Ich tat so, als würde ich laut nachdenken. »Ich fühle 20 000 Dollar. Höher als 20 000 Dollar?«

Das Publikum brüllte: *Jaaaaa!*

»Dreißigtausend?«

Jaaaaaaaaaaa!

»Wie wär's mit 29 000 Dollar?«

Neiiiiiin!

»In Ordnung.« Ich sah Drew an. »Das Publikum sagt 30 000 Dollar, also sage ich auch 30 000 Dollar.«

Drew Carey hielt diesen Preis fest.

»Tanisha«, sagte er. »Hier ist Ihr Schaufenster. Ich wünsche Ihnen viel Glück.«

Sie war in ihrem Element. Tanisha tanzte weiter, ich schwitzte weiter.

»Ein neuer Geländewagen, ein Urlaub in Arizona mit Fahrten in die Wildnis plus ein nagelneuer Truck – und all das gehört Ihnen, wenn der Preis stimmt!«

Sie bot, und dann war es an der Zeit, die Preise offenzulegen.

»Tanisha, wir fangen mit Ihnen an«, sagte Drew. »Eine Reise nach Phoenix, Arizona, und ein Dodge Ram Baujahr 2011. Sie haben 28 999 Dollar geboten. Der Verkaufspreis beträgt ... 30 332 Dollar. Eine Differenz von 1333 Dollar!«

Tanisha sprang zurück und riss die Arme hoch.

Okay, dachte ich, ich habe noch vierundzwanzig Stunden bis zu meiner ersten Abschlussprüfung. Wenn ich vom Studio direkt in die Bibliothek fahre, bleiben mir damit sechs Stunden, um für Bio zu lernen, drei Stunden für ...

Drew legte meinen Verkaufspreis offen, und das Publikum jubelte noch lauter als jemals zuvor. Die Produzenten gaben mir Zeichen, ich solle lächeln. Ich beugte mich vor, um die Zahl auf der Vorderseite meines Pults zu überprüfen.

Ich hatte einen Wert von 30 000 Dollar geschätzt. Der Verkaufspreis betrug ... 31 188 Dollar.

Ich hatte Tanisha um 145 Dollar geschlagen.

Mein Gesichtsausdruck änderte sich von Es-ist-der-Tag-vor-den-Abschlussprüfungen-Panik zu Ich-habe-gerade-in-der-Lotterie-gewonnen-Hysterie. Ich sprang von meinem Podest hinter dem Pult, ich klatschte mich mit Drew ab, umarmte die Models und rannte zum Segelboot.

Drew Carey drehte sich um und blickte wieder in die Kamera. »Danke, dass Sie bei *The Price is Right* zugeschaut haben. Auf Wiedersehen!«

KAPITEL 3
DIE ABSTELLKAMMER

Ich verkaufte einem Bootshändler mein Segelboot für sechzehntausend Dollar, eine Summe, die für einen College-Studenten einer Million Dollar gleichkommt. Ich fühlte mich so reich, dass ich all meine Freunde ständig zum Essen einlud – *Guacamole für alle!* Aber nach den Ferien, als ich zum zweiten Semester ans College zurückkehrte, war die Party vorbei. Es fiel mir schwer, meinen Vorbereitungskursen auf das Medizinstudium etwas abzugewinnen, wenn ich mir vorstellte, wie es wäre, stattdessen von Bill Gates zu lernen. Ich zählte die Tage bis zu den Semesterferien, in denen ich mich endlich voll und ganz auf die Mission konzentrieren können würde.

Kurz vor den Semesterferien hatte ich eine Routinebesprechung mit meiner Studienberaterin. Sie saß an ihrem Computer und scrollte durch mein Zeugnis, um zu überprüfen, was mir noch fehlte.

»Oh, oh, Mr. Alex, wir haben ein kleines Problem.«

»Und welches?«

»Sieht so aus, als wären Sie mit Ihren Scheinen im Rückstand. Um weiter im vormedizinischen Studiengang bleiben zu können, müssen Sie diesen Sommer Chemie belegen.«

»Nein!« Das Wort platzte aus mir heraus, bevor ich es hinunterschlucken konnte. »Ich meine ... ich habe andere Pläne.«

Meine Beraterin drehte sich langsam auf ihrem Stuhl in meine Richtung. Sie wandte sich von ihrem Computer ab und heftete ihren Blick auf mich.

»Nein, nein, Mr. Alex. Angehende Medizinstudenten *haben* keine anderen Pläne. Entweder melden Sie sich bis nächsten Mittwoch für Chemie an, oder Sie sind nicht länger Student im vormedizinischen Studiengang. Entweder ziehen Sie mit oder Sie sind raus.«

Ich schleppte mich zu meinem Zimmer. Die üblichen Verdächtigen waren allesamt da: die weiße Decke, das USC-Football-Poster und die Biologiebücher. Aber dieses Mal fühlte es sich anders an. Ich saß an meinem Schreibtisch und schrieb eine E-Mail an meine Eltern, in der ich ihnen mitteilte, dass ich vom vormedizinischen Studiengang zu einem Studium in Wirtschaftswissenschaften wechseln würde. Aber während ich versuchte, die E-Mail zu verfassen, fand ich nicht die richtigen Worte. Für fast jeden anderen ist ein Studiengangwechsel keine große Sache. Aber nachdem meine Eltern mir jahrelang gesagt hatten, dass es ihr größter Traum sei, meiner Abschlussfeier vom Medizinstudium beizuwohnen, hatte ich jedes Mal das Gefühl, ihre Hoffnungen zu zerstören, wenn meine Finger auf der Tastatur lagen.

Ich bot meine ganze Willenskraft auf, um die E-Mail fertigzustellen, und drückte auf Senden. Ich wartete auf eine Antwort meiner Mutter, aber es kam keine. Als ich anrief, nahm sie nicht ab.

An diesem Wochenende fuhr ich nach Hause, um meine Eltern zu besuchen. Als ich zur Haustür hereinkam, fand ich meine Mutter auf der Couch sitzend vor, schniefend, mit einem zerknitterten Taschentuch in der Hand. Mein Vater saß neben ihr. Meine Schwestern, Talia und Briana, waren ebenfalls im Wohnzimmer, aber sobald sie mich sahen, gingen sie hinaus.

»Mama, es tut mir leid, aber du musst mir einfach vertrauen.«

»Wenn du nicht Arzt werden willst«, sagte sie, »was willst du dann mit deinem Leben anfangen?«

»Ich weiß es nicht.«

»Was willst du mit einem Abschluss in Wirtschaftswissenschaften machen?«

»Ich weiß es nicht.«

»Wie willst du einmal deinen Lebensunterhalt verdienen?«

»Ich weiß es nicht!«

»Du hast recht: Du weißt es nicht! Du weißt *gar nichts*. Du weißt nicht, wie es in der echten Welt aussieht. Du weißt nicht, wie es ist, in einem neuen Land mit nichts neu beginnen zu müssen. Was ich dagegen sehr wohl weiß, ist, dass wenn man Arzt wird, wenn man Menschen retten kann, dann kann man das überall tun. Sich auf ein Abenteuer zu begeben, ist keine Karriere. Diese Zeit kannst du nicht zurückbekommen.«

Ich sah meinen Vater an und hoffte, er würde mich unterstützen, aber er schüttelte nur den Kopf.

Das emotionale Kreuzfeuer dauerte das ganze Wochenende an. Ich wusste, was ich zu tun hatte. Ich tat, was ich immer getan hatte.

Ich rief meine Großmutter an.

Meine Oma ist für mich wie eine zweite Mutter. Als ich noch ein Kind war, war mein absoluter Lieblingsort ihr Zuhause. Dort fühlte ich mich sicher. Ihre Telefonnummer war die erste, die ich auswendig gelernt hatte. Jedes Mal, wenn ich mich mit meiner Mutter stritt, erzählte ich meiner Oma meine Seite der Geschichte, und sie brachte meine Mutter dazu, nachsichtig mit mir zu sein. Deshalb wusste ich, sie würde es verstehen, als ich sie anrief.

»Ich glaube«, sagte sie, wobei ihre Stimme sanft an mein Ohr drang, »... Ich glaube, deine Mutter hat recht. Wir sind nicht nach Amerika gekommen und haben alles geopfert, nur damit du alles wegwerfen kannst.«

»Ich werfe nichts weg. Ich verstehe nicht, warum ihr so eine große Sache daraus macht.«

»Deine Mutter will für dich ein Leben, wie wir es niemals hatten. In einer Revolution kann man dir dein Geld nehmen, man kann dir dein Geschäft nehmen. Wenn du aber Arzt bist, kann man dir nicht nehmen, was du weißt.« Sie fuhr fort: »Und wenn du das Medizinstudium nicht magst, dann gut. Aber ein Bachelor-Abschluss reicht in diesem Land nicht aus. Du musst auch einen Masterabschluss machen.«

»Wenn es euch darum geht, kann ich einen MBA machen oder Jura studieren.«

»Wenn du das tust, nun, okay. Aber ich sage dir eins: Ich will nicht, dass du zu einem dieser amerikanischen Kids wirst, die sich ›verirren‹ und dann versuchen, sich selbst zu finden, indem sie durch die Welt reisen.«

»Ich wechsle nur meinen Studiengang! Und ich mache immer noch meinen MBA oder so etwas in der Art.«

»Gut, wenn du das vorhast, dann rede ich mit deiner Mutter. Aber du musst mir versprechen, dass du, egal was passiert, dein Studium abschließen und deinen Master machen wirst.«

»Ja, ich verspreche es.«

»Nein«, erwiderte sie, und ihre Stimme wurde härter. »Sag mir nicht: ›Ja, ich verspreche es.‹ Gib mir dein *jooneh man*, dass du deinen Masterabschluss machen wirst.«

Jooneh man ist das stärkste Versprechen in der persischen Sprache. Meine Großmutter wollte, dass ich auf ihr Leben schwöre.

»Gut. Ich schwöre es.«

»Nein«, sagte sie. »Sag *jooneh man*.«

»Okay. Jooneh man.«

***

Nach und nach wurde es wärmer, und endlich war der Sommer da. Ich räumte mein Studentenzimmer und zog wieder zu meinen Eltern. Aber schon an meinem ersten Tag zu Hause fühlte ich mich unruhig. Wenn ich die Mission ernsthaft angehen wollte, brauchte ich einen vernünftigen Arbeitsplatz.

Spät am Abend schnappte ich mir die Schlüssel meiner Mutter von ihrem Nachttisch, fuhr zu ihrem Bürogebäude, stieg die Treppe zu ihrem Lagerraum hinauf und schaltete das Licht ein. Der Raum war winzig und mit Spinnweben übersät. Es standen alte Aktenschränke und heruntergekommene Aufbewahrungskisten herum und hinter einem klapprigen Holzschreibtisch war ein ramponierter Stuhl eingeklemmt.

Ich packte die Aufbewahrungskisten in mein Auto und stellte sie in unsere Garage. Am nächsten Morgen stellte ich dort ein paar Bücherregale auf, saugte den staubigen Teppich und klebte ein USC-Banner über die Tür. Dann installierte ich einen Drucker und fertigte Visitenkarten mit meinem Namen und meiner Telefonnummer an. Als ich hinter meinem Schreibtisch Platz nahm, freute ich mich ungemein und lächelte – es fühlte sich an wie das Eckbüro in einem Hochhaus in Manhattan. Obwohl es in Wirklichkeit eher wie der Schrank von Harry Potter aussah.

In dieser ersten Woche trafen Dutzende braune Amazon-Pakete ein. Ich riss sie auf und holte Bücher heraus, die ich von meinem *The-Price-is-Right*-Geld gekauft hatte. Eine ganze Regalreihe füllte ich mit Büchern über Bill Gates. Eine weitere Reihe mit Büchern über Politiker, dann eine Reihe mit Büchern über Unternehmer, Schriftsteller, Sportler, Wissenschaftler und Musiker. Ich verbrachte Stunden auf dem Boden hockend und sortierte die Bücher nach ihrer Höhe in den Regalen, jedes Einzelne davon bildete einen weiteren Grundstein meiner Unternehmung.

In der obersten Reihe platzierte ich ein einzelnes Buch, mit dem Cover nach vorn, als stünde es auf einem Schrein: *Delivering Happiness. Wie konsequente Kunden- und Mitarbeiterorientierung einzigartige Unternehmen schaffen* von Tony Hsieh, dem CEO von Zappos. Als mich zum ersten Mal die Krise gepackt hatte, nicht zu wissen, was ich mit meinem Leben anfangen wollte, hatte ich freiwillig bei einer Konferenz ausgeholfen, auf der Exemplare seines Buches verteilt worden waren. Ich hatte keine Ahnung gehabt, wer er war oder was seine Firma tat, aber Studenten sagen zu nichts Nein, das umsonst zu bekommen ist, also hatte ich ein Exemplar mitgenommen. Später, als meine Eltern sich über meine Entscheidung, den Studiengang zu wechseln, aufregten und ich hin- und hergerissen war, ob ich die richtige Entscheidung getroffen hatte, sah ich Tony Hsiehs Buch auf meinem Schreibtisch liegen. Es trug das Wort »Happiness« – Glück – im Titel, also griff ich danach, um mich abzulenken. Und dann konnte ich es nicht mehr weglegen. Das Lesen über Tony Hsiehs Lebensweg – über den unglaublichen Optimismus, den er beibehielt, trotz allem, was hätte schiefgehen können – half mir, in mir selbst den Mut zu finden, von dessen Existenz ich nichts geahnt hatte. Die Lektüre über seinen Traum spornte mich an, meinen eigenen Traum zu verfolgen. Deshalb stellte ich sein Buch in das oberste Regal. Wann immer ich mich daran erinnern musste, was möglich war, brauchte ich nur nach oben zu sehen.

***

Während ich der Büro-Abstellkammer den letzten Feinschliff gab, dämmerte es mir, dass ich mich nie gefragt hatte, wer genau die »erfolgreichsten« Menschen sind. Wonach sollte ich entscheiden, wen ich für die Mission interviewen sollte?

Ich rief meine besten Freunde an, erklärte ihnen mein Problem und bat sie, mich in meiner Abstellkammer zu treffen. Später am Abend kamen sie herein, einer nach dem anderen, wie bei einer Startaufstellung.

Zuerst kam Corwin: Sein ungekämmtes Haar ging ihm bis über die Schultern, und er hielt eine Videokamera in der Hand. Wir hatten uns an der USC kennengelernt, wo er Filmemachen studierte. Ich hatte das Gefühl, ihn jederzeit entweder meditierend oder auf dem Boden hockend und durch den Sucher einer Kamera blickend vorzufinden. Corwin war unser frisches Paar Augen.

Dann kam Ryan: Er starrte auf sein Handy und studierte wie üblich die NBA-Statistiken. Wir hatten in der siebten Klasse gemeinsam Mathe gehabt, und ich hatte nur wegen Ryan bestanden. Er war unser Zahlenmensch.

Der Nächste war Andre: Auch er blickte auf sein Handy. Wie ich Andre kannte, schickte er definitiv einem Mädchen eine SMS. Er und ich wurden Freunde, als wir zwölf waren, und solange ich ihn kenne, ist er ein Frauenheld.

Brandon folgte als Nächster: Er hielt sich ein orangefarbenes Buch vor das Gesicht, in dem er las, während er hereinkam. Brandon konnte ein ganzes Buch an einem einzigen Tag lesen. Er war unser wandelndes Wikipedia.

Und schließlich war da noch Kevin: Er trug ein riesiges Lächeln auf dem Gesicht; seine Anwesenheit hauchte der Abstellkammer Leben ein. Kevin war die Energie, die unsere Gruppe zusammenhielt. Er war unsere olympische Flamme.

Wir saßen auf dem Boden und begannen mit dem Brainstorming: Wenn wir unsere Traumuniversität entwerfen könnten, wen würden wir als Professoren haben wollen?

»Zum Beispiel könnte Bill Gates Betriebswirtschaft lehren«, sagte ich. »Lady Gaga Musik …«

»Mark Zuckerberg Technologie«, schrie Kevin.

»Warren Buffett Finanzen«, sagte Ryan.

Wir machten eine halbe Stunde lang weiter. Der Einzige, der noch keinen Namen vorgeschlagen hatte, war Brandon. Als ich ihn nach seiner Meinung fragte, hielt er einfach sein orangefarbenes Buch hoch und zeigte auf den Einband.

»Mit dem musst du sprechen«, sagte Brandon mit dem Finger auf dem Namen des Autors. »Tim Ferriss.«

»Wer ist das?«, fragte ich.

Brandon gab mir das Buch.

»Lies es«, sagte er. »Danach wirst du ihn als Helden verehren.«

Das Brainstorming ging weiter – Steven Spielberg könnte Film, Larry King Fernsehsendungen lehren – und schon bald hatten wir die Liste zusammen. Nachdem meine Freunde nach Hause gefahren waren, schrieb ich die Namen auf eine Karteikarte und steckte sie zur Motivation in meine Brieftasche.

Am nächsten Morgen sprang ich aus dem Bett, entschlossener denn je. Ich nahm die Karteikarte aus meiner Brieftasche und starrte auf die Namen. Meine Gewissheit, dass ich all diese Menschen bis zum Ende des Sommers würde befragen können, trieb mich an. Hätte ich damals gewusst, wie sich meine Reise entwickeln würde – wie geschlagen und gebrochen ich mich bald fühlen würde –, hätte ich vielleicht nie begonnen. Aber das ist der Vorteil, wenn man naiv ist.

SCHRITT 2
RENNEN SIE DIE GASSE HINUNTER

KAPITEL 4
DAS SPIELBERG-SPIEL

M it meiner Liste in der Hand stürmte ich direkt in die Abstellkammer, setzte mich hinter meinen Schreibtisch und klappte meinen Laptop auf. Aber als ich auf das Display starrte, durchfuhr mich ein kaltes, leeres Gefühl. *Was nun?*

Zum ersten Mal hatte ich keinen Lehrer, der mir sagte, wann ich zum Unterricht erscheinen sollte. Niemand sagte mir, was ich lernen sollte oder welche Hausaufgaben ich zu erledigen hatte. Ich hatte es gehasst, vorgegebene Punkte abzuhaken, aber jetzt, da ich keine hatte, wurde mir klar, wie sehr ich auf sie angewiesen gewesen war.

Erst später erkannte ich, wie entscheidend diese Momente für jeden sind, der sich aufmacht, etwas Neues zu beginnen. Oftmals ist das Schwierigste bei der Verwirklichung eines Traums nicht das tatsächliche Erreichen des Traums, sondern das Überwinden der Angst vor dem Unbekannten, wenn man keinen Plan hat. Wenn ein Lehrer oder Chef einem sagt, was man tun soll, ist das Leben deutlich einfacher. Aber niemand verwirklicht einen Traum, indem er an der bequemen Gewissheit festhält.

Da ich keine Ahnung hatte, wie ich meine Interviews bekommen könnte, verbrachte ich den Tag damit, allen Erwachsenen, die ich kannte, E-Mails zu schreiben und sie um Rat zu bitten. Ich wandte mich an Professoren, Eltern von Freunden – an jeden, den ich schon mal getroffen hatte und der mir relativ vernünftig zu sein schien. Die erste Person, die einem Treffen mit mir zustimmte, war eine Verwaltungsangestellte der USC. Wir trafen uns ein paar Tage später in einem Café auf dem Campus. Als sie fragte, wen ich interviewen wollte, nahm ich die Karteikarte aus meiner Brieftasche und reichte sie ihr. Ihr Blick glitt über die Namen, und ein Lächeln breitete sich auf ihrem Gesicht aus.

»Ich sollte Ihnen das eigentlich nicht sagen«, meinte sie und senkte ihre Stimme, »aber Steven Spielberg wird in zwei Wochen wegen einer Spendenaktion an der Filmhochschule sein. Studenten dürfen nicht teilnehmen, aber ...«

Erst viel später sollte ich das volle Ausmaß dieser Regel erfahren. An ihrem ersten Tag an der Filmhochschule macht die Dekanin den Studenten klar, dass sie niemals, absolut niemals an Spendenveranstaltungen teilnehmen und bei den Geldgebern für ihre Ideen werben dürften. Aber das wusste ich damals noch nicht, und als ich in diesem Café saß, lautete meine einzige Frage: »Wie komme ich rein?«

Es sei eine kleine Veranstaltung, sagte die Verwaltungsangestellte, und wenn ich im Anzug auftauchen würde, könnte sie mich als ihren »Assistenten« mitnehmen.

»Hören Sie, ich kann nicht garantieren, dass ich Sie in die Nähe von Spielberg bringe«, fügte sie hinzu, »aber es sollte nicht schwer sein, Sie durch die Tür zu bekommen. Wenn Sie erst einmal drin sind, liegt alles an Ihnen. Wenn ich Sie wäre, würde ich mich also vorbereiten. Gehen Sie nach Hause und sehen Sie sich alle Filme von Spielberg an. Lesen Sie so viel wie möglich über ihn.«

Genau das tat ich. Tagsüber vertiefte ich mich in eine sechshundert Seiten lange Biografie, und nachts sah ich mir seine Filme an. Schließlich war der Tag da. Ich öffnete meinen Schrank, zog den einzigen Anzug an, den ich besaß, und machte mich auf den Weg.

***

Der Außenbereich der Filmhochschule war so umgestaltet worden, dass er überhaupt nicht mehr nach Hochschule aussah. Ein roter Teppich ergoss sich über einen Weg, hohe Cocktailtische säumten die gepflegten Gärten, und Kellner in Smokings schwebten mit Tabletts voller Horsd'œuvres herum. Ich stand inmitten der Spender und hörte zu, wie die Dekanin der Filmhochschule ihre Eröffnungsrede begann. Die Dekanin war nicht viel größer als das Rednerpult hoch war, aber ihre Präsenz strahlte auf die Menge ab.

Mit zitternden Händen zog ich meine Anzugjacke glatt und schob mich nach vorn. Nur drei Meter vor mir standen Schulter an Schulter Steven Spielberg, *Star-Wars*-Regisseur George Lucas, der CEO von DreamWorks Animation Jeffrey Katzenberg und der Schauspieler Jack Black. Ich war schon nervös gewesen, als ich in den Innenhof gekommen war, aber jetzt erfasste mich nackte Panik. Wie konnte ich mich Spielberg nähern, wenn er sich mitten in einem Gespräch mit dem Mann befand, der Darth Vader und Luke Skywalker geschaffen hatte? Was sollte ich sagen? »*Entschuldigung, George, würden Sie mal eben zur Seite treten?*«

Während die Dekanin mit ihrer Rede fortfuhr, rückte ich immer näher heran. Ich war Spielberg nun so nah, dass ich die Nähte seines graphitgrauen Blazers sehen konnte. Er trug eine altmodische Zeitungsjungenmütze auf einem Kopf mit wuscheligem Haar; freundlich aussehende Fältchen umgaben seine Augen. Da war er – der Mann hinter *E.T.*, *Jurassic Park*, *Indiana Jones*, *Der weiße Hai*, *Schindlers Liste*, *Lincoln* und *Der Soldat James Ryan* – und ich musste nur warten, bis die Dekanin mit ihrer Rede fertig war.

Applaus ertönte. Ich versuchte, die restlichen Schritte bis zu Spielberg zu überbrücken, aber meine Füße wurden zu Stein. In meiner Kehle bildete sich ein riesiger Kloß. Ich wusste genau, was vor sich ging. Es war das gleiche Gefühl, das ich immer dann empfand, wenn ich mich einem Mädchen näherte, in das ich verknallt war. Ich nannte es das Schreckgespenst.

Meiner Erinnerung nach hatte ich dieses Gefühl zum ersten Mal, als ich sieben Jahre alt war. Damals saß ich in der Mittagspause an einem langen Tisch in der Schulcafeteria und sah mich um: Ben hatte Chips und Müsliriegel, Harrison ein Truthahnsandwich mit abgeschnittener Kruste, während ich einen schweren Plastikbehälter mit persischem Reis aus meiner Tasche holte, der mit grünem Allerlei und roten Kidneybohnen oben drauf bedeckt war. Als ich den Deckel öffnete, breitete sich der Geruch überall aus. Die Kinder um mich herum zeigten auf mich und lachten; sie fragten mich, ob ich faule Eier zum Mittagessen hätte. Von diesem Tag an ließ ich meine Tupperdose in meinem Rucksack und wartete mit dem Mittagessen bis nach der Schule, wenn ich allein war.

Am Anfang tauchte das Schreckgespenst immer dann auf, wenn ich Angst bekam, als anders zu gelten; aber während ich heranwuchs, wurde es zu sehr viel mehr. Ich spürte es jedes Mal, wenn die Kinder in der Schule mich Fettsack Banayan nannten, jedes Mal, wenn meine Lehrer mich anschrien, weil ich eine unpassende Bemerkung gemacht hatte, und jedes Mal, wenn ein Mädchen sich auf die Lippe biss und den Kopf schüttelte, wenn ich ihr sagte, dass ich sie mochte. All diese kleinen Erlebnisse summierten sich, eines nach dem anderen, bis das Schreckgespenst ein lebendiges, atmendes Wesen war.

Ich hatte schreckliche Angst vor Ablehnung und davor, peinliche Fehler zu machen. Aus diesem Grund lähmte das Schreckgespenst meinen Körper zu den unpassendsten Gelegenheiten. Es übernahm die Kontrolle über meine Stimmbänder und verwandelte meine Worte in stammelndes Gestotter. Doch es hatte mich noch niemals stärker im Griff gehabt als in dem Moment, in dem ich wenige Meter von Steven Spielberg entfernt stand. Ich starrte ihn an, in der Hoffnung, eine Gesprächseröffnung zu finden. Doch bevor mir das gelang, wurde Spielberg weggeführt.

Ich sah, wie er lächelnd und Hände schüttelnd von einer Gruppe zur nächsten ging. Die gesamte Veranstaltung schien um ihn zu kreisen. Ich blickte auf meine Uhr: Ich hatte noch eine Stunde Zeit. Ich machte mich auf den Weg zur Herrentoilette, um mir kaltes Wasser ins Gesicht zu spritzen.

Der einzige Trost, den ich hatte, war das Wissen, dass Spielberg das, was ich gerade durchmachte, wahrscheinlich nachvollziehen konnte. Denn auch er stand einmal dort, wo ich jetzt stand – nervös auf einer Herrentoilette.

***

Steven Spielbergs Karriere begann, als er etwa in meinem Alter war. Ich hatte unterschiedlich lautende Berichte gelesen, aber laut Spielberg passierte Folgendes: Er stieg in einen Tourbus der Universal Studios Hollywood ein, fuhr damit über das Gelände und sprang dann ab, schlich sich in eine Toilette und verschwand hinter einem Gebäude. Er sah zu, wie der Tourbus wegfuhr, und verbrachte den Rest des Tages auf dem Universal-Gelände.

Während er so umherschlenderte, stieß er auf einen Mann namens Chuck Silvers, der für Universal TV arbeitete. Sie unterhielten sich eine Weile. Als Silvers herausfand, dass Spielberg Regisseur werden wollte, stellte er ihm eine für drei Tage gültige Zutrittskarte aus. Spielberg kam also die nächsten drei Tage wieder hin. Am vierten Tag tauchte er erneut auf, diesmal in einem Anzug und mit der Aktentasche seines Vaters. Spielberg ging auf das Tor zu, hob eine Hand zum Gruß und sagte: *Hey Scotty!* – Und der Wachmann winkte einfach zurück. Die nächsten drei Monate ging das so weiter: Spielberg kam am Tor an, winkte und ging einfach hindurch.

Auf dem Gelände sprach er Hollywood-Stars und Studiobosse an und lud sie zum Mittagessen ein. Spielberg schlich sich in Aufnahmestudios, setzte sich in die Schneideräume und saugte so viele Informationen wie möglich auf. Dieser junge Mann war von der Filmschule abgewiesen worden; in meinen Augen war dies also seine Art, seine Ausbildung selbst in die Hand zu nehmen. An manchen Tagen schmuggelte er einen zusätzlichen Anzug in seiner Aktentasche herein, schlief über Nacht in einem Büro, zog am nächsten Morgen die frische Kleidung an und ging zurück auf das Studiogelände.

Chuck Silvers wurde schließlich Spielbergs Mentor. Er riet ihm, mit dem Geschwätz aufzuhören und zurückzukommen, wenn er einen hochwertigen Kurzfilm vorzuzeigen habe. Spielberg, der seit seinem zwölften Lebensjahr Kurzfilme gedreht hatte, schrieb daraufhin einen sechsundzwanzigminütigen Film mit dem Titel *Amblin'*. Nach monatelanger Regiearbeit und strapaziösem Schnitt zeigte er ihn schließlich Chuck Silvers. Der Film war so gut, dass Silvers, als er ihn sah, eine Träne über die Wange lief.

Silvers griff zum Telefon und rief Sid Sheinberg an, den Vize-Produktionspräsidenten von Universal TV.

»Sid, ich habe hier etwas, das du dir ansehen solltest.«

»Ich habe hier einen ganzen gottverdammten Stapel von Filmen ... Ich kann von Glück sagen, wenn ich bis Mitternacht hier rauskomme.«

»Ich lege das auf den Stapel für den Vorführraum. Du solltest es dir wirklich noch heute Abend ansehen.«

»Glaubst du, es ist so verdammt wichtig?«

»*Ja*, ich glaube, es ist so verdammt wichtig. Wenn du es dir nicht ansiehst, wird es jemand anderes tun.«

Sobald Sid Sheinberg *Amblin'* angesehen hatte, bat er um ein Treffen mit Spielberg.

Spielberg eilte zum Universal-Gelände, und Sheinberg bot ihm auf der Stelle einen Siebenjahresvertrag an. Und so wurde Steven Spielberg der jüngste Hauptregisseur eines großen Studios in der Geschichte Hollywoods.

Als ich diese Geschichte gelesen hatte, hatte ich ursprünglich gedacht, Spielberg hätte das »Menschenspiel« gespielt – auf dem Studiogelände Networking betreiben und Kontakte sammeln. Aber das Wort »Networking« verband ich eher damit, auf einer Karrieremesse Visitenkarten auszutauschen. Was Spielberg getan hatte, war nicht einfach nur ein Menschenspiel. Es war viel mehr als das. Dies war das Spielberg-Spiel.

1. Aus dem Tourbus aussteigen
2. Einen Insider finden
3. Ihn oder sie um Hilfe bitten, Zugang zu bekommen

Der wichtigste Schritt, so erkannte ich, war, diesen »Insider« zu finden – eine Person innerhalb der Organisation, die bereit ist, ihren Ruf aufs Spiel zu setzen, um einen hineinzubringen. Hätte Chuck Silvers Spielberg nicht eine Dreitages-Zugangskarte angeboten oder den Vize-Produktionspräsidenten angerufen und ihn aufgefordert, sich den Film anzusehen, hätte Spielberg den Vertrag niemals bekommen.

Natürlich hatte Spielberg unglaubliches Talent, aber das haben auch andere angehende Regisseure. Es gab einen Grund dafür, dass er diesen Vertrag bekam, während so viele andere keinen erhielten.

Das war keine Magie. Und es war nicht nur Glück. Es war das Spielberg-Spiel.

***

Ich stand im Waschraum und betrachtete mich im Spiegel. Ich wusste, wenn es mir nicht gelänge, Spielberg anzusprechen, wenn er vor mir stand, dann wäre die Mission zu Ende, bevor sie überhaupt begonnen hatte.

Ich lief auf der Party herum, bis ich ihn wieder entdeckte. Wenn Spielberg auf die eine Seite des Innenhofs ging, ging ich auf die andere Seite. Wenn er stehen blieb, um mit jemandem zu sprechen, blieb ich stehen, um auf mein Handy zu schauen. Ich ging zur Theke, um mir eine Cola zu holen, suchte den Innenhof ab, und mein Magen krampfte sich zusammen – Spielberg ging auf den Ausgang zu.

Ohne nachzudenken, knallte ich mein Glas auf die Theke und jagte ihm hinterher. Ich schlängelte mich durch die Geldgeber, wich den Kellnern aus und umkurvte die Tische. Spielberg war nur noch wenige Meter vom Ausgang entfernt. Ich verlangsamte meinen Schritt und versuchte, den Zeitpunkt unseres Zusammentreffens perfekt abzustimmen. Aber für perfekt hatte ich keine Zeit.

»Äh, entschuldigen Sie, Mr. Spielberg. Ich heiße Alex und bin Student an der USC. Dürfte ich ... dürfte ich Ihnen eine kurze Frage stellen, während Sie zu Ihrem Auto gehen?«

Er blieb stehen und blickte über die Schulter, seine Augenbrauen schossen hoch, über das Metallgestell seiner Brille. Er drehte sich zu mir um und hob die Arme.

Er umarmte mich.

»Ich bin schon seit Stunden auf einem College-Campus, und Sie sind der erste Student, den ich heute zu Gesicht bekomme! Ich würde mir gern Ihre Frage anhören.«

Seine Herzlichkeit ließ das Schreckgespenst zerschmelzen, und während wir zum Parkplatz gingen, erzählte ich ihm von der Mission. Die Worte sprudelten beinahe unbewusst aus mir heraus. Dies war keine typische Kurzpräsentation, kein Verkaufsgespräch. Ich glaubte fest an das, was ich sagte.

»Ich weiß, wir haben uns gerade erst kennengelernt, Mr. Spielberg, aber« – in meiner Kehle bildete sich wieder ein Kloß – »würden Sie ... wären Sie bereit, mir ein Interview zu geben?«

Er blieb wieder stehen und drehte sich dann langsam zu mir um. Seine Lippen waren zusammengepresst, und seine Augen wurden zu schmalen Schlitzen, als wären seine Lider schwere Eisentore, die davor herunterfuhren.

»Normalerweise würde ich Nein sagen«, sagte er. »Normalerweise führe ich keine Interviews, es sei denn, sie sind für meine Stiftung oder um einen Film bekannt zu machen.« Doch dann wurde sein Blick weicher. »Doch obwohl ich normalerweise Nein sagen würde ... aus irgendeinem Grund gebe ich Ihnen ein Vielleicht.«

Er hielt inne und betrachtete den Himmel, blinzelnd, obwohl das Sonnenlicht nicht grell war. Ich werde niemals erfahren, was er dachte, aber schließlich senkte er seinen Kopf und sah mir in die Augen.

»Sehen Sie zu, dass Sie Ihre Mission in die Tat umsetzen«, sagte er. »Holen Sie sich Ihre anderen Interviews. Dann melden Sie sich wieder bei mir, und wir werden sehen, was wir tun können.«

Wir sprachen noch eine weitere Minute miteinander, dann verabschiedete er sich. Er ging auf sein Auto zu, drehte sich dann aber plötzlich um und sah mich ein letztes Mal an.

»Wissen Sie«, sagte er, seinen Blick fest auf mich geheftet, »Sie haben etwas an sich, das mir sagt, dass Sie das tatsächlich verwirklichen werden. Ich glaube an Sie. Ich glaube daran, dass Sie es schaffen.«

Er rief seinen Assistenten herbei und sagte ihm, er solle sich meine Kontaktdaten geben lassen. Spielberg stieg in sein Auto und fuhr weg. Sein Assistent fragte nach meiner Visitenkarte, also griff ich in meine Gesäßtasche und holte einen der Ausdrucke heraus, die ich im Abstellraum gemacht hatte. Doch plötzlich durchschnitt ein einzelnes Wort die Luft.

»NEIN!«

Die Dekanin der Filmschule war mit einem Mal da, ihr Arm schoss zwischen uns. Sie riss mir die Karte aus der Hand.

»Worum geht es hier?«, fragte sie.

Ich wünschte, ich hätte ruhig sagen können: »Oh, Mr. Spielberg hat seinen Assistenten gebeten, ihm meine Kontaktdaten zu besorgen.« Stattdessen stand ich nur da, wie erstarrt. Ich warf Spielbergs Assistent einen Blick zu, in der Hoffnung, er würde mir helfen, die Situation zu erklären, aber sobald die Dekanin bemerkte, dass ich ihn ansah, forderte sie ihn zum Gehen auf – ohne meine Karte, meine Telefonnummer, sogar ohne meinen Namen.

»*Sie sollten es besser wissen*«, giftete sie, ihr Blick schien mich zu zerfleischen. »Solche Dinge tun wir hier nicht.«

Sie fragte, ob ich Filmstudent sei, und die Wut in ihrer Stimme ließ mich beinahe zurückweichen. Ich stotterte, was selbst in meinen eigenen Ohren wie ein Schuldeingeständnis klang.

»*Ich habe es Ihnen gesagt*«, schimpfte sie. »Ich habe Ihnen am ersten Tag gesagt, dass wir ein solches Verhalten nicht tolerieren!«

Ich entschuldigte mich ausgiebig und wusste nicht einmal, wofür. Ich sagte, was auch immer mir dabei helfen konnte, ihrem Zorn zu entkommen. Die Dekanin beschimpfte mich so lange, bis mir Tränen in die Augen schossen. Obwohl sie nicht viel größer als eins fünfzig war, erschien es mir, als würde sie mich überragen. Eine Minute später stürmte sie davon.

Doch noch bevor ich mich bewegen konnte, drehte sich die Dekanin um und kam zurückmarschiert.

Sie starrte mich noch einmal an. »*Es gibt hier Regeln.*« Sie hob den Arm und bedeutete mir, ich solle gehen.

KAPITEL 5
IN DER TOILETTE KAUERN

Als ich am nächsten Morgen aufwachte, klingelte die Stimme der Dekanin noch immer in meinen Ohren. Selbst am späten Nachmittag konnte ich meine Trübsinnigkeit noch nicht abschütteln, also schleppte ich mich zur Abstellkammer und ließ auf der Suche nach Inspiration meinen Blick über die Regale schweifen.

Ein orangefarbenes Buch erregte meine Aufmerksamkeit: *Die 4-Stunden-Woche* von Tim Ferriss. Es war das Buch, das Brandon mir geschenkt hatte. Ich schnappte es mir und legte mich auf den Boden. Als ich die erste Seite aufschlug, kam es mir so vor, als würde Tim Ferriss nur mit mir sprechen. Seine Worte nahmen mich so gefangen, dass ich während der nächsten Stunde nicht einmal mehr den Kopf hob, außer um nach einem Stift zu greifen, um meine Lieblingsstellen zu markieren.

Die Eröffnungsszene schilderte Tim Ferriss' Teilnahme an der Tangoweltmeisterschaft. Auf der nächsten Seite erfuhr ich, wie Ferriss Motorradrennen in Europa gefahren war, in Thailand gekickboxt hatte und vor einer Privatinsel in Panama Tauchen gewesen war. Zwei Seiten später entdeckte ich eine Zeile, die mich fast laut »Ja!« schreien ließ: »Wenn Sie dieses Buch zur Hand genommen haben, dann wollen Sie wahrscheinlich nicht hinter Ihrem Schreibtisch sitzen, bis Sie 67 Jahre alt sind.«

In Kapitel zwei ging es darum, die Regeln zu ändern, im dritten Kapitel darum, die Angst zu besiegen. Kapitel vier enthielt eine Passage, die so kraftvoll war, dass es sich anfühlte, als hätte Tim Ferriss damit meine »Was will ich mit meinem Leben machen?«-Krise mit einem Baseballschläger zertrümmert. Ferriss schrieb, dass es zu unpräzise sei, sich schlicht die Frage zu stellen, was man wolle. Auf diese Frage könne keine sinnvolle und umsetzbare Antwort gegeben werden. Auch die Frage nach den eigenen Zielen führe eher zu Verwirrung und Vermutungen. Um die Frage neu zu formulieren, müssten wir einen Schritt zurücktreten und das Gesamtbild betrachten. Wir müssten uns die Frage stellen, was das Gegenteil von Glück ist. Traurigkeit? Nein. So, wie Liebe und Hass zwei Seiten derselben Medaille sind, so gelte das auch für Glück und Traurigkeit. Das Gegenteil von Liebe sei Gleichgültigkeit, und das Gegenteil von Glück sei – und jetzt kam der Clou – Langeweile. Begeisterung sei das geeignetere Synonym für Glück, und genau danach sollten wir alle streben. Begeisterung sei das Heilmittel für alles. Ferriss schrieb: Wenn Leute einem raten, der eigenen »Leidenschaft« oder dem, was einem »Wonne« bereitet, zu folgen, beziehen sich diese Leute in Wirklichkeit auf dasselbe Konzept: Begeisterung.

Drei Seiten danach folgte ein ganzer Abschnitt darüber, wie man George Bush Sr. oder den CEO von Google ans Telefon bekommt. *Ich danke dir, Gott!*

Ich besuchte die Website von Tim Ferriss und sah, dass er ein zweites Buch geschrieben hatte. Ich kaufte es sofort. Während es bei *Die 4-Stunden-Woche* darum ging, die eigene Karriere zu hacken, ging es bei *Der 4-Stunden-Körper* darum, die eigene Gesundheit zu hacken. Ich blätterte zu einem Kapitel mit dem Titel »Die Slow-Carb-Diät I: Wie man ohne Sport in 30 Tagen 10 Kilo abnimmt«. Es klang, als wäre es von einem Schlangenölverkäufer geschrieben worden, aber Ferriss hatte seinen Körper wie ein menschliches Versuchskaninchen dazu benutzt, zu beweisen, dass es funktionierte. Was hatte ich also zu verlieren? Die Antwort: viel – *viel* Gewicht. Indem ich seine Anweisungen befolgte, nahm ich im Laufe des Sommers zwanzig Kilo ab. Auf Wiedersehen, Fettsack Banayan. Auch meine Familie konnte es kaum glauben und sprang auf den Tim-Ferriss-Zug auf. Mein Vater verlor zehn Kilo, meine Mutter fünfundzwanzig Kilo, mein Cousin dreißig Kilo.

Wir waren nur einige der Millionen Menschen, die Tim Ferriss online folgten, jeden seiner Blogbeiträge lasen und jeden seiner Tweets likten. Das Internet hatte die Welt verändert, und eine neue Welt braucht neue Lehrer. Tim Ferriss war so einer.

Sein Name stand nun ganz oben auf meiner Liste, und *Die 4-Stunden-Woche* lieferte mir den Hinweis, wie ich ihn erreichen könnte.

Als ich das Buch ein zweites Mal durchging, fiel mir auf der Seite mit den Widmungen etwas auf, das ich zunächst übersehen hatte. Zehn Prozent aller Autorenhonorare würden an gemeinnützige Bildungseinrichtungen gespendet, darunter DonorsChoose.org. Moment mal ... DonorsChoose ... Ich hatte meinen Insider gefunden.

Als ich in meinem ersten Studienjahr als freiwilliger Helfer an dieser Konferenz teilgenommen hatte, bei der ich das Buch von Tony Hsieh bekam, sah ich einen Teilnehmer unsicher an Krücken wanken, also fragte ich ihn, ob er Hilfe brauche. »Nein, nein, machen Sie sich keine Gedanken«, erwiderte er. Er erzählte mir, sein Name sei César und er sei der COO von Donors-Choose. Wir liefen uns in den darauffolgenden Tagen immer wieder über den Weg und blieben auch danach in Kontakt.

César hatte erklärt, dass DonorsChoose.org eine Website sei, auf der jeder für ein hilfsbedürftiges Klassenzimmer spenden könne. Potenzielle Spender könnten Gesuche aus dem ganzen Land durchsuchen – Bilderbücher für Kindergartenkinder in Detroit oder Mikroskope für Highschool-Schüler in St. Louis. Man wählt das Projekt aus, das einem am besten gefällt, und spendet so wenig oder so viel Geld, wie man möchte.

Nach einigem Googeln erfuhr ich, dass Tim Ferriss und der CEO von DonorsChoose im selben Highschool-Ringerteam gewesen waren. Ferriss saß sogar im Beirat der gemeinnützigen Organisation.

Ich schickte César eine E-Mail und lud ihn zum Mittagessen ein. Als wir uns trafen, fragte ich ihn, ob er mir irgendwie helfen könne, mit Ferriss in Kontakt zu treten. César antwortete, er sei sich sicher, dass sein CEO meine Interviewanfrage weiterleiten würde.

»Sieh es als erledigt an«, sagte er.

Eine Woche später teilte mir César per E-Mail mit, dass sein Chef meine Anfrage an Ferriss weitergeleitet habe. Und zur Krönung schickte César mir auch noch einen Stapel DonorsChoose-Gutscheine, die ich als Dankeschön an meine Interviewpartner verteilen konnte. Ihr Wert betrug jeweils hundert Dollar – ein Großspender hatte das Geld dafür gezahlt – und der Fernsehmoderator Stephen Colbert verteilte die gleichen Karten an die Gäste seiner Show.

Während der Sommer verstrich, kamen die Gutscheine bei mir an, aber eine Antwort von Tim Ferriss erhielt ich nicht. Ich fand die E-Mail-Adresse von Ferriss' Assistentin heraus und schickte ihr eine Nachricht. Aber es kam keine Antwort. Also schickte ich eine Folgenachricht. Immer noch nichts.

Ich wollte César nicht belästigen und ihn um noch mehr Hilfe bitten, aber schon bald war das auch nicht mehr nötig. Eines späten Abends, als ich meinen Posteingang durchging, fiel mir ein Newsletter ins Auge:

• • • • • • • • •

Evernote-Konferenz: Jetzt anmelden | Bei der Evernote Trunk Conference können Sie die Bestsellerautoren Tim Ferriss und Guy Kawasaki erleben und an Sitzungen für Entwickler und Anwender teilnehmen.

• • • • • • • • • • • • •

Die Veranstaltung sollte in San Francisco stattfinden. Wenn ich Tim Ferriss treffen und ihm persönlich von der Mission erzählen kann, wird er sicher zu einem Interview bereit sein.

Ich buchte von meinem *The-Price-is-Right*-Geld ein Flugticket. Ich war so aufgeregt, dass ich sogar nach Niketown fuhr und eine pechschwarze Reisetasche für diesen Trip kaufte. Am Morgen der Konferenz packte ich zusammen, was ich brauchte, nahm noch einen Gutschein von DonorsChoose vom Stapel, steckte ihn ebenfalls in meine Tasche und machte mich auf den Weg.

***

Der Konferenzsaal in San Francisco war voll. Soweit ich sehen konnte, waren Hunderte junger Menschen in Kapuzenpullovern auf der Suche nach einem Sitzplatz. Ich schaute genauer hin und bemerkte, dass viele von ihnen *Die 4-Stunden-Woche* unter dem Arm hatten. Mir wurde flau, als mir dämmerte, dass ich hier nicht der Einzige war, der versuchen wollte, mit Tim Ferriss zu sprechen.

Wahrscheinlich haben 99 Prozent aller Menschen auf der Welt seinen Namen noch nie gehört. Aber in einer bestimmten Nische, und höchstwahrscheinlich für alle bei dieser Veranstaltung, war Tim Ferriss bedeutender als Oprah Winfrey.

Da ich nichts dem Zufall überlassen wollte, lief ich durch die Reihen und suchte nach einem Platz, der mir die beste Möglichkeit bot, mich Ferriss nach seiner Rede am schnellsten nähern zu können.

Neben der Treppe, die zur Bühne führte, war ganz rechts ein Platz frei. Nachdem ich mich gesetzt hatte, wurde das Licht gedimmt, die Veranstaltung begann – und Tim Ferriss betrat die Bühne von ganz *links*.

Verzweifelt sah ich mich erneut im Raum um. Ich begab mich zum rückwärtigen Teil des Konferenzsaals, um einen besseren Überblick zu bekommen, und da entdeckte ich ihn: den Toilettenraum neben der linken Seite der Bühne.

Ich schlich mich zur Herrentoilette und schlüpfte in eine der Kabinen. Neben der Toilettenschüssel kauernd, drückte ich mein Ohr an die Fliesenwand und hörte Ferriss' Rede zu, um den richtigen Zeitpunkt abzupassen, hinauszugehen. Ich kauerte weiterhin in der Kabine, der Geruch von Urin stach mir in die Nase. Fünf Minuten vergingen ... zehn ... bis ich endlich, dreißig Minuten später, Applaus hörte.

Ich eilte zur Tür hinaus, und da stand er, nicht einmal einen Meter von mir entfernt, ganz allein. Wieder einmal, zum denkbar ungünstigsten Zeitpunkt, sorgte das Schreckgespenst dafür, dass ich keinen Ton herausbrachte. Verzweifelt versuchte ich, seine Macht zu brechen, griff in meine Tasche und hielt Ferriss die Gutscheinkarte direkt vors Gesicht.

»Oh«, sagte er und trat zurück. Er warf einen Blick auf die Karte. »Super! Woher kennen Sie DonorsChoose? Ich sitze dort im Beirat.«

Ach, was Sie nicht sagen.

Das Schreckgespenst zog sich ein wenig zurück, und ich erzählte Ferriss von der Mission. Ich sagte, ich hoffe, alle interviewen zu können, von Bill Gates über Lady Gaga bis hin zu Larry King und Tim Ferriss.

»Sehr lustig«, sagte er bei der Erwähnung seines Namens.

»Es ist mir ernst.« Ich griff in meine andere Tasche und holte Ausdrucke der E-Mails heraus, die ich ihm geschickt hatte. »Seit Wochen schreibe ich schon Ihrer Assistentin wegen der Sache.«

Ferriss sah sich die E-Mails an und lachte, anschließend sprachen wir einige Minuten lang über die Mission. Am Ende drückte er meine Schulter und sagte mir, dass es sich großartig anhöre. Er hätte nicht netter sein können. Er sagte, er würde sich in ein paar Tagen bei mir melden.

Aber nachdem ich wieder zu Hause war, wurden aus Tagen schnell Wochen, ohne dass es eine Nachricht von Tim Ferriss gegeben hätte.

Was ich nicht wusste, war, dass Ferriss einen Monat zuvor auf meine ursprüngliche Interviewanfrage geantwortet *hatte*, indem er dem CEO von DonorsChoose mitteilte: »Danke, aber nein danke.« Ich schätze, der CEO hatte es nicht übers Herz gebracht, mir die Nachricht zu überbringen, sodass ich es erst Jahre später erfahren sollte.

Ich schrieb der Assistentin von Ferriss weiterhin E-Mails, in der Hoffnung, eine Antwort zu erhalten. In den Karrierebüchern wurde behauptet, dass Beharrlichkeit der Schlüssel zum Erfolg sei, also schrieb ich eine E-Mail nach der anderen und verschickte insgesamt einunddreißig Nachrichten. Wenn ich auf kurze E-Mails keine Antwort erhielt, schickte ich eine Nachricht mit neun Absätzen. Ich schrieb eine weitere, in der ich Ferriss' Assistentin mitteilte, ein Interview mit mir wäre »eine der besten Investitionen von einer Stunde seiner Zeit, die Tim jemals getätigt hat«. Ich versuchte, optimistisch und dankbar zu bleiben und beendete jede E-Mail mit »Danke im Voraus!« Aber egal, mit wie viel Sorgfalt ich meine Botschaften zu formulieren versuchte, sie blieben unbeantwortet. Schließlich erhielt ich doch noch eine E-Mail von Ferriss' rechter Hand, in der er mir mitteilte, dass sein Chef das Interview nicht so bald führen würde, wenn überhaupt.

Ich konnte nicht verstehen, was ich falsch gemacht hatte. Ferriss hatte meine Schulter gedrückt. Ich hatte meinen Insider.

Wenn ich nicht zu Tim Ferriss durchdringe, wie zum Teufel soll es mir dann bei Bill Gates gelingen?

Ich fuhr damit fort, der Assistentin von Ferriss zu e-mailen, in der Hoffnung, dass sich etwas ändern würde. Dann sagte Ferriss eines Tages – scheinbar aus heiterem Himmel – Ja zu meinem Interview. Und er sagte nicht nur Ja, sondern er wollte das Interview gleich am nächsten Tag telefonisch führen. Ich sprang praktisch in die Luft und schrie: »*Beharrlichkeit*! Es funktioniert!«

Viel später, als es viel zu spät war, fand ich den wahren Grund heraus, warum Ferriss Ja gesagt hatte. Er hatte den CEO von DonorsChoose angerufen und gefragt, was zum Teufel mit mir nicht stimme. Zum Glück lautete die Antwort des Geschäftsführers, dass ich zwar ungehobelt sei, mein Herz jedoch am rechten Fleck habe. Und das brachte Ferriss dazu, sein Einverständnis zu geben. Aber all das wusste ich nicht, und so kam ich zu der absoluten Überzeugung, dass ich jedwedem Problem mit Beharrlichkeit begegnen sollte.

***

Nicht einmal vierundzwanzig Stunden später telefonierte ich mit Tim Ferriss. Ich hatte einen Notizzettel voller Fragen, und es dürfte nicht überraschen, dass die erste Frage das Thema Beharrlichkeit betraf. Ich hatte in *Die-4-Stunden-Woche* eine kurze Erwähnung darüber gelesen, dass Ferriss seinen ersten Arbeitsplatz nach dem College erhielt, indem er dem CEO eines Start-up-Unternehmens immer wieder E-Mails schickte, bis er eine Stelle bekam. Ich wollte die ganze Geschichte erfahren.

»Es war nicht einfach eins, zwei, drei, und dann wird man eingestellt«, sagte Ferriss zu mir.

Gegen Ende seines letzten College-Jahres schrieb Ferriss seine Abschlussarbeit über dieses Start-up-Unternehmen, um eine Beziehung zu dessen CEO aufzubauen, der als Gastredner in einem seiner Kurse aufgetreten war. Doch als er den Mut aufbrachte, um eine Stelle zu bitten, wies man ihn ab. Ferriss schickte dem CEO weitere E-Mails. Nachdem der CEO ein Dutzend Mal Nein gesagt hatte, entschied Ferriss, dass es Zeit für eine letzte Verzweiflungs-aktion sei. Er schickte dem CEO eine E-Mail, in der er mitteilte, dass er nächste Woche »in der Gegend« sein würde – obwohl er sich in New York befand und der CEO in San Francisco wohnte – und gern bei ihm vorbeikommen würde. »In Ordnung«, schrieb der CEO zurück. »Wir können uns am Dienstag treffen.«

Ferriss ergatterte ein Last-Minute-Ticket, flog nach Kalifornien und kam überpünktlich zu seinem Treffen in den Räumlichkeiten des Start-ups an. Eine der anderen Führungskräfte fragte ihn: »Sie werden uns also nicht eher in Ruhe lassen, bis wir Ihnen einen Job geben, hm?«

»Ja«, sagte Ferriss zu ihm, »wenn Sie es so ausdrücken wol-len.«

Er bekam den Job – natürlich im Verkauf.

»Dazu muss man wissen«, sagte Ferriss, »dass ich nie unhöf-lich war. Ich habe auch niemals Druck gemacht. Es ist nicht so, dass ich ihm sechsmal pro Woche E-Mails geschrieben hätte.«

Ferriss' Tonfall änderte sich, als wolle er etwas andeuten, aber ich verstand peinlicherweise nicht, was. Doch ich spürte, dass et-was nicht stimmte, denn sein Ton ließ meinen Kopf zurückschnel-len, als ob ich geschlagen worden wäre.

»Wo verläuft Ihrer Meinung nach dieser schmale Grat?«, fragte ich.

»Wenn Sie spüren, dass jemand genervt ist, müssen Sie sich zurückziehen.« *Kurze Gerade*. »Sie müssen sich höflich und re-spektvoll verhalten und Ihnen muss klar sein, dass Sie demütig sein sollten, wenn Sie jemandem solche E-Mails schreiben.« *Noch eine kurze Gerade*. »Es ist ein schmaler Grat zwischen *Beharrlichkeit* und eine *Nervensäge* zu sein.« *Kinnhaken*.

Hätte ich mehr Erfahrung darin gehabt, Menschen zu intervie-wen, hätte ich nachgebohrt, um herauszufinden, was Ferriss mir sagen wollte. Stattdessen flüchtete ich direkt auf sichereren Boden und suchte auf meinen Notizblock nach einem anderen Thema.

»Wie konnten Sie glaubwürdig als Experte auftreten, bevor Sie ein bekannter Autor waren?«

»Nun, eine einfache Möglichkeit, eine glaubwürdige Legitimation zu erlangen, ist, ehrenamtlich für die richtigen Organisationen zu arbeiten«, sagte Ferriss.

Sein Tonfall wurde lockerer, und ich entspannte mich. Ferriss erklärte, dass er als Berufseinsteiger ehrenamtlich für die Silicon Valley Association of Startup Entrepreneurs tätig war, für die er große Veranstaltungen organisierte, was ihm einen glaubwürdigen Grund verschaffte, erfolgreiche Leute per E-Mail zu kontaktieren. Anstatt zu schreiben: »Hallo, ich bin Tim Ferriss, frischgebackener Hochschulabsolvent«, konnte er schreiben: »Ich bin Tim Ferriss, Veranstaltungsorganisator bei der Silicon Valley Association of Startup Entrepreneurs.« Dieser Vorwand machte einen großen Unterschied.

»Ein zweiter Schritt wäre, für bekannte Publikationen zu schreiben oder darin zu erscheinen«, fuhr er fort. »Und das kann etwas so Einfaches sein, wie jemanden zu befragen – man führt ein Interview und veröffentlicht die Antworten online.«

Mit anderen Worten: Ferriss baute seinen Ruf als Experte nicht aus dem Nichts auf, sondern er lieh ihn sich, indem er sich mit bekannten Organisationen und Publikationen in Verbindung brachte. Der Ausdruck »geliehene Kompetenz« blieb mir im Gedächtnis haften.

Als Ferriss begann, *Die 4-Stunden-Woche* zu schreiben, so sagte er, habe er keinerlei Erfahrung mit Buchveröffentlichungen gehabt, also habe er wildfremden Autoren E-Mails geschrieben und sie um Rat gebeten. Er sagte, es habe prima funktioniert, daher bat ich ihn um einige Tipps zu Kaltakquise per E-Mail.

»Wenn ich einer vielbeschäftigten Person eine E-Mail schreibe«, so Ferriss, »sieht mein Grundaufbau so aus:

Sehr geehrte Frau Soundso, sehr geehrter Herr Soundso,

ich weiß, dass Sie sehr beschäftigt sind und dass Sie eine Menge E-Mails erhalten, daher wird das Lesen dieser Mail nur sechzig Sekunden dauern.

[Hier schreiben Sie, wer Sie sind. Fügen Sie ein oder zwei Zeilen hinzu, die Ihre Kompetenz unterstreichen.]

[Hier stellen Sie Ihre ganz konkrete Frage.]

Ich verstehe vollkommen, wenn Sie zu beschäftigt sind, um zu antworten, aber schon eine ein- oder zweizeilige Antwort würde meinen Tag wirklich bereichern.

Ich wünsche Ihnen alles Gute,

Tim

Ferriss erteilte mir genau die Art von Ratschlägen, nach denen ich gierte. Er sagte mir, ich solle niemals eine E-Mail an jemanden schreiben und ihn bitten, ans Telefon zu springen und mit mir Kaffee trinken zu gehen. Niemand wolle einfach so mit Fragen gelöchert werden.

»Schreiben Sie Ihre Frage direkt in die E-Mail«, sagte er. »Zum Beispiel einfach so: ›Ich würde gern eine Beziehung oder Zusammenarbeit irgendeiner Art diskutieren, die diese und jene Form annehmen könnte. Wären Sie bereit, darüber zu sprechen? Ich nehme an, ein Telefonat ginge vermutlich schneller, aber wenn Ihnen das lieber ist, stelle ich Ihnen gern ein paar Fragen per E-Mail.

Und schreiben Sie niemals so etwas wie: ›Das ist für Sie perfekt‹ oder: ›Ich weiß, das wird Ihnen gefallen, weil ich dies und jenes über Sie weiß.‹ Verwenden Sie keine Superlative oder Übertreibungen, denn« – er stieß ein beinahe spöttisches Lachen aus – »diese Leute kennen Sie nicht und werden, vermutlich zu Recht, annehmen, dass es Ihnen schwerfallen dürfte zu entscheiden, ob etwas perfekt für sie ist. Ich würde außerdem nicht mit einer Floskel wie ›Danke im Voraus!‹ enden. Das ist nervig und anmaßend. Schreiben Sie lieber das Gegenteil: ›Ich weiß, dass Sie extrem beschäftigt sind; wenn Sie also nicht antworten können, verstehe ich das vollkommen.‹ Und achten Sie selbstverständlich auch auf die Häufigkeit, mit der Sie E-Mails versenden. Schicken Sie nicht zu viele E-Mails. Es« – er stieß einen Seufzer aus – »macht die Leute nicht gerade glücklich.«

Ich war nicht selbstreflektierend genug, um zu erkennen, dass Ferriss versuchte, mich vor mir selbst zu retten. Mehr als ein Jahr später, als ich alte E-Mails durchstöberte, stieß ich auf die Nachrichten, die ich der Assistentin von Ferriss geschickt hatte. Erst da wurde mir klar, was für ein Idiot ich gewesen war.

»In Ordnung, Mann«, sagte Ferriss zum Abschluss unseres Gesprächs. »Ich muss jetzt los.« Er verabschiedete sich und legte auf.

Ein Teil von mir wünscht sich, ich könnte die Zeit zurückdrehen und mein jugendliches Selbst durchschütteln und ihm erklären, was da gerade passiert war. Wenn ich damals meine Lektion gelernt hätte, wären die Dinge ganz anders gelaufen, als ich später in Omaha auf Warren Buffett traf.

KAPITEL 6
DAS QI-TEMPO

S teve Jobs hat einmal gesagt: »Man kann keine Zusammenhänge erkennen, wenn man nur nach vorn sieht. Man kann
sie nur erkennen, indem man zurückblickt. Man muss also
darauf vertrauen, dass die Zusammenhänge in der Zukunft irgendwie hervortreten werden.«

Diese Worte hätten nicht besser auf die Konferenz zutreffen
können, auf der ich César traf. Eines Abends hatte ich mich als stu-
dentischer Ehrenamtlicher in einem Raum voller Führungskräfte
fehl am Platz gefühlt, da war einer der Redner, Stefan Weitz, auf
mich zugekommen und hatte Hallo gesagt, damit ich mich wohler
fühlte. Er war Director bei Microsoft, und wir hatten uns an diesem Abend eine Weile unterhalten. Zu Beginn dieses Sommers
hatte ich ihm eine E-Mail mit Infos über meine Mission geschickt,
und als wir dann zu Mittag aßen, bestand er darauf, dass ich noch
eine weitere Person auf meine Liste setzte.

»Qi Lu.«

Der Name wurde *Tschi Lu* ausgesprochen, und ich hatte noch
nie von ihm gehört. Ich war zwar dankbar für Stefans Hilfe, aber ich
hatte das Gefühl, ich hätte ihm die Mission nicht gut genug erklärt.

»Die Leute, mit denen ich zu sprechen versuche, sind, nun ja,
Leute, von denen meine Freunde lernen möchten, Leute, die jeder
kennt ...«

»Vertrau mir ...«, sagte Stefan und hob dabei die Hand. »Qi Lu ist jemand, den du kennen möchtest.«

Er arrangierte das Interview, und so fand ich mich in der letzten Woche der Sommersemesterferien in Seattle wieder, in der obersten Etage eines Microsoft-Hochhauses. Es war ein Samstag, und die Flure waren leer. Jeder Schreibtisch war verlassen. In allen Büros war das Licht aus – außer in einem. Am Ende des Flurs stand hinter einer Glastür ein Schatten auf und bewegte sich auf die Tür zu. Qi Lu öffnete sie und verbeugte sich vor mir.

Er war dünn und Mitte vierzig. Qi trug ein T-Shirt, das in einer ausgewaschenen Jeans steckte, dazu weiße Socken mit Sandalen. Er schüttelte mir mit beiden Händen die Hand und sagte mir, ich solle es mir bequem machen. Anstatt sich wieder hinter seinen Schreibtisch zu setzen, rückte er einen Stuhl zurecht und setzte sich neben mich. Das Büro war spärlich möbliert. An den Wänden hingen keine Kunstwerke, keine gerahmten Auszeichnungen. *Erstaunlich.*

Qi Lu war in einem Dorf außerhalb Shanghais in China aufgewachsen, ohne fließendes Wasser oder Strom. Das Dorf war so arm, dass die Menschen aufgrund von Unterernährung unter Missbildungen litten. In seinem Dorf lebten Hunderte von Kindern, aber es gab nur einen Schullehrer. Im Alter von siebenundzwanzig Jahren verdiente Qi Lu so viel Geld wie noch niemals zuvor – sieben Dollar im Monat. Zwanzig Jahre später ist er President of Online Services bei Microsoft.

***

Beinahe hätte ich ungläubig den Kopf geschüttelt. Kaum in der Lage, mir eine schlüssige Frage auszudenken, hob ich einfach die Hände und fragte: »Wie haben Sie das gemacht?«

Qi lächelte bescheiden und erklärte, dass er als Kind Schiffsbauer habe werden wollen. Er sei aber zu dürr gewesen, um die

Gewichtsvoraussetzung zu erfüllen, wodurch er gezwungen gewesen sei, sich aufs Lernen zu konzentrieren. Er kam an die Fudan-Universität, ein Top-College in Shanghai, wo er Informatik als Hauptfach studierte – und dort gelangte er zu einer Erkenntnis, die sein Leben veränderte.

Er begann, über Zeit nachzudenken. Vor allem über die Zeit, die er im Bett vergeudet zu haben glaubte. Er schlief acht Stunden pro Nacht, aber dann wurde ihm klar, dass sich eine Sache im Leben nicht ändert: Ob man Reisbauer oder Präsident der Vereinigten Staaten ist, man hat nur vierundzwanzig Stunden am Tag.

»In gewisser Weise«, sagte Qi, »kann man sagen, dass Gott jedem gegenüber fair ist. Die Frage lautet: Werden Sie Gottes Geschenk so gut wie möglich nutzen?«

Er las über namhafte historische Personen, die ihre Schlafgewohnheiten geändert hatten, und machte sich daran, sich sein eigenes System zu schaffen. Zuerst knapste er sich eine Stunde Schlaf pro Nacht ab, dann eine weitere und noch eine weitere. Irgendwann schlief er nur noch eine einzige Stunde pro Nacht. Er zwang sich mit eiskalten Duschen zum Aufwachen, aber auf Dauer war er nicht in der Lage, das durchzuhalten. Schließlich fand er heraus, dass die geringste Schlafdauer, mit der er optimal funktionieren konnte, vier Stunden pro Nacht betrug. Von da an hat er bis heute nie länger geschlafen.

Beständigkeit macht einen Teil seines Geheimnisses aus. »Es ist wie Autofahren«, sagte Qi zu mir. »Wenn man immer mit hundert Stundenkilometern fährt, nutzt sich das Auto nicht so sehr ab. Aber wenn man schneller fährt und oft auf die Bremse tritt, verschleißt der Motor schneller.«

Qi wacht jeden Morgen um vier Uhr auf, läuft acht Kilometer und ist um sechs Uhr im Büro. Er isst den ganzen Tag über kleine Mahlzeiten, meist Obst und Gemüse, die er in Behältern verpackt mitbringt. Er arbeitet achtzehn Stunden am Tag, sechs Tage pro

Woche. Und Stefan Weitz hatte mir erzählt, bei Microsoft hieße es, dass Qi *doppelt so schnell* arbeite wie alle anderen. Sie nennen es das »Qi-Tempo«.

Das Qi-Tempo erschien mir als fanatischer, sogar ungesunder Lebensstil. Aber wenn ich es durch die Linse von Qis Lebensumständen betrachtete, kam es mir gleich weniger wie ein schrulliges Experiment vor, sondern vielmehr wie eine Überlebensmaßnahme. Denken Sie darüber nach. Es gibt so viele brillante College-Studenten in China, wie hätte Qi da sonst eine Chance zum Durchbruch finden sollen? Wenn Sie 8 Stunden Schlaf auf 4 Stunden reduzieren und die so eingesparte Zeit mit 365 Tagen multiplizieren, dann entspricht das 1460 zusätzlichen Stunden – oder *2 zusätzlichen Monaten* pro Jahr, die Sie produktiv sein können.

In seinen Zwanzigern verbrachte Qi die zusätzliche Zeit, die er sich selbst schuf, mit dem Schreiben von Forschungsarbeiten und dem Lesen weiterer Bücher, um seinem größten Traum näherzukommen, nämlich in den USA zu studieren.

»In China«, sagte er, »musste man zwei Tests absolvieren, wenn man in den USA studieren wollte. Die Gebühren dafür betrugen sechzig Dollar. Mein Gehalt pro Monat entsprach, glaube ich, sieben Dollar.«

Das waren mehr als acht Monatsgehälter, nur um an den Aufnahmeprüfungen teilzunehmen.

Qi verlor jedoch nie die Hoffnung, und all seine harte Arbeit zahlte sich letztlich an einem Sonntagabend aus. Normalerweise fuhr er sonntags mit dem Fahrrad in sein Dorf, um seine Familie zu besuchen, aber an diesem Tag regnete es in Strömen und die Fahrt dauerte Stunden, sodass Qi in seinem Studentenzimmer blieb.

Abends kam ein Freund vorbei und bat ihn um Hilfe. Ein Gastprofessor von der Carnegie-Mellon-Universität wollte einen Vortrag über Modellüberprüfung halten, aber wegen des Regens war die Teilnehmerzahl beschämend gering. Qi erklärte sich bereit, dazu beizutragen, die Plätze zu füllen, und während der Vorlesung stellte er einige Fragen. Danach sprach der Professor Qi zu den Punkten, die er angesprochen hatte, seine Anerkennung aus und fragte, ob er zu diesem Thema geforscht habe.

Qi hatte nicht nur geforscht – er hatte fünf Abhandlungen über das Thema veröffentlicht. Das ist die Kraft des Qi-Tempos. Nur dadurch konnte er die am besten vorbereitete Person im Raum sein.

Der Professor bat darum, die Abhandlungen sehen zu dürfen. Qi rannte zu seinem Zimmer, um sie zu holen. Nachdem der Professor sie sich angesehen hatte, fragte er Qi, ob er Interesse hätte, in den USA zu studieren.

Qi erläuterte seinen finanziellen Engpass und dass er die sechzig Dollar für die Qualifikationstests nicht habe, woraufhin der Professor sagte, er werde auf die Tests verzichten. Qi bewarb sich, und Monate später traf ein Brief bei ihm ein. Carnegie Mellon bot ihm ein volles Stipendium an.

Jedes Mal, wenn ich über Bill Gates, Warren Buffett oder von anderen Beispielen für kometenhaften Erfolg gelesen hatte, hatte ich mich gefragt, inwieweit ihre Leistungen das Ergebnis scheinbar wundersamer Zufälle waren. Hätte es an jenem Sonntagabend nicht geregnet, dann wäre Qi zu Hause bei seiner Familie gewesen, er hätte den Professor nicht getroffen, und nichts von all dem wäre geschehen. Gleichzeitig war es kein Zufall, dass Qi diese fünf Forschungsarbeiten veröffentlicht hatte. Ich fragte Qi nach dem Glücksfaktor, und er antwortete, er glaube nicht, dass Glück rein vom Zufall abhänge.

»Glück ist wie ein Bus«, sagte er mir. »Wenn man einen verpasst, gibt es immer einen nächsten. Aber wenn man nicht vorbereitet ist, wird man nicht einsteigen können.«

***

Zwei Jahre nachdem Qi mit seinem Studium an der Carnegie Mellon University fertig war, lud ihn ein Freund zum Mittagessen ein. Am Tisch saß eine Person, die Qi nicht kannte. Der neue Bekannte fragte, woran Qi derzeit arbeite, und Qi erwiderte, er arbeite bei IBM an der Erforschung von E-Commerce-Plattformen.

Der Freund seines Freundes arbeitete für Yahoo, das damals für sein herausragendes Webverzeichnis bekannt war. Er bat Qi, am Montag in seinem Büro vorbeizuschauen, und Qi stimmte zu. Als er am Hauptstandort von Yahoo eintraf, lag ein Stellenangebot auf dem Tisch.

Yahoo hegte insgeheim Pläne für den Aufbau einer E-Commerce-Plattform und suchte genau dafür einen kompetenten Mitarbeiter. Qi trat in die Firma ein, übernahm das Projekt und verbrachte nahezu jede Sekunde damit, zu programmieren. Drei Monate lang verkürzte er seine Schlafdauer noch mehr und schlief nur noch ein oder zwei Stunden pro Nacht. Er arbeitete so hart, dass er das Karpaltunnelsyndrom bekam und eine Schiene tragen musste. Qi war jedoch der Meinung, dass es sich lohne, weil er letztendlich das erschuf, was wir heute als Yahoo Shopping kennen.

Qi wurde zum Leiter der nächsten großen Initiative des Unternehmens befördert: Yahoo Search. Auch das wurde zu einem riesigen Erfolg, aber Qi drosselte sein Tempo auch danach nicht. Neben der Übernahme weiterer technischer Projekte verbrachte Qi seine Wochenenden in der Bibliothek und las stapelweise Bücher über Führung und Management.

Mir wurde klar, dass es beim Qi-Tempo nicht nur darum ging, weniger zu schlafen. Es ging darum, kurzfristiges Vergnügen zugunsten langfristigen Gewinns zu opfern. In nur acht Jahren bei Yahoo stieg Qi zum Executive Vice President auf und war damit mehr als dreitausend Ingenieuren vorgesetzt.

Nach neun Jahren im Unternehmen beschloss Qi, dass das zehnjährige Jubiläum ein guter Zeitpunkt sei, endlich eine Pause einzulegen. Während Qis letzter Woche bei Yahoo verteilten seine Mitarbeiter auf seiner Abschiedsparty T-Shirts mit der Aufschrift »Ich habe mit Qi gearbeitet. Sie auch?«

Qi überlegte, mit seiner Familie nach China zurückzukehren, als er einen Anruf von Microsoft-CEO Steve Ballmer erhielt. Microsoft wollte eine Suchmaschine aufbauen. Qi traf sich mit Ballmer und beschloss, doch nicht nach China zurückzukehren. Er akzeptierte Ballmers Angebot, President of Online Services zu werden.

Als Qi mir davon erzählte, bei der Erstellung der Bing-Suchmaschine die Nächte durchgearbeitet zu haben, bekam ich ein seltsames Gefühl. Meine Gedanken schweiften ab, und dann blitzte eine ferne Erinnerung in meinem Kopf auf. Ich war fünf Jahre alt. Mitten in der Nacht hatte ich schlecht geträumt, also kletterte ich aus dem Bett, um ins Schlafzimmer meiner Eltern zu gehen. Als ich den dunklen Flur entlangging, sah ich blaues Licht durch die Ritze unter der Tür meiner Eltern dringen. Ich steckte meinen Kopf ins Zimmer und sah meine Mutter an ihrem winzigen Schreibtisch sitzen und am Computer tippen. Nacht für Nacht kroch ich aus dem Bett und sah heimlich meiner Mutter bei der Arbeit zu, während der Rest der Familie schlief. Später erfuhr ich, dass mein Vater mit seinem Gebrauchtwagenhandel gerade Insolvenz angemeldet hatte, was bedeutete, dass meine Mutter unsere Familie über Wasser halten musste. Vielleicht hatte meine Mutter sich auf ihre Art ähnlich aufgeopfert wie Qi Lu.

Erst jetzt, während ich Qi Lu zuhörte, verstand ich, warum meine Mutter geweint hatte, nachdem ich ihr gesagt hatte, dass ich das Medizinstudium nicht durchziehen wolle. Aus ihrer Sicht kehrte ich allem, wofür sie gearbeitet hatte, den Rücken. Das Schuldgefühl, das mich ergriff, weil ich so undankbar gewesen war, war so schmerzhaft, dass ich mich zu winden begann. Dann sagte Qi etwas, womit ich am wenigsten gerechnet hatte.

»Übrigens«, sagte er, »danke, dass Sie das tun. Ihre Motivation für Ihre Mission ähnelt in gewisser Weise meiner Motivation. In jeder Minute eines jeden Tages geht es darum, Menschen zu befähigen, mehr zu wissen, mehr zu tun und mehr zu sein. Ich finde, das, was Sie tun, ist in vielerlei Hinsicht ein großartiges Beispiel dafür.«

Er bot an, auf jede erdenkliche Weise zu helfen, die in seiner Macht stünde. Ich zog die Karteikarte mit den Namen der Personen, die ich zu interviewen hoffte, aus meiner Brieftasche und reichte sie ihm. Qi nickte, während er langsam mit seinem Finger die Liste entlangfuhr.

»Die einzige Person, die ich persönlich kenne«, sagte er, »ist Bill Gates.«

»Glauben Sie ... glauben Sie, er wäre interessiert?«

»Ja, Sie sollten unbedingt die Gelegenheit haben, mit ihm zu sprechen. Ich werde ihm gegenüber Ihr Buch erwähnen.«

»Vielleicht könnte ich eine E-Mail schreiben?«

Qi lächelte. »Ich werde sie gern an ihn weiterleiten.«

KAPITEL 7
DIE VERSTECKTE RESERVE

» BILL FUCKING GATES!«, brüllte Corwin.

Er erhob sein Glas, um auf diese Nachricht anzustoßen.

Brandon, Ryan und ich hoben ebenfalls unsere Gläser. Wir ließen sie aneinanderklirren und feierten die ganze Nacht im Speisesaal weiter.

Das zweite Studienjahr hätte nicht besser beginnen können. Ich war so glücklich, dass ich mich zurückhalten musste, auf dem Weg zum Unterricht nicht zu tanzen. Sogar die Vorlesungen machten nun mehr Spaß. Ein paar Tage später, als ich zur Bibliothek unterwegs war, sah ich eine E-Mail von Qi Lus Assistentin auf meinem Telefon.

• • • • • • • • •

Hallo Alex,

ich habe mich an Bills Büro gewandt, und sie können dieser Bitte leider nicht nachkommen …

• • • • • • • • • • • •

Ich las die Botschaft noch einmal, aber mein Verstand weigerte sich, sie anzunehmen. Ich rief Stefan Weitz an, meinen Insider bei Microsoft. Er erklärte mir, dass Bill Gates mich wahrscheinlich nicht selbst abgelehnt habe; sein Stabschef treffe die meisten solcher Entscheidungen.

»Hast du eine Möglichkeit, mich am Stabschef vorbeizubringen?«, fragte ich. »Ich brauche nur fünf Minuten. Lass mich einfach selbst mit ihm reden.«

Stefan sagte, ich solle abwarten und er werde sehen, was er tun könne.

Aber ich konnte nicht abwarten. An diesem Abend beschloss ich, meinen ganzen Frust ins Qi-Tempo zu kanalisieren. Qi war nicht mit dem Qi-Tempo geboren worden – er hatte sich dazu entschieden, es anzunehmen. Und jetzt traf auch ich diese Entscheidung. Jeden Morgen sprang ich von nun an um sechs Uhr aus dem Bett, ging direkt zu meinem Schreibtisch und schrieb jedem auf meiner Liste eine E-Mail, in der ich um ein Interview bat. Als ich von allen Absagen erhalten hatte, wandte ich mich an Personen, die nicht auf meiner ursprünglichen Liste standen. Ich stand morgens noch früher auf und arbeitete noch härter, aber das führte nur dazu, dass ich doppelt so schnell abgewiesen wurde.

Nein, nein, nein, nein, nein, nein, nein.

Einige Ablehnungen taten mehr weh als andere, wie die von Wolfgang Puck. Ich hatte eine Quizfrage auf Twitter beantwortet, Tickets für eine Veranstaltung mit rotem Teppich, Essen und Wein gewonnen und dann den gefeierten Koch dort angesprochen. Als ich ihn um ein Interview bat, sagte er: »Das mache ich gern! Kommen Sie im Restaurant vorbei, und wir können beim Mittagessen miteinander sprechen!« Er umarmte mich, als wären wir alte Freunde. Am nächsten Tag schickte ich seiner Stellvertreterin eine E-Mail, als ob auch wir alte Freunde wären.

• • • • • • • • •

Hey *****,

ich heiße Alex und bin Student an der USC. Ich habe
gestern Abend auf der LAFW-Veranstaltung mit Wolfgang
gesprochen, und er sagte mir, ich solle mich mit Ihnen in
Verbindung setzen, um einen Vor-Ort-Termin für ein Interview
zu vereinbaren. Er meinte, es wäre am besten, wenn ich zum
Mittagessen im »Restaurant« vorbeikäme (ehrlich gesagt bin
ich nicht sicher, auf welches er sich damit bezog! haha) …

• • • • • • • • • • • • •

Sie antwortete nicht darauf. Also habe ich einmal, zweimal, dreimal und sogar ein viertes Mal nachgefasst. Offensichtlich hatte ich
meine Lektion von Tim Ferriss noch nicht gelernt. Die Stellvertreterin von Puck antwortete einen Monat später.

• • • • • • • • •

Hey Alex,

ja, wir haben Ihre E-Mails erhalten, und hey, ich habe über
eine angemessene Antwort nachgedacht. Also hey, ich weiß,
dass Sie es als konstruktiv empfinden werden, wenn ich
Ihnen einen Ratschlag gebe. Ich empfehle Ihnen, wenn Sie
die erfolgreichsten Menschen der Welt kontaktieren, nicht mit
»Hey Larry King!« oder »Hey George Lucas!« zu beginnen.
Typischerweise beginnt man solche Anfragen aus Respekt
mit »Sehr geehrter Mr. King!« oder »Sehr geehrter Mr.
Lucas!«. Aber hey, ich schweife ab …

Ich habe mit Wolfgang darüber gesprochen, bevor er nach New York abgereist ist, und obwohl es sich nach einer interessanten Gelegenheit anhört, wird er leider keine Zeit dafür haben, weil sein Terminkalender wegen der kürzlichen Eröffnung seines Restaurants »CUT« in London und seiner laufenden Eröffnungsaktivitäten im Hotel »Bel Air« bis zum Jahresende voll ist. Wolfgang hat mich darum gebeten, Ihnen in seinem Namen zu antworten und Ihnen mitzuteilen, dass es ihm leidtut, aber dass er es nicht ermöglichen kann …

● ● ● ● ● ● ● ● ●

Während sich die Herbsttage hinzogen, fühlte ich mich immer niedergeschlagener, jede Ablehnung knabberte an meinem Selbstwertgefühl. Tag für Tag vor Sonnenaufgang aufzustehen, nur um dann abgewiesen zu werden, fühlte sich an, als läge ich auf einer Straße, damit ein Lastwagen mich überfahren, zurücksetzen und erneut überfahren könnte. Doch eine Person bewahrte mich vor dem Verkehrstod, und ich danke Gott für diese Person, denn sie hat vielleicht die Mission gerettet.

Die meisten Menschen in den USA kennen Sugar Ray Leonard als den sechsmaligen Boxweltmeister mit dem strahlenden Lächeln aus verschiedenen Werbespots. Wer sich im Boxsport gut auskennt, kennt ihn als den cleveren, schnell zuschlagenden Künstler, der bei den Olympischen Spielen 1976 weltweit als Sensation gefeiert wurde.

Nachdem ich einer seiner Buchsignierungsveranstaltungen beigewohnt hatte und von den Sicherheitsleuten beiseitegedrängt worden war, benutzte ich die E-Mail-Vorlage von Tim Ferriss, um eine Nachricht an die Frau zu schreiben, die Öffentlichkeitsarbeit für Sugar Ray machte. Wir trafen uns, und sie wurde meine Insiderin. Ich schrieb Sugar Ray einen Brief, in dem ich ihm erklärte, dass ich neunzehn sei und nach der Lektüre seiner Autobiografie das Gefühl habe, dass sein Rat genau das war, was meine Generation brauchte. Sobald meine Insiderin den Brief weitergereicht hatte, lud Sugar Ray mich zu sich nach Hause ein.

Er empfing mich an seiner Eingangstür, gekleidet in einen schwarzen Trainingsanzug, und führte mich in sein häusliches Fitnessstudio. Kaum hatte ich es betreten, fühlte es sich an, als wäre ich in der Höhle der Wunder in *Aladdin* – nur dass das Gold, das die Wände bedeckte, kein vergrabener Schatz war, sondern Goldmedaillen und schimmernde Plaketten, in die das Wort »Weltmeister« eingraviert war. Ein Boxsack hing von der Decke. Hanteln und Laufbänder umgaben die Plüschledercouch, die in der Mitte des Raumes stand. Das Glitzern, das von dem Gold ausging, passte zu meinem Bild von Sugar Ray – aber als wir uns hinsetzten und zu reden begannen, wurde mir bald klar, dass ich keine Ahnung gehabt hatte, was sich unter diesem Glitzern befand.

Sugar Ray erzählte mir, er sei in einer neunköpfigen Familie in Palmer Park, Maryland, aufgewachsen. Das Geld war so knapp gewesen, dass eines Jahres die einzigen Weihnachtsgeschenke unter dem Baum die Äpfel und Orangen waren, die Rays Vater aus dem Lagerraum des Supermarkts gestohlen hatte, in dem er arbeitete. Sein Vater hatte bei der Marine geboxt, und als Ray sieben Jahre alt war, beschloss auch er, den Sport einmal auszuprobieren. Er stieg im No. 2 Boys Club außerhalb von Palmer Park in den Ring und bekam innerhalb von Sekunden seine ersten Schläge ins Gesicht. Blut sprudelte aus seiner Nase. Seine Beine brannten, als er sich auf der Matte hin- und herbewegte. Er war vernichtend geschlagen worden, ging mit hämmernden Kopfschmerzen davon und kehrte nach Hause zu seinen Comic-Heften zurück.

Sechs Jahre später drängte ihn sein älterer Bruder, es noch einmal mit dem Boxen zu versuchen. Ray kehrte in den Boxclub zurück und wurde erneut verprügelt. Dieses Mal beschloss er jedoch, dabeizubleiben. Er war jünger, kleiner, dünner und weniger erfahren als die anderen Jungen, sodass ihm klar wurde, dass er einen anderen Vorteil brauchte.

Eines Morgens zog er sich für die Schule an und ging mit seinen Brüdern und Schwestern zur Bushaltestelle. Als der gelbe Schulbus an den Bordstein heranfuhr, stiegen die anderen Kinder ein, Ray jedoch nicht. Er schleuderte seinen Rucksack in den Bus, band seine Schnürsenkel fester, und als der Bus wegfuhr, jagte er ihm hinterher. Er rannte bis zur Schule hinter dem Bus her. Am Nachmittag lief er wieder hinter dem Bus her, den ganzen Weg nach Hause. Das Gleiche tat er auch am nächsten Tag. Und am darauffolgenden. Er lief in der Hitze, im Regen, im Schnee – an einigen Tagen war es so kalt, dass sich auf seinem Gesicht Eiskristalle bildeten. Er jagte dem Schulbus tagein, tagaus hinterher.

»Ich besaß keine Erfahrung«, sagte mir Sugar Ray, »aber ich hatte das Herzblut, die Disziplin und die Sehnsucht.«

Sobald dieses letzte Wort seinen Mund verlassen hatte, sah er mich mit einem etwas anderen Gesichtsausdruck an und fragte, was mich motiviere, meinem Traum nachzugehen. Wir sprachen über die Mission, und ich fühlte mich bei Sugar Ray so wohl, dass ich ihm gegenüber zugab, wie niedergeschlagen ich mich bei dem Versuch gefühlt hatte, Interviews zu arrangieren. Er bat darum, meine Liste sehen zu dürfen. Während er sie durchsah, schüttelte Sugar Ray leicht den Kopf und lächelte, als verstünde er etwas, das ich nicht verstand. Dann erzählte er mir die Geschichte eines der größten Kämpfe seines Lebens. Die Lektion war genau das, was ich hören musste.

Fünf Jahre nachdem er Profi geworden war, stieg Sugar Ray mit Thomas »The Hitman« Hearns in den Ring. The Hitman war nicht nur noch ungeschlagen, er hatte auch fast jeden Kampf durch K. o. gewonnen. Er hatte bekanntlich eine weitreichende linke Gerade, die den Kopf des Gegners nach hinten schnellen ließ, worauf dann der wahre Schrecken folgte, der aus dem Nichts zu kommen schien: die tödliche Rechte.

Zehntausende kamen in den »Caesars Palace«, und Millionen schalteten das Ereignis auf einem Bezahlsender ein. Der Kampf wurde als »The Showdown« angekündigt. Der Sieger sollte zum unangefochtenen Weltmeister im Weltergewicht gekürt werden.

Nachdem die Eröffnungsglocke geläutet hatte, krachte der weit ausholende Schlag von The Hitman auf Sugar Rays linkes Auge. *Schlag* um *Schlag* um *Schlag*, bis zu dem Punkt, an dem Rays Augenlider schwarz und violett wurden und zuschwollen. Sugar Ray konnte in den mittleren Runden etwas aufholen, aber nach Ende der zwölften Runde lag er in der Wertung noch immer zurück. Er sackte auf seinem Hocker in der Ecke des Rings nach vorn, sein linkes Auge pochte. Er versuchte, es vollständig zu öffnen, aber es gelang ihm nicht, sodass ihm nur noch die Hälfte seines Sehvermögens auf diesem Auge blieb.

Die einzige Möglichkeit, wie er doch noch gewinnen könnte, war, durch die Schlagzone der rechten Hand von The Hitman zu treten. Das war sowieso schon verrückt, aber ohne die volle Sehkraft seines linken Auges war es praktisch Selbstmord. Der Trainer von Sugar Ray hockte sich vor ihm hin und sah ihn eindringlich an. »Du vertust gerade deine große Chance, mein Sohn. Du schmeißt sie weg.«

Diese Worte lösten in Ray ein starkes Gefühl aus, das sich in seinem gesamten Körper ausbreitete. Dreißig Jahre später, als wir auf seiner Couch saßen, ließ er diese Worte lebendig werden.

»Du hast vielleicht das Herzblut – du kämpfst weiter und weiter, du kämpfst immer weiter – aber dein Verstand sagt: ›Mann, vergiss es. Ich brauche das nicht.‹ Der Kopf und das Herz ziehen nicht am selben Strang, aber das *müssen* sie tun. Alles muss auf dasselbe Ziel ausgerichtet sein. Alles muss sich miteinander verbinden, um ein solches Niveau, um diesen Gipfel zu erreichen.

Du hast vielleicht eine Sehnsucht, einen Wunsch, einen Traum – aber es muss mehr sein als das. Du musst es so sehr wollen, dass es wehtut. Die meisten Menschen erreichen diesen Punkt nie. Sie zapfen nie das an, was ich die ›versteckte Reserve‹ nenne, die eigene versteckte Kraftreserve. Die haben wir alle. Wenn es heißt, eine Mutter habe ein Auto angehoben, unter dem ein Kind eingeklemmt war, dann schafft sie das genau wegen *dieser* Kraft.«

Die Glocke läutete zur dreizehnten Runde, und Sugar Ray stürmte aus seiner Ecke, als hätte sich das Blut in seinen Adern in reines, konzentriertes Adrenalin verwandelt. Er feuerte fünfundzwanzig Schläge in Folge ab, und The Hitman flog in die Seile, fiel zu Boden und kam nur stolpernd wieder auf die Füße. Ray sprintete hinter ihm her. The Hitman geriet erneut ins Straucheln, aber die Glocke rettete ihn. Als die nächste Runde begann, rannte Ray wieder aus seiner Ecke und traktierte Hearns Kopf mit einem Wirbelsturm an Schlägen. Dann, nur noch eine Minute vor Schluss der vierzehnten Runde, fiel The Hitman schlapp in die Seile. Der Schiedsrichter stoppte den Kampf. Ray war der unangefochtene Weltmeister.

Die Geschichte hing noch in der Luft, da stand Sugar Ray plötzlich von der Couch auf, ging auf die Tür zu und forderte mich auf, ihm zu folgen.

»Ich möchte Ihnen etwas zeigen.«

Wir gingen einen schwach beleuchteten Flur entlang. Er sagte mir, ich solle kurz warten, und verschwand um eine Ecke. Eine Minute später kehrte er mit seinem goldenen Weltmeisterschaftsgürtel zurück. An dessen Konturen brach sich weich das Licht. Sugar Ray kam zu mir und legte mir den Gürtel um die Taille.

Er trat zurück und gab mir einen Moment Zeit, um das Gefühl auf mich wirken zu lassen.

»Wie oft hat man Ihnen schon gesagt: ›Solche Leute kann man nicht einfach so interviewen?‹ Wie oft hat man Ihnen gesagt: ›Das klappt nie?‹ Lassen Sie sich von *niemandem* sagen, dass Ihr Traum nicht zu verwirklichen wäre. Wenn Sie eine Vision haben, müssen Sie durchhalten. Sie müssen im Kampf bleiben. Es wird schwierig werden. Sie werden immer wieder ein Nein zu hören bekommen. Aber Sie müssen weitermachen. Sie müssen weiterkämpfen. Sie müssen Ihre versteckte Reserve nutzen. Es wird nicht leicht werden, aber es kann funktionieren.«

Er hielt seine Augen auf mich gerichtet und fuhr fort: »Als ich in dem Brief gelesen habe, dass Sie neunzehn Jahre alt sind, erinnerte ich mich daran, wie ich mich in Ihrem Alter gefühlt habe. Ich war voller Eifer. Ich war aufgeregt. Ich war hungrig. Ich wollte diese Goldmedaille mehr als alles andere. Und wenn ich Sie ansehe« – er hielt inne, trat auf mich zu und zeigte mit dem Finger auf mein Gesicht – »lassen Sie sich das von *niemandem* wegnehmen.«

SCHRITT 3
FINDEN SIE IHREN
INSIDER

KAPITEL 8
DER TRAUM-MENTOR

*E*s war gut, dass Sugar Ray mir diesen Vortrag gehalten hatte, denn im Laufe des restlichen Herbstes prasselten die Absagen nur so auf mich ein. Die Feiertage flogen schneller vorbei, als mir lieb war, und schon bald war der Januar da, und das nächste Semester begann. Die Aussichten, mit den Menschen in Kontakt zu kommen, von denen ich träumte, waren nach wie vor düster.

Eines Nachmittags stand ich auf einem Parkplatz, über mir hing eine schwere graue Wolkendecke und in der Hand hielt ich ein Schokoladeneis in der Waffel. Wenn einem das Leben übel mitspielt, gibt es wenigstens immer noch Eiscreme.

Mein Handy brummte in meiner Tasche. Meine Augen weiteten sich, als ich die Vorwahl von Seattle sah. Sofort fühlte es sich an, als würden sich die grauen Wolken teilen und helles Licht auf mich herabscheinen.

»Sie wollen also Bill interviewen, ja?« In der Leitung war der Stabschef von Bill Gates.

Stefan Weitz, mein Insider bei Microsoft, hatte es geschafft, den Anruf zu arrangieren. Um die Privatsphäre des Stabschefs zu schützen, lasse ich seinen Namen weg.

Ich begann, ihm von der Mission zu erzählen, aber er sagte, das sei nicht nötig, weil Stefan und Qi Lu ihm bereits alles darüber erzählt hätten.

»Ich finde es toll, was Sie tun«, sagte der Stabschef. »Ich finde Ihre Initiative großartig. Ich finde es klasse, dass Sie es tun, um anderen zu helfen, und ich würde es gern unterstützen.« Allein das zu hören, gab mir das Gefühl, mein Ziel zu 99 Prozent erreicht zu haben. »Aber die Sache ist die«, fuhr er fort, »dass Sie erst etwa fünf Prozent geschafft haben. So kann ich das Bill einfach nicht vorlegen. Sie haben nicht genug Schwung.«

Schwung?

»Hören Sie«, fügte er hinzu. »Ich kann Bill keine Interviewanfrage für ein Buch vorlegen, für das es nicht einmal einen Verleger gibt. Selbst als Malcolm Gladwell wegen *Überflieger* zu uns kam, war das keine sichere Sache. Nun – wenn Sie mehr Interviews gemacht haben, wenn Sie einen Verlagsvertrag von Penguin oder Random House bekommen, dann können wir uns zusammensetzen und darüber diskutieren, diese Anfrage Bill vorzulegen. Aber bevor irgendetwas davon passieren kann, müssen Sie mehr Schwung in die Sache bringen.«

Er verabschiedete sich und legte auf. Nach diesem Gespräch war ich wie betäubt. Zwei Wörter hallten in meinem Kopf wider. *Fünf Prozent?* Das Nächste, woran ich mich erinnere, ist, dass ich in der Abstellkammer stand, den Kopf in die Hände gestützt, bewegungsunfähig. Die Worte hallten weiterhin in meinem Kopf nach.

Bei diesem Tempo würden meine Freunde bei Abschluss der Mission in Schaukelstühlen sitzen. Wenn ich trotz der Empfehlung durch Qi Lu nur fünf Prozent des Weges bei Bill Gates zurückgelegt hatte, dann musste ich bei Leuten wie Warren Buffett oder Bill Clinton bei minus zwanzig Prozent liegen. Und mit all den Tests und Hausaufgaben, die ich fürs College zu absolvieren hatte, würde ich ...

Moment mal, Bill Clinton ...

Eine vage Erinnerung kam mir in den Sinn.

Hat mir im Sommer nicht jemand erzählt, dass Bill Clinton und Richard Branson auf einem Kreuzfahrtschiff oder so gesprochen haben? Und irgendein junger Kerl hat das organisiert?

Ich griff nach meinem Laptop, googelte »Bill Clinton Richard Branson Kreuzfahrtschiff« und fand einen Artikel auf FastCompany.com:

• • • • • • • • •

Im Jahr 2008 startete Elliott Bisnow, ein Unternehmer mit mehreren Firmen unter seinem Namen, die Summit Series, eine »Un-Konferenz-Konferenz«, die der gegenseitigen Unterstützung junger Unternehmer dienen sollte. Sie begann mit 19 Personen auf einer Skireise und ist inzwischen auf mehr als 750 Personen angewachsen, die an der jüngsten Veranstaltung im Mai teilnahmen. Diese Veranstaltungen, denen nur geladene Gäste beiwohnen können, sind teils Networking, teils TED, teils Extremsport, und sie sind zum Epizentrum des sozialen Unternehmertums geworden. Und auf dem Weg dorthin hat die Summit Series über 1,5 Millionen Dollar für gemeinnützige Zwecke gesammelt. Zu den Teilnehmern gehören Bill Clinton, Russell Simmons, Sean Parker, Mark Cuban, Ted Turner und John Legend.

• • • • • • • • • • • • •

Ich las weiter und musste dann zweimal hinsehen: Elliott Bisnow, der CEO der Summit Series, der Mann, der all diese Führungspersönlichkeiten zusammenbrachte, war erst fünfundzwanzig Jahre alt. Wie war das möglich? Er war kaum älter als ich.

Ich tippte »Elliott Bisnow« ein und stöberte durch die Suchergebnisse. Dutzende Artikel erwähnten ihn, aber nicht einer hatte ihn zum Thema. Er hatte einen Blog mit Hunderten von Beiträgen, aber alles, was sie enthielten, waren Bilder – Elliott beim Surfen in Nicaragua, beim Abhängen mit Supermodels in Tel Aviv, beim Stierrennen in Spanien, bei der Tour de France in Belgien, im Weißen Haus, wo er neben dem Mitbegründer von Twitter und Tony Hsieh, dem CEO von Zappos, stand. Es gab Fotos von ihm beim Bau von Klassenräumen in Haiti, bei Sehtests in Jamaika und bei der Auslieferung von Schuhen an Kinder in Mexiko. Es gab sogar ein Video von ihm in einer Diät-Cola-Werbung.

In einem Artikel erfuhr ich, dass der CNN-Gründer Ted Turner sein großes Idol war und dass Elliott darauf hoffte, ihn eines Tages persönlich kennenzulernen. Dann entdeckte ich ein Bild von Elliott und Ted Turner, wie sie sich ein Jahr später bei den Vereinten Nationen die Hand schüttelten. Andere Bilder zeigten Elliott Bisnow, wie er an einem Strand in Costa Rica und auf einem Hausboot in Amsterdam lebte. Auf allen Fotos trug er T-Shirt und Jeans, hatte einen ungepflegten Bart und dickes braunes Haar. Ich fand einen Artikel in der *Huffington Post* mit der Überschrift »Tech's Biggest Party Boys« – die größten Partyjungs der Tech-Branche. Elliott belegte den sechsten Platz. Der letzte Satz haute mich um. »Bisnows neuester Plan: einen 40-Millionen-Dollar-Berg in Utah zu kaufen.«

Ich klickte weiter, und es vergingen mehrere Stunden, ohne dass ich es merkte. Ich fand ein Bild von ihm, auf dem er zusammen mit Präsident Clinton im Wohnzimmer von irgendjemandem lachte, ein weiteres von ihm, wie er Clinton eine Auszeichnung überreichte, und ein drittes mit Clinton bei einer Veranstaltung auf der Bühne. Doch es gab online nichts, was mir genau sagte, wer Elliott Bisnow war. Es war, als würde ich den Blog des Typen aus *Catch Me If You Can* durchgehen.

Ich konnte diesen Kerl einfach nicht durchblicken. Aber gleichzeitig verspürte ich ein tiefes, fast überwältigendes Gefühl der

Verbundenheit mit ihm. Elliotts Traum war es, die besten Unternehmer der Welt zusammenzubringen, und irgendwie hatte er es geschafft.

Bill Gates' Stabschef hatte gesagt, ich müsse Schwung in die Sache bringen. Offensichtlich hatte Elliott herausgefunden, wie so etwas funktioniert. Ich hatte das Gefühl, dass ich mit ihm die einzige Person vor Augen hatte, die die Lösung für meine Probleme kannte.

Ich senkte den Kopf, schloss die Augen und dachte: Wenn es eine Sache gibt, die ich im Moment mehr als alles andere will, dann ist es Elliotts Führung. Ich holte mein Tagebuch heraus, blätterte eine neue Seite auf und kritzelte »Traum-Mentoren« als Überschrift hinein. Auf die erste Zeile schrieb ich: »Elliott Bisnow.«

***

Mein Stapel an Hausaufgaben und Tests wuchs noch weiter an, sodass ich jeden Abend dieser Woche in der Bibliothek verbrachte und einfach versuchte, mich irgendwie durchzuarbeiten. Aber jeden Tag schweiften meine Gedanken ab, und ich stellte mir vor, wie es wäre, mit Elliott Bisnow zu sprechen. Eines Nachmittags, drei Tage vor meiner Prüfung in Rechnungswesen, konnte ich mich nicht mehr zurückhalten. *Scheiß drauf, ich schreibe ihm einfach eine E-Mail.* Es war ja nicht so, dass ich ihn interviewen wollte. Ich hatte nur eine einzige Frage, die ich Elliott stellen wollte, damit ich an Bill Gates herankommen konnte: Wie bringe ich Schwung in die Sache?

Ich begann, eine E-Mail an Elliott zu verfassen. Zwei Stunden später war ich immer noch dabei, Details über ihn einzuweben, damit er wusste, dass ich auch noch die dreiundzwanzigste Seite der Google-Ergebnisse über ihn besucht hatte, um alles über ihn herauszufinden. Ich nahm an, er müsse der König der Kaltakquise per E-Mail sein, also wollte ich es perfekt machen.

. . . .

Von: Alex Banayan

An: Elliott Bisnow

Betreff: Mr. Bisnow – ich könnte wirklich einen Rat von Ihnen gebrauchen

Hi Mr. Bisnow,

ich heiße Alex und bin Student im zweiten Jahr an der USC. Ich weiß, dass es für Sie wie aus heiterem Himmel kommt, doch ich bin ein großer Fan von Ihnen und könnte bei einem Projekt, an dem ich arbeite, wirklich Ihren Rat gebrauchen. Ich weiß, dass Sie sehr beschäftigt sind und dass Sie eine Menge E-Mails erhalten. Daher fasse ich mein Anliegen so zusammen, dass es nur sechzig Sekunden dauern sollte, es zu lesen.

Zu meinem Hintergrund: Ich bin neunzehn Jahre alt und schreibe an einem Buch, in der Hoffnung, die Dynamik meiner Generation zu verändern. Das Buch wird einige der erfolgreichsten Menschen der Welt vorstellen und sich darauf konzentrieren, was sie zu Beginn ihrer Karriere getan haben, um dorthin zu gelangen, wo sie heute stehen. Ich fühle mich wirklich geehrt angesichts der Menschen, die bei dieser Mission bereits an Bord sind – von Microsoft President Qi Lu bis zu Autor Tim Ferriss. Ich bin entschlossen, die Weisheit und die praktischen Ratschläge der Großen der älteren Generation mit denen der neuen Generation in einem Buch zusammenzuführen, das das Leben der Menschen verändern wird. Wie Sie gern sagen: »Machen Sie keine kleinen Pläne.« :)

Mr. Bisnow, neunzehn Jahre alt zu sein und meine Vision zu verfolgen, bringt einige Hindernisse mit sich, sodass es unglaublich hilfreich wäre, von Ihnen eine Handlungs-empfehlung zu folgendem Thema zu erhalten: Wie haben Sie es erfolgreich geschafft, all diese Koryphäen hinter einer einzigen Vision zu versammeln? Das ist Ihnen bei Ihrer ersten Skireise 2008 meisterhaft gelungen, und Sie sind im Laufe der Jahre sogar noch immer besser darin geworden.

Ich bin sicher, dass Sie sehr viel zu tun haben, aber wenn es irgendeine Chance dazu gibt, miteinander in Verbindung zu treten, sodass ich ein paar Ratschläge einholen kann, dann wäre das das Größte für mich. Wenn Sie möchten, kann ich Ihnen einige konkrete Fragen per E-Mail stellen, wir können uns aber auch gern ein paar Minuten telefonisch unterhalten oder – wenn es Ihr Zeitplan erlaubt – uns in einem Café treffen oder … wenn die Sterne günstig stehen … im weltberühmten Summit House. :)

Ich verstehe vollkommen, wenn Sie zu beschäftigt sind, um zu antworten, aber selbst eine ein- oder zweizeilige Antwort würde meinen Tag wirklich bereichern.

Mit großen Träumen

Alex

• • • • • • • • •

Ich verbrachte dreißig Minuten damit, online nach seiner E-Mail-Adresse zu suchen, konnte sie aber nicht finden. Auch drei Stunden später hatte ich sie noch nicht. Also tippte ich meine fünf besten Vermutungen, wie sie lauten könnte, ins Feld »An«. Ich

betete zu Gott und zum heiligen Geist der Tim-Ferriss-Kaltakqui-
se-E-Mail, dass es funktionieren würde.

Vierundzwanzig Stunden später antwortete Elliott:

• • • • • • • •

Großartige E-Mail

Sind Sie morgen oder am Donnerstag in LA?

• • • • • • • • • • • • •

Ich sah in meinen Kalender. Am Donnerstag stand meine Abschlussprüfung in Rechnungswesen an. Ich schrieb also: »Ich bin
an beiden Tagen völlig frei.«

Ich hoffte, er würde sich nicht am Donnerstag treffen wollen. An der USC fällt jeder, der eine Abschlussprüfung versäumt,
durch den Kurs.

Elliott antwortete sofort zurück:

• • • • • • • •

Können wir uns am Donnerstag um 8 Uhr morgens in Long
Beach in der Lobby des ›Renaissance Hotels‹ treffen? Tut mir
leid, dass Sie so weit anreisen müssen, aber ich bin hier auf
einer Konferenz.

Und Sie sollten *When I Stop Talking, You'll Know I'm Dead*
lesen, bevor wir uns treffen, insbesondere den Teil über den
Stern von Ardaban, das ist das erste oder zweite Kapitel …
Sie werden das Buch lieben.

• • • • • • • • •

Zu *The Price is Right* gehen – und nicht für die Abschlussprüfungen lernen. Elliott treffen – und riskieren, eine Abschlussprüfung zu verpassen. Es war, als ob jemand ein Videospiel spielte, das mein Leben war, sich zurücklehnte, lachte und mir Bananenschalen vor die Füße warf. Jede unmögliche Entscheidung war ein Kontrollpunkt, ein Test, um zu sehen, woran mein Herz wirklich hing.

Doch zum ersten Mal zögerte ich nicht.

KAPITEL 9
DIE REGELN

Zwei Tage später saß ich auf einer Couch in der Hotellobby und blickte zwischen meiner Uhr und dem Haupteingang hin und her. Wenn unser Treffen zwanzig Minuten dauern würde und wenn ich dann eine halbe Stunde brauchen würde, bis ich wieder am College wäre, dann hätte ich noch zwei Stunden Zeit, um für meine Abschlussprüfung zu büffeln. Und wenn unser Treffen eine Stunde dauern würde, dann hätte ich immer noch …

Ich hörte mit meinen gedanklichen Berechnungen auf, als Elliott erschien, auf die Minute pünktlich.

Er ging quer durch die Lobby. Selbst aus der Entfernung wirkte es, als würden Elliotts Augen scharf und durchdringend blicken. Sie suchten langsam den Raum ab, fast zu langsam, wie die Augen eines Panthers, die den Dschungelboden durchforsten. Während er näherkam, schien er nicht einmal zu blinzeln. Er entdeckte mich, nickte mir zu und setzte sich dann neben mich.

»Gib mir eine Sekunde«, sagte er, ohne mich anzusehen.

Er nahm sein Handy heraus und tippte darauf herum.

Eine Minute verging … dann zwei … dann …

Er blickte auf und ertappte mich dabei, wie ich ihn anstarrte. Ich sah schnell weg. Dann schaute ich auf die Uhr. Unser Treffen dauerte schon fünf Minuten, und wir hatten kaum miteinander gesprochen.

Ich musterte Elliott noch einmal und musste einfach lächeln, als ich seine Schuhe sah. Meine Vorhersage war richtig gewesen. Ich hatte an der USC während des Andrangs bei den Studentenverbindungen bemerkt, dass sich die Studierenden zu Menschen hingezogen fühlten, denen sie ähnlich sahen, was mich zu der Annahme veranlasste, dass es umso leichter ist, eine Freundschaft aufzubauen, je mehr man dem anderen ähnlich sieht. Also hatte ich an diesem Morgen einige Zeit damit verbracht, mich zu fragen, was Elliott wohl anziehen würde. Ich hatte eine blaue Jeans, ein grünes T-Shirt mit V-Ausschnitt und braune TOMS-Schuhe angezogen, weil ich gelesen hatte, dass der Gründer von TOMS zu den Summit-Veranstaltungen ging. Elliott trug eine graue Jeans, ein blaues T-Shirt mit V-Ausschnitt und graue TOMS-Schuhe. Aber so, wie er den Kopf gesenkt hielt und mit den Augen am Display seines Handys klebte, hatte ich das Gefühl, dass das, was ich trug, ihm als Letztes auffallen würde.

»Sie studieren?«, fragte er, ohne den Kopf zu heben.

»Ja. Ich bin im zweiten Jahr.«

»Wollen Sie Ihr Studium abbrechen?«

»Was?«

»Sie haben die Frage schon verstanden.«

Das Gesicht meiner Oma blitzte in meinem Kopf auf. *Jooneh man.*

»Nein«, platzte ich heraus. »Nein. Das werde ich nicht tun.«

Elliott lachte leise auf. »Okay. Wir werden sehen.«

Ich wechselte das Thema. »Also, es ist eindeutig, dass Sie wirklich gut darin sind, Menschen zusammenzubringen und Ihre Summit-Veranstaltungen in Schwung zu bringen, und ich bin wirklich neugierig, wie Sie das machen. Meine einzige Frage an Sie lautet also ...«

»Sie müssen sich nicht auf eine einzige Frage beschränken.«

»Okay, also, meine erste Frage lautet dann wohl: Was war der Wendepunkt in Ihrer Karriere, der es Ihnen ermöglichte, so viel Schwung aufzubauen?«

»Es gibt keinen Wendepunkt«, sagte er und tippte weiter. »Es sind nur kleine Schritte.«

Für jemand anderes wäre das vielleicht eine gute Antwort gewesen. Aber ich hatte wochenlang davon geträumt, dass Elliott einen ganzen Monolog zu diesem Thema halten würde, sodass die Tatsache, dass er mir nur eine Ein-Satz-Erklärung bot, mir das Gefühl gab, er würde mich abblitzen lassen.

»Nun, okay, also ich schätze, meine nächste Frage lautet ...«

»Haben Sie das Kapitel über den Stern von Ardaban gelesen? Haben Sie das Buch überhaupt schon aufgeschlagen? Oder schaffen Sie es nicht einmal, zwei Kapitel an einem Tag zu lesen?«

»Ich habe es gelesen«, sagte ich, »und zwar das gesamte Buch.«

Endlich sah Elliott auf. Er legte sein Handy beiseite.

»Mann, ich war genau wie Sie, als ich in Ihrem Alter war«, sagte er. »Ich habe mich genauso ins Zeug gelegt, wie Sie sich ins Zeug legen. Und für diese Kaltakquise-E-Mail, die Sie mir geschickt haben, haben Sie wahrscheinlich eine ganze Woche lang recherchiert, hm?«

»Zwei Wochen. Und dann hat es mich weitere drei Stunden gekostet, Ihre E-Mail-Adresse zu finden.«

»Ja, Mann. Ich habe so was ständig gemacht.«

Schließlich entspannte ich mich, was ein Fehler war, denn Elliott feuerte sofort ganze Maschinengewehrsalven an Fragen über meine Mission ab. Er stellte sie so intensiv, so schnell, dass ich das Gefühl hatte, verhört zu werden. Ich antwortete, so gut ich konnte, unsicher darüber, wie unser Gespräch verlief. Elliott lachte, als ich ihm davon erzählte, wie ich in dem Toilettenraum gehockt hatte.

Er sah auf seinem Handy nach der Uhrzeit.

»Hören Sie zu«, sagte er. »Ich hatte angenommen, dass dieses Gespräch nur dreißig Minuten dauern würde. Aber vielleicht ... Moment, haben Sie heute nicht noch Kurse?«

»Das passt schon. Was schwebt Ihnen vor?«

»Nun, wenn Sie wollen, können Sie noch ein Weilchen bleiben und sich bei meinem nächsten Treffen dazusetzen.«

»Das klingt super.«

»Okay, cool«, sagte er. »Aber zuerst müssen wir über die Grundregeln sprechen. Es sind fünf, und sie gelten nicht nur für heute. Sie gelten für den Rest Ihres Lebens.« Er sah mir in die Augen. »Schreiben Sie das auf.«

Ich nahm mein Handy heraus, um diese Regeln in die Notizen-App zu tippen.

»Regel Nummer eins: Benutzen Sie *niemals* Ihr Telefon während einer Besprechung. Es ist mir egal, ob Sie sich nur Notizen machen. Wenn Sie Ihr Telefon benutzen, sehen Sie wie ein Trottel aus. Haben Sie immer einen Stift dabei. Je digitaler die Welt wird, desto beeindruckender ist es, einen Stift zu benutzen. Davon abgesehen ist es einfach unhöflich, sich während einer Besprechung mit seinem Handy zu beschäftigen. Regel Nummer zwei: Verhalten Sie sich so, als würden Sie dazugehören. Betreten Sie einen Raum, als wären Sie schon dort gewesen. Gaffen Sie Prominente nicht an. Bleiben Sie cool. Seien Sie entspannt. Und bitten Sie nie, *niemals* jemanden um ein Foto. Wenn Sie ebenbürtig behandelt werden wollen, müssen Sie sich wie jemand verhalten, der ebenbürtig ist. Fans bitten um Fotos. Ebenbürtige geben sich die Hand. Apropos Fotos, Regel Nummer drei: Das Geheimnisvolle schreibt Geschichte. Wenn Sie etwas Cooles machen, so posten Sie keine Bilder davon auf Facebook. Niemand, der die Welt tatsächlich verändert, postet alles, was er tut, online. Lassen Sie die Leute darüber rätseln, was Sie im Schilde führen. Außerdem sind die Leute, die Sie mit Onlinebeiträgen beeindrucken würden, nicht die Leute, die Sie beeindrucken wollen sollten. Nun, Regel Nummer vier«, sagte er langsam, wobei er jedes Wort betonte, »diese Regel ist die wichtigste. Wenn Sie sie brechen« – er fuhr sich mit der Hand über den Hals, als würde er ein Messer dort entlangführen – »sind Sie erledigt. Wenn Sie mein Vertrauen missbrauchen, sind Sie erledigt. Wenn Sie einmal Ihr Wort geben, dürfen Sie es niemals, absolut niemals zurücknehmen. Wenn ich Ihnen etwas im Vertrauen sage, müssen Sie es bewahren, als wären Sie ein Tresor. Was hineinkommt, kommt nicht wieder heraus. Das gilt von heute an für all Ihre Beziehungen. Wenn Sie sich wie ein Tresor verhalten, werden die Leute Sie wie einen Tresor behandeln. Es wird Jahre dauern, Ihren Ruf aufzubauen, aber nur Sekunden, ihn zu ruinieren. Verstanden?«

»Verstanden.«

»Gut.« Er stand auf und blickte auf mich herab. »Stehen Sie auf.«

»Aber ich dachte, Sie hätten gesagt, es gäbe fünf Regeln?«

»Äh, oh ja. Hier ist eine letzte: Abenteuer passieren nur den Abenteurern.«

Bevor ich fragen konnte, was das bedeuten sollte, ging Elliott weg. Ich folgte ihm. Er drehte seinen Kopf zu mir um. »Bereit, mit den großen Jungs zu spielen?«

Ich nickte.

»Übrigens«, fügte er hinzu und schaute mich von oben bis unten an, »schöne TOMS.«

***

Elliotts Meeting begann, und ich saß da, mit meinen Unterarmen auf den Knien, und hörte aufmerksamer zu, als ich es je bei einem Professor am College getan hatte. Elliott fing ganz beiläufig an, machte Witze und fragte die Frau, die er zu Gast hatte, wie ihr Vormittag verlief. Dann verlagerte er beinahe unmerklich die ganze Kraft seiner Aufmerksamkeit auf sie: Was war ihre Leidenschaft? Woran arbeitete sie? Als sie Elliott höflich fragte, wie es bei ihm selbst aussehe, lachte er und sagte: »Oh, ich bin nicht so interessant.« Dann stellte er eine weitere Frage. Während der gesamten Zeit sprach Elliott kaum über sich selbst. Schließlich, als gefühlt etwa neunzig Prozent des Treffens vorbei waren, erzählte Elliott seine Geschichte: »Die Stadt meiner Träume gibt es nicht, also mache ich mich daran, sie zu erbauen.« Er hatte den größten privaten Skiberg Nordamerikas in einer Stadt namens Eden, Utah, gekauft und schuf auf der Rückseite des Berges eine kleine Wohngemeinschaft für Unternehmer, Künstler und Aktivisten. Dann, gerade als die Frau Feuer gefangen hatte, beendete Elliott das Gespräch.

Er umarmte sie, und sie ging davon. Dann kam ein weiterer Gast. Das zweite Treffen verlief genauso reibungslos wie das erste. Ich war fasziniert davon, wie Elliott das Gespräch kontrollierte. Ich wollte meine Augen nicht von ihm abwenden, doch ich schaute immer wieder heimlich auf meine Uhr. Ich musste innerhalb einer Stunde aufbrechen.

Nachdem das zweite Treffen beendet war, stand Elliott auf und bedeutete mir, ich solle das Gleiche tun.

»Haben Sie Spaß?«, fragte er.

Ich grinste breit.

»Großartig«, sagte er. »Was jetzt kommt, wird Ihnen gefallen.«

Ich blieb dicht hinter ihm, während er auf den Ausgang zusteuerte. Innerlich konnte ich nur noch an eine riesige Sanduhr denken, in der der Sand bis zu meiner Abschlussprüfung herunterrieselte.

Wir überquerten die Straße zum Hotel »Westin«, das nicht irgendein Hotel war. In dieser Woche logierten hier die meisten Teilnehmer der TED-Konferenz, es war eine der exklusivsten Zusammenkünfte der Welt. Wir machten uns auf den Weg zum Hotelrestaurant, das an die Lobby angegliedert war. Es bot eine vertrauliche Atmosphäre und hatte nicht mehr als fünfzehn Tische. Im Hintergrund spielte klassische Musik, akzentuiert durch das Glockenspiel winziger Löffel gegen Porzellantassen.

Elliott ging direkt auf den Tischzuweiser zu. »Ein Tisch für vier Personen, bitte.«

Als wir durch den Speisesaal geführt wurden, überlegte ich, Elliott besser zu sagen, dass ich diese Sitzung möglicherweise früher würde verlassen müssen, aber genau in diesem Moment begrüßte Elliott einen Mann an einem Tisch in der Nähe. Ich erkannte ihn sofort: Tony Hsieh, der CEO von Zappos. Sein Buch *Delivering Happiness* stand noch immer ganz oben auf meinem Bücherregal.

Elliott ging weiter. »Sehen Sie den Typen da drüben?«, flüsterte er mir zu. »Das ist Larry Page, der CEO von Google. Der Typ links von Ihnen ist Reid Hoffman. Er ist der Gründer von LinkedIn. Sehen Sie jetzt dorthin. Am Tisch ganz hinten, der Kerl mit der Brille, der hat Gmail erschaffen. Zu Ihrer Rechten, mit den blauen Joggingshorts, das ist Chad. Er ist der Mitbegründer von YouTube.«

Wir kamen an unseren Tisch, und die Gäste von Elliott trafen ein. Zuerst kam Franck, der Mitbegründer von Startup Weekend, eine der größten Unternehmerorganisationen der Welt; dann Brad, der Mitbegründer von Groupon, einem Unternehmen, dessen Wert damals mit dreizehn Milliarden Dollar angegeben wurde. Die drei unterhielten sich. Während des Essens huschte mehrmals Elliotts Blick in meine Richtung, als ob er mich verurteilen wollte. Mir war nicht klar, ob er wollte, dass ich mich mehr zu Wort meldete, oder ob das eine Mal, dass ich es tat, bereits einmal zu viel gewesen war.

Nach etwa der Hälfte des Frühstücks ging der Mitbegründer von Groupon auf die Toilette, dann entfernte sich der Mitbegründer von Startup Weekend ein Stückchen, um einen Anruf entgegenzunehmen. Elliott wendete sich mir zu und setzte das Verhör fort.

»Also, woher beziehen Sie Ihr Geld? Wie bezahlen Sie all Ihre Reisen?«

Ich erwiderte, dass ich dazu das Geld nutzen würde, das ich bei einer Spielshow gewonnen hätte.

»Sie haben was?«, fragte er nach.

»Haben Sie schon mal von *The Price is Right* gehört?«

»Jeder hat von *The Price is Right* gehört.«

»Nun, letztes Jahr, zwei Tage vor den Abschlussprüfungen, habe ich eine ganze Nacht durchgemacht und herausgefunden, wie man die Show hacken kann. Am nächsten Tag ging ich hin, gewann ein Segelboot, verkaufte es, und so finanziere ich meine Mission.«

Elliott legte seine Gabel beiseite. »Moment mal. Wollen Sie mir erzählen, dass wir jetzt seit über zwei Stunden zusammen sind und Sie mir noch nicht erzählt haben, dass Sie *Ihr gesamtes Abenteuer durch das Hacken einer Spielshow finanziert haben?*«

Ich zuckte die Achseln.

»Sie Dummkopf!«, sagte er.

Er beugte sich zu mir, senkte seine Stimme und sprach jedes einzelne Wort überdeutlich aus. »Sie werden sich nie wieder in einem Meeting mit jemandem befinden und nicht davon erzählen. Ihre Mission ist gut und schön, aber diese Geschichte verrät mir mehr darüber, wer Sie sind, als alles andere, was Sie sagen könnten. Diese Geschichte verlangt nach Aufmerksamkeit. Jeder macht in seinem Leben Erfahrungen«, fügte er hinzu. »Einige entscheiden sich dafür, sie in Geschichten zu verwandeln.«

Ich war von Elliotts Worten so gefesselt, dass ich kaum bemerkte, dass seine Gäste sich wieder hingesetzt hatten.

»Alex, erzählen Sie den beiden, was Sie mir gerade erzählt haben«, sagte Elliott. »Erzähle Sie ihnen, wie Sie Ihre Mission finanziert haben.«

Ich stolperte durch die Geschichte. Trotz meines Stotterns hatte sich am Ende die Dynamik am Tisch verändert. Der Mitbegründer von Groupon unterbrach mich. »Das ist ... *unglaublich.*« Er unterhielt sich für die restliche Dauer des Frühstücks mit mir, erzählte mir seine Geschichten, erteilte mir Ratschläge und gab mir dann seine E-Mail-Adresse und sagte mir, ich solle mit ihm in Kontakt bleiben.

Ich warf erneut einen Blick auf meine Uhr. Wenn ich nicht in ein paar Minuten ginge, wäre ich tot.

Ich entschuldigte mich bei den drei Leuten am Tisch, ging ein Stückchen zur Seite und suchte die Nummer des Büros der USC Business School heraus. Als das Freizeichen in meinem Ohr ertönte, sah ich über meine Schulter hinweg auf all die CEOs und Milliardäre, von denen ich zu lernen geträumt hatte.

Eine Sekretärin nahm ab, und mit einem überwältigenden Gefühl der Dringlichkeit platzte ich heraus: »Verbinden Sie mich mit dem Dekan.« Aus irgendeinem Grund tat sie es. Die stellvertretende Dekanin der Business School – nicht die Dekanin der Filmhochschule, die mich bei Spielberg aufgehalten hatte – nahm den Anruf entgegen.

»Hier ist Alex Banayan. Ich muss Ihnen erklären, wo ich gerade stehe. Im Umkreis von drei Metern von mir befinden sich ...« und ich fuhr fort, alle Namen der Menschen in meiner Nähe aufzuzählen. »Ich brauche Ihnen nicht zu erklären, wie selten eine solche Gelegenheit ist. Nun, allerdings habe ich in einer Stunde eine Prüfung in Rechnungswesen, und ich müsste sofort los, um pünktlich auf dem Campus zu sein. Ich kann diese Entscheidung nicht treffen – *Sie* müssen diese Entscheidung treffen. Und ich brauche die Antwort in den nächsten dreißig Sekunden.«

Sie antwortete nicht.

Nach dreißig Sekunden fragte ich, ob sie noch da sei.

»Das haben Sie nicht von mir gehört«, sagte sie, »aber schicken Sie Ihrem Professor morgen früh eine E-Mail und teilen Sie ihm mit, dass Ihr Flug von San Francisco nach Los Angeles verspätet war, dass es außerhalb Ihrer Kontrolle war und dass Sie deshalb die Prüfung verpasst haben.«

Klick. Sie hatte aufgelegt.

Es fällt mir bis heute schwer, meine Dankbarkeit dafür auszu-
drücken, was die stellvertretende Dekanin an diesem Morgen für
mich getan hat.

Als ich an den Tisch zurückkehrte, frühstückten wir weiter miteinander, und die Energie baute sich weiter auf. Der Mitbegründer von Groupon lud mich ein, ihn in Chicago zu besuchen. Dann
schaute Reid Hoffman an unserem Tisch vorbei. Schließlich verließen Elliotts zwei Gäste uns, und ich saß da, schaute mich im Restaurant um und nahm alles in mich auf.

»Hey, du großes Tier«, flüsterte Elliott, und ich bemerkte eine
neue Vertraulichkeit in seinem Tonfall. »Du willst doch einen Mogul der Tech-Branche interviewen, oder? Da ist der CEO von Google, fünf Meter von dir entfernt. Das ist deine Chance. Geh und
rede mit ihm. Lass mal sehen, was du drauf hast.«

Eine Welle der Panik erfasste mich.

»Wenn du es wirklich willst«, sagte Elliott, »nun, das ist deine
Chance auf dem Silbertablett.«

»Ich bereite mich normalerweise wochenlang vor, bevor ich
jemanden um ein Interview bitte. Ich weiß nichts über ihn. Ich
glaube nicht, dass es eine so gute Idee ist.«

»Tu es.«

Es war fast so, als könnte Elliott das Schreckgespenst riechen.

»Komm schon, du harter Kerl«, fuhr er fort. »Lass mal sehen,
was du draufhast.« Ich bewegte mich nicht.

»Komm schon. Tu es«, sagte er und klang dabei wie ein Drogen-
dealer. Mit jedem Satz zogen sich seine Schultern höher und seine
Brust wurde breiter, als ob er mein Unbehagen anheizen wollte.
Seine pantherartigen Augen schienen sich in mich hineinzubohren.

»Wenn es vor dir liegt«, sagte Elliott, »dann schnapp es dir.«

Larry Page, der CEO von Google, schob seinen Stuhl zurück.
Ich konnte meine Beine kaum noch spüren. Page ging davon. Ich
stand auf.

Ich folgte ihm wie ein Schatten aus dem Speiseraum hinaus und eine Treppe hinunter. Er betrat die Herrentoilette. Ich zuckte zusammen ... *Nicht schon wieder.* Ich trat ein und sah sechs nebeneinander hängende Pissoirs. Larry Page war an einem ganz am Ende. Die anderen fünf waren unbesetzt. Ohne nachzudenken, wählte ich dasjenige, das am weitesten von ihm entfernt war. Als ich dort stand, versuchte ich, mir etwas Kluges auszudenken, das ich sagen könnte. Aber in meinem Kopf hörte ich nur Elliotts Stimme: *Wenn es vor dir liegt, dann schnapp es dir.*

Page ging zu einem Waschbecken. Ich tat es ihm gleich, wählte aber wieder das am weitesten von seinem entfernte. Je mehr ich darüber nachdachte, versagen zu können, desto mehr versagte ich.

Page trocknete sich die Hände ab. Ich musste etwas sagen.

»Äh, Sie sind Larry Page, richtig?«

»Ja.«

Ich spürte, wie mein Gesicht ausdruckslos wurde. Page sah mich verwirrt an und ging dann hinaus. Und das war's.

Ich schleppte mich zurück an den Frühstückstisch, wo Elliott wartete. Ich ließ mich auf meinen Stuhl fallen.

»Und? Wie ist es gelaufen?«, fragte er.

»Äh ... na ja ...«

»Du musst noch eine Menge lernen.«

KAPITEL 10
ABENTEUER PASSIEREN
NUR DEN ABENTEURERN

ill Gates' Stabschef hatte gesagt, ich bräuchte einen Verlagsvertrag, also machte ich mich daran, einen zu bekommen. Ich googelte und hatte schon nach kurzer Zeit die Grundlagen verstanden. Zuerst schreibt man ein Buchexposé, mit dem man einen Literaturagenten für sich zu gewinnen versucht, der dann wiederum einen Verleger an Land zieht. In jedem Blogbeitrag, den ich zu diesem Thema las, wurde betont, dass man ohne einen Literaturagenten keinen Vertrag mit einem großen Verlag bekommen könne, also sah ich es so: kein Agent, kein Bill Gates.

Ich kaufte mehr als ein Dutzend Bücher darüber, wie man erfolgreiche Exposés schreibt, die kein Agent ablehnen könne, und stapelte sie zu einem gigantischen Turm auf meinem Schreibtisch. Als ich sie durchstöberte und mit meinem eigenen Exposé begann, benutzte ich die Tim-Ferriss-Kaltakquise-E-Mail-Vorlage, um Dutzende von Bestsellerautoren um Rat zu bitten – und wie durch ein Wunder flatterten die Ratschläge herein. Einige Autoren beantworteten meine Fragen per E-Mail, andere sprachen telefonisch mit mir, und mit einigen traf ich mich sogar persönlich. Ihre Freundlichkeit hat mich umgehauen. Sie halfen mir, die Hindernisse zu verstehen, mit denen ich konfrontiert war. Ich war ein junger, unbekannter Schriftsteller ohne Erfahrung, der zu einer Zeit in die Verlagsbranche eintreten wollte, als diese schrumpfte und es selbst für erfolgreiche Schriftsteller schwierig war, Verträge zu erhalten.

Aus diesem Grund betonten die Autoren, mit denen ich sprach, wie wichtig es sei, sich auf Marketingideen zu konzentrieren, sowohl in meinem Exposé als auch in meinen Gesprächen mit Agenten. Sie sagten mir, ich solle alle Fakten und Statistiken anführen, die als Beweis herhalten könnten, dass das Buch sich verkaufen würde, denn warum sollte ein Agent ohne solche Belege seine Zeit verschwenden? Aber zuerst musste ich genau herausfinden, an welche Agenten ich mich am besten wenden sollte.

Ein Autor erzählte mir, wie ich das am besten angehen könnte. Er sagte, ich solle zwanzig ähnliche Bücher wie das, das ich schreiben wollte, kaufen, die Danksagungen studieren und mir die Namen der Agenten notieren, bei denen sich die Autoren bedankten. Ich verbrachte Wochen damit, meine Liste zusammenzustellen, zu recherchieren, welche anderen Bücher die Agenten vertraten, und zu bestimmen, welche Agenten am besten geeignet sein könnten.

Dann, eines Abends in der Abstellkammer, schnappte ich mir einen dicken schwarzen Marker und ein Blatt weißes Druckerpapier und schrieb: kein Agent, kein Bill Gates.

Nach und nach kritzelte ich die Namen von zwanzig Agenten hin, angefangen mit meiner Lieblingsagentin und dann absteigend weiter. Ich klebte die Liste an die Wand. Nachdem ich mein Exposé fertiggestellt hatte, fing ich an, Kontakt zu ihnen aufzunehmen, immer nur ein paar auf einmal. Als das zweite Studienjahr endete und die Sommersemesterferien begannen, trudelten die Antworten herein.

»Bücher wie dieses verkaufen sich nicht«, teilte mir eine Agentin mit. Ich strich ihren Namen durch.

»Ich glaube nicht, dass wir gut zusammenpassen«, schrieb ein anderer. Auch seinen Namen strich ich durch.

»Ich nehme keine zusätzlichen Klienten auf.«

Jede weitere Ablehnung versetzte mir einen heftigeren Stich als die vorhergehende. Eines Tages, als ich mir den Kopf darüber zerbrach, was ich falsch gemacht haben könnte, brummte mein Handy auf meinem Schreibtisch. Es zeigte mir eine SMS von Elliott an. Als ich seinen Namen sah, griff ich sofort zu meinem Handy.

• • • • • • • • •

Ich bin in LA … lass uns ein bisschen zusammen abhängen.

• • • • • • • • • • • • •

Ich hatte dringend eine Pause nötig, also begab ich mich direkt zu Elliotts Apartment in Santa Monica. Als ich dort ankam, saßen er und sein vierundzwanzig Jahre alter Bruder Austin auf der Couch, jeder mit einem Laptop auf dem Schoß.

»Yo!«, sagte ich.

Elliott machte meine Begeisterung mit einem abweisenden Blick zunichte. Er richtete seine Aufmerksamkeit wieder auf seinen Laptop.

»Wir reisen heute Abend nach Europa«, sagte er.

»Oh, cool. Um wie viel Uhr geht's los?«

»Das wissen wir noch nicht. Wir haben uns erst vor einer Minute dazu entschieden. Wir suchen gerade nach Tickets.«

Wie konnte er so leben? Wenn meine Eltern verreisten, planten sie sechs Monate im Voraus. Und mein Vater verteilte dicke Pakete mit Fotokopien seines Passes, Notfallnummern und Reiseplänen an drei verschiedene Personen.

»Du solltest uns begleiten«, sagte Elliott.

Ich nahm an, er würde scherzen.

»Hast du dieses Wochenende etwas Großes vor?«, fragte er.

»Eigentlich nicht.«

»Gut. Komm mit uns mit.«

»Ist das dein Ernst?«

»Ja. Buch dir jetzt gleich dein Ticket.«

»Meine Eltern werden mich auf keinen Fall weglassen.«

»Du bist neunzehn. Warum musst du deine Eltern fragen?«

Offensichtlich hatte Elliott meine Mutter nie kennengelernt.

»Bist du dabei?«, drängte er.

»Ich kann nicht. Ich habe heute Abend eine ... eine Familiensache.«

»Okay, flieg morgen früh los. Wir treffen uns dort.«

Ich antwortete nicht.

»Bist du dabei?«, wiederholte er.

»Es ist nicht mehr so viel Geld von *The Price is Right* übrig. Ich habe nicht genug Bargeld für Flüge und Hotels und so weiter.«

»Hol dir die Flugtickets, ich übernehme den Rest.«

Mir gingen die Ausreden aus.

»Super«, sagte er. »Du kommst also mit.«

Ich hatte mich noch nicht entschieden, aber ich wollte die Möglichkeit nicht ausschließen, also nickte ich.

»Perfekt. Nimm morgen früh einen Flug und triff uns in London.«

»Wie soll ich euch da finden?«

»Schick mir einfach eine SMS, wenn du landest. Ich schicke dir dann die Adresse. Es ist ganz leicht. Du steigst einfach am Flughafen in die Tube, und ich sage dir, wo du aussteigen musst.«

»Was ist die Tube?«

Elliott lachte spöttisch.

Er wandte sich an Austin. »Oh mein Gott, wie lustig wäre es, wenn wir ihm sagen würden, er solle uns in London treffen, aber anstatt dort zu sein, hinterlassen wir ihm einen Zettel mit einem

Rätsel, das ihm mitteilt, wir wären jetzt in Amsterdam, dann reist er dorthin und findet ein anderes Rätsel vor, das ihm sagt, wir wären in Berlin, und dann noch eins und noch eins!«

Ich errötete.

»Wir machen nur Spaß, wir machen nur Spaß«, sagte Elliott.

Er sah Austin an, und die beiden lachten sich schlapp.

***

Ich machte mich auf den Weg zum Sabbat-Abendessen im Haus meiner Oma, das absolut nichts mit einem ruhigen Familientreffen gemein hat. Dreißig Cousinen und Cousins, Onkel und Tanten sitzen um einen Tisch herum, und einer schreit lauter als der andere. Angesichts dessen war ich so schlau, meiner Mutter beim Abendessen nichts von Europa zu erzählen.

Nach dem Essen fragte ich meine Mutter, ob wir uns in einem Nebenraum unterhalten könnten. Wir schlossen die Tür, und ich erzählte ihr von Elliott, warum ich unbedingt von ihm lernen wollte und wie unser erstes Treffen verlaufen war.

»Wow«, sagte sie, »das ist toll.«

Dann sagte ich ihr, dass ich ihn am nächsten Tag in London treffen wollte.

»Was meinst du damit, dass du nach London reist? Du willst mich wohl auf den Arm nehmen. Du kennst den Kerl doch gar nicht.«

»Ich kenne ihn wohl. Und er ist nicht irgendein Kerl. Er ist in der Geschäftswelt sehr bekannt.«

Sie googelte auf ihrem Handy nach Elliotts Namen, was, wie mir schnell einfiel, eine schlechte Idee war.

»Was sind das alles für Bilder?«

»Nun ...«

»Wo wohnt er? Warum steht auf seiner Website nicht, was er beruflich macht?«

»Mama, du verstehst das nicht. Das Geheimnisvolle schreibt Geschichte.«

»*Das Geheimnisvolle schreibt Geschichte?* Bist du übergeschnappt? Was, wenn du nach London fliegst und Mr. Geheimnisvoll nicht da ist? Wo willst du eigentlich übernachten?«

»Elliott hat gesagt, er würde mir eine Nachricht schicken, wenn ich lande.«

»Er wird *dir eine Nachricht schicken, wenn du landest?* Du *bist* wahnsinnig! Ich habe nicht die Energie hierfür. Du wirst nicht dahin reisen.«

»Mama, ich habe es mir gut überlegt. Im schlimmsten Fall lässt er mich sitzen. Dann buche ich einfach ein Rückflugticket und habe etwas von meinem Geld von *The Price is Right* verschwendet. Aber im besten Fall wird er vielleicht mein Mentor.«

»Nein. Im schlimmsten Fall lässt er dich *nicht* sitzen, und wenn du einmal bei ihm bist, *weißt* du nicht, wozu er dich drängt oder wohin er dich bringt, du *weißt* nicht, mit welchen Leuten er sich herumtreibt ...«

»Mama, hör zu ...«

»Nein, *du hörst zu*! Sieh dich mal an. Du hast einen Typen getroffen und der hat dir gesagt, du sollst ihn am nächsten Tag in London treffen – und du hast Ja gesagt? Haben wir dir nichts beigebracht? Wo bleibt dein gesunder Menschenverstand? Hast du schon mal innegehalten und dich gefragt, warum Elliott nie in einer Stadt bleibt? Warum kauft er sein Flugticket nur wenige Stunden im Voraus? Wovor läuft er davon? Und warum will er, dass ein Neunzehnjähriger ihn begleitet? Was hat er vor?«

Ich hatte darauf keine Antwort. Aber etwas in mir sagte, dass es keine Rolle spielte. »Mama, ich habe dieses Geld gewonnen. Es ist meine Entscheidung. Ich werde hinfliegen.«

Ihr Gesicht färbte sich rot. »Wir reden morgen früh weiter.«

Spät an diesem Abend konnte ich durch meine Schlafzimmerwand hindurch hören, wie meine Mutter mit meiner Oma telefonierte und dabei weinte. »Ich weiß nicht mehr, was ich mit ihm tun soll«, sagte meine Mutter. »Er ist außer Kontrolle.«

Am nächsten Morgen fand ich sie in der Küche. Ich zeigte ihr meinen Laptop und sagte ihr, wenn ich es nach London schaffen wolle, müsste ich mein Ticket in den nächsten zwei Stunden kaufen. Der Zeitdruck überzeugte sie nicht.

Wir wiederholten noch einmal unser Gespräch vom Vorabend, und wie in vielen persischen Familien üblich, war es nur eine Frage der Zeit, bis sich unsere eineinhalbstündige Diskussion in einen Zirkus verwandelte: Meine Schwestern Talia und Briana erschienen im Schlafanzug und fingen sofort an, Argumente für beide Seiten vorzubringen und sich gegenseitig anzuschreien; mein Vater kam völlig verwirrt herein und rief: »WER IST ELLIOTT? *WER IST ELLIOTT?*«; es klingelte an der Tür, und meine Oma kam herein, eine Tupperdose mit geschälten Gurken in der Hand, und fragte, ob wir eine Entscheidung getroffen hätten.

Fünfzehn Minuten vor Ablauf der Buchungsfrist hatte meine Mutter noch immer nicht nachgegeben. Ich sagte ihr, dass ich, so sehr ich sie auch liebte, diese Entscheidung für mich selbst treffen müsse.

Als sie gerade antworten wollte, schnitt meine Oma ihr das Wort ab. »Genug«, sagte sie. »Er ist ein guter Junge. Lass ihn dorthin fliegen.«

In der Küche wurde es mucksmäuschenstill.

Meine Mutter griff nach meinem Laptop. Als ich auf den Bildschirm schaute, sah ich, dass sie mir half, mein Ticket zu buchen.

KAPITEL 11
BEISSEN SIE MEHR AB,
ALS SIE KAUEN KÖNNEN

Ein Tag später, auf einer Dachterrasse in London

Ich hätte nicht gedacht, dass solche Orte tatsächlich existieren. Hier waren Dutzende – nein, Hunderte – von großen, schönen Frauen in Bikinis, mit der Art von Kurven, die den Verstand eines Jugendlichen schmelzen lassen, der es nicht einmal schafft, auf die Party einer Studentenverbindung zu gehen. Sie waren Schulter an Schulter im Swimmingpool oder bräunten sich in der strahlenden Sonne. Die ganze Terrasse war mit ihnen überfüllt. Ich hörte Kichern und Plätschern und knallende Champagnerkorken. Elliott lehnte sich zu meiner Rechten in einem Liegestuhl zurück, sein Haar tropfnass, da er kurz zuvor in den Pool gesprungen war. Austin saß neben ihm und klimperte auf einer Gitarre.

»Nun«, sagte ich zu Elliott, »so ist es also, wenn man Unternehmer ist?«

»Nicht im Geringsten«, antwortete er.

Er sagte mir, dass er kaum gewusst habe, was das Wort »Unternehmer« bedeute, als er mit dem College begonnen habe. Der Begriff wurde ihm zum ersten Mal klar, als er in seinem ersten Studienjahr war. Elliott ging gerade den Flur entlang, an dem die Tür zu seinem Zimmer lag, als er Dampf unter einer Tür hervorkriechen sah. Er ging hinein und erkannte, dass einer seiner Freunde sein Zimmer in eine behelfsmäßige T-Shirt-Fabrik umgebaut hatte.

»Was machst du da?«, fragte Elliott.

Sein Freund erklärte ihm, wie Siebdruck funktioniert.

»Cool«, sagte Elliott. »Für wen arbeitest du?«

»Für niemanden.«

»Was meinst du mit ›für niemanden‹? Welches Unternehmen hat dich angeheuert?«

»Kein Unternehmen.«

»Man kann nicht einfach für niemanden arbeiten. Wer bezahlt dich denn dann?«

»Die Leute, denen ich die Hemden verkaufe, bezahlen mich.«

»Ich verstehe buchstäblich nicht, was du mir da sagst. Du hast weder einen Chef noch ein Büro? Wie kannst du da ...«

»Junge, das nennt man Unternehmertum. Das gibt es wirklich.«

Es wirkte so einfach: Da ist ein Junge, der bedruckt ein T-Shirt, und dann kauft es jemand für zwanzig Dollar. Und dazu: kein Chef? Für Elliott war das ein Traum. Aber er hatte keine eigenen Ideen, also dachte Elliott, er sollte einfach ebenfalls T-Shirts bedrucken.

Er fragte seinen Freund, ob er als Partner einsteigen könne, doch einige Kisten mit unverkauften T-Shirts später gaben sie auf. Im folgenden Jahr gründeten sie eine Marketingberatungsfirma für Geschäfte in der Nähe ihres Campus. Neun Monate lang priesen sie sich bei allen Geschäften an, doch niemand gab ihnen einen Auftrag.

Als er für die Sommersemesterferien nach Hause nach Washington, D.C., zurückkehrte, erfuhr er, dass sein Vater einen E-Mail-Newsletter über lokale Immobilienangebote ins Leben gerufen hatte. »Warum verkaufe ich nicht einfach Anzeigen dafür?«, fragte sich Elliott. Sein Vater sagte Nein. Zu dieser Zeit war Elliott noch ein College-Student, der bis auf zwei gescheiterte Unternehmen nichts vorweisen konnte. Aber nach einiger Überzeugungsarbeit gab sein Vater schließlich nach, und Elliott machte sich an die Arbeit. Er nahm die Lokalzeitung zur Hand, blätterte zum Immobilienteil, sah sich an, welche Unternehmen dort Anzeigen kauften und rief das erste davon an.

»Hallo! Ich möchte Ihnen etwas Werbung verkaufen. Mit wem kann ich darüber sprechen?«

»Tut mir leid, wir sind nicht interessiert.« *Klick.*

Er wählte die nächste Nummer. »Hallo, wer kauft bei Ihnen die Werbung?«

»Oh, unser Marketingdirektor.«

»Oh, großartig! Ich würde gern mit ihm reden.«

»Tut mir leid, kein Interesse.« *Klick.*

Elliott rief ein weiteres Unternehmen an. »Hallo, wer ist Ihr Marketingdirektor?«

»Sarah Smith.«

»Oh, kann ich bitte mit ihr sprechen?«

»Nein.« *Klick.*

Elliott machte sich eine Notiz, sie zurückzurufen.

Eine Woche später rief er erneut mit seiner professionellsten Stimme an und sagte: »Hallo, hier ist Elliott Bisnow für Sarah Smith, bitte.«

»Einen Moment«, hieß es und er wurde sofort durchgestellt.

Nach drei Wochen telefonischer Kaltakquise buchte Elliott schließlich einen Raum für sein erstes Verkaufsgespräch im Washingtoner Büro von Jones Lang LaSalle, einer großen Immobilienfirma. Elliott hatte einmal gehört, dass, wenn man drei Preisoptionen vorlegt und die erste Option zu teuer und die dritte unattraktiv gestaltet, die Leute oft die mittlere Option wählen. Also schnürte er ein Gold-, ein Silber- und ein Bronze-Paket, wobei Silber zehn Anzeigen für 6000 Dollar bedeutete. Hinter dieser Preisgestaltung verbarg sich keine Wissenschaft. Es kam ihm einfach passend vor.

Elliott ging zu dem Meeting und führte sein Verkaufsgespräch. Und tatsächlich sagte der Mann: »Wir würden gern das ... silberne Paket nehmen.«

Nun wusste Elliot nicht, was er tun sollte.

»Okay, großartig«, sagte Elliott und versuchte, professionell zu klingen. »Also, nur um sicherzugehen, wie fühlen *Sie* sich am wohlsten bei der Nachbereitung? Was möchten *Sie* gern sehen, wenn Sie ein neuer Kunde von jemandem sind?«

»Nun, derjenige schickt mir einen Anzeigenauftrag.«

»Auf jeden Fall«, sagte Elliott. Er schrieb *Anzeigenauftrag zusenden* auf und googelte danach, als er nach Hause kam.

Elliott telefonierte in diesem Sommer jeden Tag und verkaufte Anzeigen im Wert von 30 000 US-Dollar. Er verdiente 20 Prozent Provision, was ihm 6000 US-Dollar einbrachte. Nachdem er ans College zurückgekehrt war, wachte er jeden Morgen um fünf Uhr auf, um Anzeigen zu verkaufen. Durch reine Übung wurde er zum Experten für Kaltakquise. Er verkaufte Anzeigen für 20 000 Dollar, für 50 000 Dollar und für mehrere hunderttausend Dollar. Er nahm sich ein Semester frei, dann ein weiteres und brach schließlich das Studium ab. In den ersten Jahren verkaufte Elliotts Firma Bisnow Media Anzeigen im Wert von einer Million Dollar.

»Das ist kein Hexenwerk«, sagte Elliott. Er setzte sich in seinem Liegestuhl auf. »Und es ist nicht so kompliziert, wie all diese Business-Bücher es einen glauben machen wollen. Stimmt doch, oder?«

Ich nickte und gab Elliott gegenüber zu, dass ich manchmal, wenn ich jemanden zur Kaltakquise anrief, so nervös wurde, dass ich vergaß, was ich sagen wollte.

»Das liegt daran, dass du zu viel darüber nachdenkst«, erwiderte er. »Sag dir einfach, dass du deinen Freund anrufst, wähl die

Nummer und fang sofort an zu reden. Das beste Mittel gegen Nervosität ist sofortiges Handeln.«

Sofortiges Handeln war das Herzstück von Elliotts Leben. Das und die unermüdliche harte Arbeit summierten sich mit der Zeit. Nur zehn Jahre nachdem Elliott seine erste Anzeige verkauft hatte, verkauften er und sein Vater Bisnow Media für fünfzig Millionen Dollar in bar an eine Private-Equity-Firma.

»Moment mal«, sagte ich zu Elliott und schirmte mit einer Hand meine Augen vor der Sonne ab, »wenn du deine ganze Zeit damit verbracht hast, Kaltakquise per Telefon zu machen, wie hattest du dann Zeit, den Summit aufzubauen?«

»Das habe ich nur als Nebenprojekt gestartet«, sagte er.

Nachdem er das College abgebrochen hatte, kannte Elliott keine Leute seines Alters in der Geschäftswelt. Er wollte nicht nur neue Freunde finden, sondern auch Beziehungen zu Menschen aufbauen, von denen er lernen konnte. Also rief Elliott einige junge Unternehmer an, über die er in einer Zeitschrift gelesen hatte, und fragte: »Was wäre, wenn wir alle zusammenkommen und einfach ein Wochenende zusammen verbringen würden?«

Er versammelte die Gründer von CollegeHumor, TOMS Shoes, Thrillist und mehr als ein Dutzend anderer Unternehmer, die allesamt auf Elliotts Kosten ein Wochenende lang Ski fuhren. Elliott bezahlte sogar ihre Flüge. Natürlich hatte er nicht so viel Geld, also setzte er die 30 000 Dollar für die Reise auf eine Kreditkarte und gab sich selbst bis zum Ende des Monats Zeit, um sie abzubezahlen.

Dann tat er, was er am besten konnte. Elliott rief bei Unternehmen an und fragte, ob sie eine Konferenz mit zwanzig der besten Jungunternehmer der USA sponsern wollten – und sie sagten Ja.

»Meine Mutter half mir, den Veranstaltungsort zu buchen, ich mietete ein paar Autos, und als erst mal alle da waren, lief es praktisch wie von selbst«, sagte Elliott. »Ich erinnere mich, wie ich meine Mutter fragte: ›Was soll ich für diese Leute besorgen? Lieber Äpfel oder Müsliriegel? Welche Art von Müsliriegeln? Wie bekommt man überhaupt so viele Müsliriegel?‹ Ich hatte überhaupt keine Ahnung, was ich da tat. Seitdem lebe ich mein Leben nach einem Motto: Beiß mehr ab, als du kauen kannst. Wie du es gekaut bekommst, kannst du auch später noch herausfinden.«

Elliott fächerte seinem Gesicht mit einer Cocktailkarte Luft zu und sah sich auf der Dachterrasse mit dem Pool um. »Es ist ein bisschen zu heiß hier.«

Er holte sein iPhone heraus, öffnete die Wetter-App und begann, die Großstädte Europas durchzugehen.

»Dreiunddreißig Grad in Paris? Nein. Einunddreißig in Berlin? Nein. Neunundzwanzig in Madrid? Nein.« Elliott lehnte sich in seinem Stuhl zurück, das Kinn gereckt, und überflog die Städte, als wäre er Zeus auf dem Olymp.

»Ah, ja«, sagte er. »*Barcelona*: zweiundzwanzig Grad und sonnig.«

Er öffnete eine weitere App, kaufte drei Flugtickets, und schon waren wir zur Tür hinaus.

KAPITEL 12
SO MACHT MAN GESCHÄFTE

Acht Stunden später, in einem Nachtclub in Barcelona

Musik schmetterte aus den Lautsprechern, als sieben Kellnerinnen auf uns zu kamen, in der einen Hand Feuerwerkskörper, in der anderen riesige Wodkaflaschen. Sieben Flaschen, wir waren zu sechst. Immer, wenn jemand Elliott einen Schnaps reichte, lächelte er, sagte »Prost«, und während alle anderen ihre Getränke hinunterkippten, goss er seines in eine Topfpflanze zu seiner Linken.

Drei Stunden zuvor war unser Flugzeug gelandet. In der Hotellobby war Elliott auf einen ihm bekannten peruanischen Medienmogul gestoßen, der uns zu einer Party im Nachtclub des Hotels eingeladen hatte. Als wir an seinem Tisch angekommen waren, hatte Elliott mich neben dem Medienmogul Platz nehmen lassen und mich aufgefordert, die Geschichte von *The Price is Right* zu erzählen. Während ich das tat, ließ der Mann seinen Blick schweifen. Elliott sprang mir bei, er übernahm die Regie und fügte lustige Details ein, die ich zu erwähnen vergessen hatte, und am Ende lachten wir alle, und der Mann bat mich um meine E-Mail-Adresse, damit wir in Kontakt bleiben könnten.

Dann zeigte Elliott auf einen anderen Mann am Tisch. »Alex, erzähl ihm die Geschichte.«

Das tat ich, und als ich fertig war, zeigte Elliott auf jemand anderen. »Jetzt erzähl sie ihm.«

So ging es weiter. Er zeigte immer wieder auf jemand anderes. »Erzähl sie noch einmal. Erzähl sie noch einmal.«

Schließlich deutete Elliott auf völlig Fremde. Je unbehaglicher die Situation wurde, desto besser wurde ich. Jede Wiederholung ließ das Schreckgespenst schrumpfen. Ab einem gewissen Punkt spürte ich es kaum noch.

»Genau das hast du bisher nicht verstanden«, sagte Elliott zu mir. »Du glaubst wahrscheinlich, jeder würde deine Geschichte lieben, weil du an einer Spielshow teilgenommen hast. Aber *worum* es in deiner Geschichte geht, ist nicht so wichtig wie *die Art*, wie du sie erzählst.«

Es war jetzt zwei Uhr früh. Ich beobachtete Elliott, wie er mit den anderen Menschen an unserem Tisch umging. In meinem Betriebswirtschaftsstudium wurde uns beigebracht, professionell mit neuen Kontakten umzugehen. Austausch von Visitenkarten, E-Mail statt Textnachrichten aufs Handy. Elliott tat das Gegenteil.

Aber er sei nicht mit dieser Fähigkeit zur Welt gekommen, sagte er mir. Als wir auf den Balkon des Nachtclubs gingen, gab Elliott zu, dass er als Kind nicht viele Freunde gehabt hatte. Er sei klein und pummelig gewesen und habe sich in der Schule übergangen gefühlt. Die Mobber nannten ihn »Zwerg«. Sie sprachen seinen Nachnamen statt *bis-now* wie *big-nose* aus – große Nase. Der einzige Ort, an dem er sich sicher fühlte, war auf dem Tennisplatz. Elliott beschloss, die Highschool im Juniorjahr zu verlassen und sich an einer Tennisakademie einzuschreiben. Als er aufs College kam, sah sein soziales Leben nicht viel besser aus. Die meisten Leute wollten keine Zeit mit ihm verbringen oder ihn zu Partys einladen. Irgendwann hatte er zwar eine feste Freundin, aber sie machte bald wieder mit ihm Schluss, weil sie es seltsam fand, dass er so früh aufstand, um Kaltakquise-Anrufe zu tätigen. Auch als

Elliott das College verließ, war er noch sozial unbeholfen. Er sammelte bei Networking-Veranstaltungen so viele Visitenkarten, dass er Schuhkartons brauchte, um sie alle unterzubringen. Doch eines Abends um diese Zeit herum lernte Elliott seine Lektion.

Er zog Anzug und Krawatte an und ging zu einem Steakhouse, in dem er einen potenziellen Werbekunden treffen wollte. Elliott war nervös. Es war das erste Mal, dass er ein Meeting außerhalb eines Büros abhielt. Als Elliott den Kunden begrüßte, sah der Mann ihn an und schüttelte den Kopf.

»Elliott, ziehen Sie das Jackett aus. Ziehen Sie es aus. Jetzt nehmen Sie die Krawatte ab. Krempeln Sie die Ärmel hoch. Nehmen Sie Platz.«

Elliott hatte einen Tisch in der Ecke reserviert. Der Kunde sagte, sie würden nicht dort sitzen. Er führte Elliott zur Bar.

»Ma'am, wir hätten gern zwei Portionen Käse-Pommes und zwei Bier.«

»Ich dachte, wir hätten ein Geschäftstreffen«, sagte Elliott.

»Entspannen Sie sich. Erzählen Sie mir etwas über sich.«

Sie erzählten sich gegenseitig Anekdoten, scherzten herum, und Elliott erkannte, dass sie tatsächlich viel gemeinsam hatten. Nach einer Stunde des Kennenlernens stellte der Mann sein Getränk ab und sagte: »In Ordnung, was wollen Sie mir verkaufen?

»Nun«, sagte Elliott, »ich würde mich freuen, wenn Sie dies, das und jenes zu diesem Preis tun würden.«

»Nun, ich würde es gern zu diesem Preis machen, und ich würde es gern auf diese Weise tun. Kommen wir so überein?«

»Könnten wir das ein wenig abändern?«

»Durchaus«, sagte der Mann. »Hört es sich so gut an?«

»Klingt großartig.«

Sie schüttelten sich die Hand und schlossen ein Geschäft über sechzehntausend Dollar ab. Sie verbrachten noch eine weitere Stunde miteinander an der Bar, bis sie schließlich aufstanden, um sich zu verabschieden. Der Mann sah Elliott an und sagte: »Junge, *so* macht man Geschäfte.«

***

Elliott und ich verließen den Nachtclub und machten uns auf den Weg zu unserem Zimmer.

»Ich hätte nicht gedacht, dass du tatsächlich kommen würdest«, sagte Elliott, als wir den Flur entlanggingen.

»Wie meinst du das?«

»Als ich gesagt habe, du solltest uns nach Europa begleiten, hast du gezögert. Ich bin überrascht, dass du dann doch gekommen bist. Warum eigentlich?«

»Ich habe es nur pragmatisch überdacht«, sagte ich. »Im besten Fall würde ich von dir eine Menge lernen. Im schlimmsten Fall würde ich etwas Geld verlieren, was wehgetan hätte, aber das Leben wäre weitergegangen, weißt du?«

Elliott blieb stehen. Er sah mir in die Augen, sagte aber kein Wort.

Dann ging er einfach weiter.

Minuten später kam auch Austin zu uns ins Zimmer, und wir machten uns zum Schlafen fertig. Elliott lag in dem einen Bett, Austin in dem anderen und ich auf einem Zustellbett, das neben das Waschbecken ins Badezimmer gequetscht worden war. Ich machte das Licht aus. Etwas später hörte ich Elliott flüstern: »Alex, bist du wach?«

Ich war erschöpft und nicht in der Stimmung zum Reden, also blieb ich still. Dreißig Sekunden später hörte ich ihn auf der anderen Seite des Raumes flüstern.

»Austin?«, sagte Elliott mit einem Lächeln, das ich durch die Dunkelheit hindurch hören konnte.

Eine Bettdecke raschelte.

»Austin ... er ist einer von uns.«

KAPITEL 13
EXPONENTIELLES LEBEN

》 Erzähl ihm die Hamptons-Geschichte«, drängte Austin Elliott.

Am folgenden Nachmittag aßen wir in einem Straßencafé an der La Rambla in Barcelona zu Mittag und fühlten uns überraschenderweise gut ausgeruht. Elliott hatte darauf bestanden, dass wir alle unsere vollen acht Stunden Schlaf bekamen, morgens Yoga-Übungen machten und ein paar Stunden arbeiteten, bevor wir das Hotel verließen. Er trank und rauchte nicht und nahm immer mal wieder an Telefonkonferenzen teil, während wir durch die Straßen schlenderten. Hinter den Kulissen war sein Leben sehr viel ausgeglichener, als er es vorgab.

»Oh Mann, die Hamptons-Geschichte?«, fragte Elliott. »Alex, das wird dir gefallen.«

Ein Jahr, nachdem er das College verlassen hatte, hatte Elliott von einem Tennisturnier für Profis und Amateure in den Hamptons gehört. Um teilnehmen zu können, mussten Amateure wie Elliott 4000 US-Dollar für wohltätige Zwecke spenden. Elliott kannte eine wohlhabende Person aus Washington, D.C., die mit einem Privatjet dorthin flog und ihn mitnehmen wollte.

»Obwohl ich nicht viel Geld hatte«, sagte Elliott, »entschied ich mich, den Betrag zu spenden und am Turnier teilzunehmen, weil mir durch den Kopf schoss: ›Wenn ich das durchziehe, dann bin ich endlich wer! Und dann fliege ich mit dem Privatflugzeug in die Hamptons und nehme am Turnier teil, und alle werden denken, dass ich dazugehöre, und dann sehen wir weiter.‹«

Im Laufe des dreitägigen Turniers fragten die Leute, denen er begegnete, was er den Rest der Woche vorhabe. Elliott sagte, er wolle in den Hamptons bleiben – was er eigentlich nicht vorhatte –, habe aber keine Unterkunft. Damit forderte er diejenigen, mit denen er sprach, indirekt dazu auf, etwas zu sagen wie: »Oh, übernachte doch bei mir!« Und Elliott antwortete dann unschuldig: »Mensch, ich würde so gern bei dir übernachten! Das ist so nett. Danke für das Angebot.«

Am Ende seiner Reise lieh ein Mann Elliott seinen Aston Martin für Spritztouren, er schlief in Villen und schaute sich Spiele der Yankees mit einem der Besitzer des Teams im Fernsehen an. »Ich war mit dem Rucksack in den Hamptons unterwegs«, erzählte Elliott mir, »und dann war ich *mittendrin*. Das Ganze wurde zu einem dreiwöchigen Abenteuertrip.«

Während des Turniers traf er mit einem Manager von Goldman Sachs zusammen, der sagte, er könne seine Firma eventuell dazu bewegen, die zweite Summit-Veranstaltung zu sponsern. Elliott sagte ihm, dass Goldman nicht einmal etwas zahlen müsse, wenn Elliott nur das Logo der Firma auf der »Sponsoren«-Seite der Veranstaltungswebsite platzieren dürfe. Elliott rief daraufhin andere Unternehmen an und sagte: »Hören Sie, es ist fast unmöglich, jetzt noch als Sponsor für die Summit-Konferenz aufzutreten. Wir arbeiten mit *wenigen, handverlesenen Unternehmen* zusammen, und unser jüngster Kunde ist Goldman Sachs. Wenn Sie also ernsthaftes Interesse an der Sache haben, dann lassen Sie uns auch ernsthaft darüber reden. Wir arbeiten nur mit den Besten zusammen.« Das war ein weiteres Beispiel für geliehene Kompetenz. Diese Beziehung zu Goldman Sachs ermöglichte es Elliott, weitere Sponsoren zu gewinnen, was zu einem großen Teil zum Erfolg des Summits beitrug.

»Bei dieser Geschichte geht es weniger darum, mit Geld um sich zu werfen, als vielmehr darum, nach seinen persönlichen Möglichkeiten zu investieren«, sagte Elliott zu mir. »Du musst abwägen, ob sich der Betrag, den du investierst, auf lange Sicht gesehen vervielfachen wird oder ob er kurzfristig genug Geld abwirft, um deine Kosten zu decken. Abgesehen von dem Geld, das du zum Leben benötigst, ist der Rest dazu da, um das Spiel zu spielen.«

Während wir unser Mittagessen fortsetzten, kam mir immer wieder ein Wort in den Sinn: »Schwung.« Wie hatte sich das Summit von einer kleinen Skireise zu etwas entwickelt, das Präsident Clinton als »ein Geschenk an die Vereinigten Staaten« bezeichnete? Ich war mir sicher, dass mir ein wichtiger Teil des Puzzles fehlte, also drängte ich Elliott dazu, mir von den Anfängen des Summits zu erzählen.

Elliott sagte, dass er einige Jahre nach seinem ersten Summit *Die 4-Stunden-Woche* von Tim Ferriss gelesen habe. Er habe dann all seine Besitztümer verkauft, das Tagesgeschäft von Bisnow Media hinter sich gelassen und die Welt bereist, mit längeren Aufenthalten in Nicaragua, Tel Aviv und Amsterdam. Etwa zu dieser Zeit flog er eines Tages nach Hause, um seine Eltern in Washington zu besuchen, und ging dort auf eine Party, auf der er einen Mann namens Yosi Sergant traf, neben Shepard Fairey der Mitschöpfer von Obamas „HOPE"-Kampagne. Die Obama-Regierung hatte Yosi damit beauftragt, junge Unternehmer ins Weiße Haus einzuladen, und als Elliott Yosi vom Summit erzählte, fragte Yosi, ob er eine Veranstaltung im Weißen Haus ausrichten wolle. Elliott hatte keine Ahnung, ob er das bewerkstelligen könnte oder nicht, sagte aber trotzdem zu – er würde es schon herausfinden. Yosi rief eine Woche später an.

»Der Termin für die Veranstaltung steht, sie findet am Freitag statt.«

»Welcher Freitag?«, fragte Elliott.

»*Nächsten* Freitag.«

»Das ist unmöglich, ich werde in ...«

»Und wir brauchen bis Dienstagmittag alle Sozialversiche-rungsnummern und Namen der Teilnehmer. Bringen Sie fünf-unddreißig Personen mit.«

»Aber wie bringen wir die Leute in nur vier Tagen dazu, Ja zu sagen?«

»Sagen Sie ihnen einfach: *Wenn das Weiße Haus anfragt, dann kommt man dem Wunsch nach.*«

Also begann Elliott damit, Leute anzurufen, die er bei der Pla-nung früherer Summit-Events getroffen hatte, und sie brachten ihn wiederum mit anderen Unternehmern in Verbindung, vom Mitbegründer von Twitter bis zum CEO von Zappos. Elliott rief sie an und sagte im formellsten Tonfall, dessen er fähig war: »Hallo, hier spricht Elliott Bisnow von der Summit Series. Ich habe ein Mandat des Weißen Hauses. Ich organisiere im Namen des Büros des Präsidenten ein Treffen, und wir hätten gern, dass dieser und jener dort erscheint.«

Yosi bestand darauf, dass die Gründer von Method, einem Her-steller umweltfreundlicher Seifen, an der Veranstaltung teilneh-men sollten. Also rief Elliott in ihrem Büro an.

»Hallo, Elliott Bisnow hier, ich muss umgehend mit dem per-sönlichen Assistenten von Eric Ryan und Adam Lowry sprechen.«

Er wurde durchgestellt. »Wie kann ich Ihnen helfen?«

»Ich rufe im Auftrag des Präsidenten der *Vereinigten Staaten von Amerika* an. Die Anwesenheit von Mr. Ryan und Mr. Lowry wird für kommenden Freitag im Weißen Haus erbeten.«

»Nun, das ist sehr liebenswürdig von Ihnen, aber es ist leider unmöglich. Am nächsten Freitag treten die beiden bei einer gro-ßen, bezahlten Vortragsveranstaltung auf.«

»Ma'am«, sagte Elliott und senkte seine Stimme, »wenn das Weiße Haus anfragt, *dann kommt man dem Wunsch nach.*« Und auf diese Weise brachte er die beiden dazu, ihren bezahlten Auftritt abzusagen.

Einige Tage vor der Veranstaltung fand Elliott heraus, dass das, was Yosi geplant hatte, keine so hochkarätige Veranstaltung war, wie er vermutet hatte. Um vor seinen neuen Unternehmerfreunden nicht wie ein Narr dazustehen, rief Elliott einfach in den Büros des Weißen Hauses an und verbreitete unter den leitenden Verwaltungsmitarbeitern das Gerücht, dass sie nicht zu dieser »exklusiven« Veranstaltung eingeladen wären – damit sie anschließend reflexartig darauf bestanden, dabei sein zu dürfen. Elliott sagte ihnen: »Ich weiß nicht, ob Sie es schon gehört haben, aber *alle* führenden Jungunternehmer *aus ganz Amerika* kommen ins Weiße Haus und jeder, der Rang und Namen hat, ist eingeladen«.

Und es funktionierte. Die Leute, die das Konjunkturpaket geschnürt hatten, die Mitarbeiter des Nationalen Wirtschaftsrates, das Umweltteam – sie alle waren da. Die Sache entwickelte sich so weit, dass Rahm Emanuel, Obamas Stabschef, Yosi anrief und ihn anbrüllte, warum er nicht eingeladen sei.

Die Veranstaltung verlief so gut, dass Summit anschließend in aller Munde war, und schließlich rief die Clinton-Stiftung Elliott an und bat ihn, eine Spendenaktion zu veranstalten. Später plante das Summit-Team eine weitere Veranstaltung in Washington, diesmal mit 750 Personen. Die nächste fand auf einem Kreuzfahrtschiff in der Karibik mit tausend Teilnehmern statt. Die Veranstaltungen erfreuten sich weiterhin wachsender Beliebtheit, die nächste fand in einem Skigebiet am Lake Tahoe statt. Zu diesem Zeitpunkt kaufte Elliott einen privaten Berg in Eden, Utah, um ihn zur Heimat der Summit-Community zu machen.

»Ich hätte Yosi natürlich sagen können: ›Ich glaube nicht, dass wir diese Veranstaltung durchziehen können‹, oder: ›Lassen Sie uns das in einem Monat machen‹«, sagte Elliott zu mir. »Aber letztlich sagte Yosi, er wolle es am Freitag machen, und wir sagten zu. Ich habe gelernt, dass man sich auf Dinge einfach einlassen muss, auch wenn das Risiko des Scheiterns besteht. Der Zeitpunkt ist niemals perfekt. Wenn du eine Gelegenheit bekommst, dann liegt es an dir, auf den Zug aufzuspringen.«

Vier Tage später, in New York City

»Was ich dir jetzt erzähle«, sagte Elliott zu mir, »würden neunundneunzig Prozent der Menschen auf dieser Welt nicht verstehen.«

Zum ersten Mal in dieser Woche waren wir beide allein. Elliott hatte Austin gesagt, dass er mit mir unter vier Augen sprechen wolle. Wir standen auf einer Dachterrasse und blickten auf die Skyline von Manhattan, während die Sonne unterging.

»Weißt du, die meisten Menschen leben ein *lineares Leben*«, fuhr Elliott fort. »Sie gehen aufs College, machen ein Praktikum, machen ihren Abschluss, bekommen einen Job, werden befördert, sparen jedes Jahr für einen Urlaub, arbeiten auf ihre nächste Beförderung hin, und das alles tun sie ihr ganzes Leben lang. Sie nehmen Stufe für Stufe, langsam und vorhersehbar.

Aber erfolgreiche Leute lassen sich nicht auf dieses Lebensmodell ein. Sie entscheiden sich für ein *exponentielles Leben*. Anstatt Stufe für Stufe zu nehmen, überspringen sie einfach welche. Es heißt immer, man müsse erst einmal »seinen Beitrag leisten« und jahrelang Erfahrung sammeln, bevor man auf eigene Faust losziehen und das bekommen könne, was man wirklich haben will. Die Gesellschaft füttert uns mit der Lüge, man müsse erst *x, y* und *z* machen, bevor man seinen Traum verwirklichen kann. Das ist Schwachsinn. Die einzige Person, deren Erlaubnis du einholen musst, um ein exponentielles Leben zu führen, bist du selbst. Manchmal fällt einem ein exponentielles Leben einfach so in den Schoß, wie es zum Beispiel bei Wunderkindern der Fall ist. Aber in der Regel müssen Menschen wie du und ich die Gelegenheit selbst beim Schopf packen. Wenn du tatsächlich etwas in der Welt bewegen willst, wenn du ein Leben voller Inspiration, Abenteuer und riesigem Erfolg führen willst – dann musst du dieses exponentielle Leben packen und es mit all deiner Kraft festhalten.«

Ich sah ihn an und nickte. Ich war wie hypnotisiert.

»Willst du das?«, fragte er.

Jede Faser meines Körpers antwortete mit *Ja*.

Aber Elliott wartete meine Antwort nicht ab. »In Ordnung, kommen wir zur Sache«, sagte er. »Du machst einen großen Fehler.«

»Was?«

»Du wirst nicht immer neunzehn bleiben. Du kannst nicht den Rest deines Lebens vom Geld aus Spielshows leben. Du musst damit aufhören, deine gesamte Zeit damit zu verbringen, diese albernen Interviews zu bekommen. Irgendwann im Leben muss man einfach aufs Gas treten. Ich glaube, du bist dazu bereit. Vergiss dein Projekt und arbeite für mich.«

Ich antwortete nicht.

»Hör zu«, sagte er. »Dein Projekt in allen Ehren – ich will das gar nicht herabwürdigen –, aber das ist doch keine Karriere. Okay, es hat dich bis hierhin gebracht – Glückwunsch, du hast bekommen, was du wolltest. Du hattest erst kein Ziel und weißt nun genau, was du willst. Aber jetzt ist es Zeit für dich, die nächste Stufe zu erklimmen. Schreiben bringt kein Geld ein. Das Geld liegt im Geschäft. Und ich bin dazu bereit, dir ein Vorzugsticket auszustellen. Vergiss die Warteschlange, lass sie einfach links liegen und triff dich mit mir ganz vorn. Es ist an der Zeit für dich, deine Karten auszuspielen.«

»Kann ich mir etwas Zeit nehmen, um darüber nachzudenken?«

»Was gibt es da nachzudenken? Ich werde dir mehr zahlen, als du je haben wolltest. Ich werde dir alles beibringen, was du wissen musst. Und ich werde dir Orte zeigen, von denen du dir nicht vorstellen kannst, dass sie existieren.«

»Das klingt wirklich sagenhaft«, sagte ich, jedes Wort sorgfältig abwägend, »aber mein Projekt ist wirklich wichtig für mich und ...«

»Gut. Mail mir die Namen der Personen zu, die du gern interviewen möchtest. Ich besorge dir Interviews mit allen, wir beauftragen einen Ghostwriter damit, das Buch zu schreiben, und du kannst nächste Woche mit der Arbeit für mich beginnen.«

Elliott wartete auf meine Antwort, aber ich brachte nichts heraus.

»Wenn du das nicht annimmst«, sagte er, »machst du den größten Fehler deines Lebens. Dir ist sicherlich klar, dass du eine solche Gelegenheit nicht noch einmal bekommen wirst. Du musst nicht einmal die Leiter hinaufklettern. Ich werde dich unter meine Fittiche nehmen und dich ganz nach oben bringen. All das, wovon du in deinem Studentenzimmer geträumt hast, biete ich dir genau jetzt. Hör auf damit, diesen Interviews hinterherzujagen, vergiss dein Projekt und arbeite mit mir zusammen. Was sagst du dazu?«

KAPITEL 14
DIE UNTERLASSUNGSLISTE

Ein Tag später, in Eden, Utah

Felder mit gelbem Gras und alte Holzhütten schnellten am Fenster meines Mietwagens vorbei. Elliott lebte in einem Ort namens Eden: einem Dorf mit sechshundert Einwohnern. Wenn ich sein Angebot annähme, würde dies mein neues Zuhause sein, eine Stunde nördlich von Salt Lake City, an einer einspurigen Straße gelegen.

Ich bin nicht der Typ für Holzhütten ...

Aber es wäre verrückt, sein Angebot abzulehnen. Die Arbeit mit ihm würde alles verändern ...

Es war Freitag, und Elliott wollte bis Sonntag eine Antwort haben.

Ich fuhr weiter, bog um eine Kurve, fuhr eine lange Einfahrt hinauf, und da sah ich es – ein gewaltiges Blockhaus, so groß wie eine Villa. Es stand neben einem glitzernden See, vor einem Hintergrund von dichten, immergrünen Bäumen und einer hoch aufragenden Bergkette. Sein Vorgarten hatte die Größe eines Football-Feldes. *Dies* war Elliotts Haus.

Wir waren an diesem Morgen getrennt von New York aus abgeflogen. Ich betrat sein Haus und fand Elliott in einem riesigen Wohnzimmer vor.

»Dieses Haus wirkt surreal«, sagte ich.

Elliott grinste. »Warte nur ab, bis du siehst, was wir auf dem Berg bauen.«

Er erklärte, dass dies nur ein behelfsmäßiges Heim sei, in dem er und sein Dutzend Mitarbeiter wohnten und Summit-Veranstaltungen abhielten. An diesem Wochenende empfing er hundert Teilnehmer, die in kleineren, ein paar Kilometer entfernten Hütten untergebracht waren. Elliott war im Begriff, den etwa fünfzehn Kilometer weiter nördlich gelegenen Powder Mountain zu kaufen, an dessen Bergrücken er seine unternehmerische Utopie errichten wollte.

»Nimm dir etwas zu essen und mach es dir gemütlich«, sagte Elliott. Noch bevor ich antworten konnte, war er schon weg und begrüßte einen anderen Gast.

Ich machte mich auf den Weg in die Küche und wurde von Gerüchen überwältigt, die so verlockend waren, dass ich nie wieder auch nur einen Fuß in den Speisesaal meines Colleges setzen wollte. Drei Privatköche bereiteten Servierplatten vor, die gefüllt waren mit Rühreiern, Spiegeleiern, pochierten Eiern, brutzelndem Speck, Stapeln frisch gebackener Blaubeerpfannkuchen, Reihen von karamellisiertem French Toast, riesigen Schüsseln mit Chiapudding, Beerenparfait und zerstoßener Avocado, die mit Olivenöl und Himalayasalz beträufelt war; auf einer langen Theke türmten sich Berge von Bagels und Brote und glasierte, hausgemachte Zimtschnecken; eine weitere Theke war wiederum vollständig mit frisch geschnittenem Obst und Gemüse bedeckt, das auf der Farm nebenan angebaut wurde. *Hallo, Eden.* Ich füllte meinen Teller bis zum Rand und nahm neben einem Mann Platz, der allein saß und aß.

Er hatte langes Haar, und Tätowierungen bedeckten seine beiden Arme. Innerhalb weniger Minuten unterhielten wir uns, als ob wir uns schon seit Jahren kennen würden. Der Mann erzählte mir Geschichten über das Surfen in haiverseuchten Gewässern, und wir unterhielten uns eine Stunde lang. Wir tauschten unsere Kontaktdaten aus und vereinbarten ein gemeinsames Treffen in Los Angeles. Ich fand später heraus, dass er der Leadsänger von Incubus war, der bekannten Rockband, die mehrfach mit Platin ausgezeichnet worden war.

Eine weitere Person gesellte sich zu uns an den Tisch, ein ehemaliger Moderator der MTV-Sendung *Total Request Live*. Dann nahm noch jemand bei uns Platz, einer von Barack Obamas Wirtschaftsberatern. *Und ich mittendrin, dabei versuche ich gerade nur, etwas zu frühstücken.*

Ich bemerkte Elliott, wie er von einem Geländer im zweiten Stock des Blockhauses auf uns herabblickte. Er zeigte auf mich und johlte: »Da ist ja mein Lieblings-College-Abbrecher!«

Ich zuckte zusammen – die Stimme meiner Oma hallte in meinem Kopf wider. *Jooneh man.*

Später hellte sich meine Stimmung wieder auf, als ich nach draußen ging und eine Tafel entdeckte, auf der die Aktivitäten des Tages aufgelistet waren. Angeboten wurden Yoga, Wandern, Reiten, Mountainbiking, Volleyball, Ultimate Frisbee, Meditation, Quad-Fahren und Fallschirmspringen. Ich konnte an einem Überlebenskurs mit einem Wildnisexperten oder an einem Schreib-Workshop mit einem nationalen Poetry-Slam-Champion teilnehmen. Ich rannte hinüber zum Volleyballspiel, und einer der Spieler in meinem Team war der Neurowissenschaftler, dessen TED-Vortrag ich ein Jahr zuvor im Biologiekurs gesehen hatte. Anschließend sprang ich auf ein Trampolin, und die Frau, die sich mir anschloss, war Miss USA 2009. Ich ging hinüber zum Meditationszirkel – zu meiner Linken saß ein ehemaliger NFL-Spieler, zu meiner Rechten eine indianische Schamanin. Ich lief den ganzen Nachmittag herum und fühlte mich wie Harry Potter an seinem ersten Tag in Hogwarts.

Wann immer Elliott bemerkte, dass ich gerade nicht mit jemandem sprach, legte er seinen Arm um mich und stellte mich jemand anderem vor. Ich war eine Metallkugel in einem Flipper voller Inspiration, prallte an den Schlagtürmen ab und machte tausend Punkte die Minute.

Alles an diesem Ort schien einfach *mehr* zu sein. Die Energie der Menschen war aufgeladener, ihr Lachen ansteckender, ihre Karrieren interessanter, ihre Geschichten aufregender. Sogar der Himmel schien an diesem Ort blauer zu sein. Als ich damals in meinem Studentenzimmer auf dem Bett gelegen hatte, hatte ich das Gefühl gehabt, ich würde gleich ersticken. Hier konnte ich frei atmen.

Während die Sonne langsam unterging, gingen wir zum Abendessen hinein, wo das Wohnzimmer in ein Fünf-Sterne-Esszimmer verwandelt worden war. Das war nicht die Art von Luxus, die man kennt – es wirkte vielmehr so, als würde das »Ritz-Carlton« von Fred Feuerstein geleitet. Gläser mit perlendem Sekt standen neben rustikalen Einmachgläsern. Hunderte schimmernder Kerzen säumten lange Picknicktische. Über meinem Kopf hing ein prächtiger Kronleuchter, der den Elchkopf und das Schwarzbärenfell an der Wand beleuchtete. Ich nahm gegenüber einer Frau Platz, die zwischen drei Gesprächen gleichzeitig hin und her zu springen schien. Ihr Enthusiasmus war so elektrisierend, dass mir gar nicht bewusst war, dass ich sie anstarrte.

»Hey«, sagte sie. »Miki Agrawal.«

Sie begrüßte mich mit einem Fauststoß und zeigte dann auf die Männer, die neben uns saßen. »Das ist mein Kumpel Jesse, das ist mein Kumpel Ben, und das ist mein Freund Andrew.« Ich stellte mich vor, und Miki redete weiter. »Alex, willst du mal was Verrücktes hören? Ich habe Jesse *vor zehn Jahren* beim Straßenfußball im Central Park kennengelernt. Damals verkaufte er Fachbücher über das Telefon, fünfundzwanzig Cent das Stück. Ich sagte, er sei zu schade für so etwas und schrie ihn an, er solle sein Leben mal auf die Reihe kriegen. Wir hingen eine Weile zusammen ab, aber seitdem habe ich Jesse nicht mehr gesehen. Heute habe ich erfahren, dass er jetzt ein leitender Angestellter bei Nike ist.«

Miki strahlte, als hätte sie ihn selbst auf den Posten gehievt.

»Ben, du musst Alex deine Geschichte erzählen!« In der kurzen Zeit, die Ben brauchte, um sein Weinglas abzusetzen, fing Miki bereits an, sie selbst zu erzählen. »Es ist verrückt – Ben und seine Kumpel waren auf dem College und steckten bis über beide Ohren in einer Motivationskrise, also erstellten sie eine Liste mit hundert Dingen, die sie tun wollen, bevor sie sterben. Sie kauften einen Kleinbus, reisten durchs Land und hakten Sachen auf der Liste ab – und jedes Mal, wenn sie das taten, halfen sie einem völlig Fremden dabei, auch einen seiner Träume zu erreichen. Ben, komm schon! Erzähl Alex ein paar der Dinge, die du getan hast!«

Ben erzählte Anekdoten davon, wie er mit Präsident Obama Basketball gespielt hatte, wie er während eines Profifußballspiels nackt über den Platz lief, wie er bei der Geburt eines Babys geholfen hatte und davon, wie er nach Las Vegas gefahren war und 250 000 Dollar auf Schwarz gesetzt hatte. Diese Abenteuer zogen sich über Jahre hin und wurden irgendwann zur MTV-Reality-Show *The Buried Life*, die wiederum zu einem Buch führte, das ein Bestseller wurde. Je mehr Ben davon erzählte, wie sehr es ihn erfüllte, seinen Träumen nachzujagen, desto mehr musste ich daran denken, dass Elliott von mir verlangte, meinen eigenen Traum aufzugeben.

»Ich war nach dem College so ziemlich das Gegenteil von Ben«, sagte Miki. »Ich habe an der Wall Street gearbeitet und habe es gehasst.«

»Was passierte dann?«, fragte ich.

»Der 11. September«, erwiderte sie.

Genau für die Zeit, als der Nordturm getroffen wurde, hatte Miki ein Frühstückstreffen im Hof des World Trade Centers geplant. »Das war das einzige Mal in meinem gesamten Leben«, sagte sie, »dass ich meinen Wecker nicht gehört und einen Geschäftstermin verpasst habe.«

Zwei von Mikis Mitarbeitern hatten sich unter den Tausenden von Opfern befunden, die an diesem Tag auf tragische Weise ums Leben gekommen waren.

»Mit einem Mal traf mich wie ein Schlag die Erkenntnis, dass das Leben von einer Sekunde auf die andere vorbei sein kann«, sagte sie. »Und mir wurde bewusst, wie dumm es wäre, meine Tage für die Ziele von jemand anderem zu verschwenden, anstatt mein eigenes Leben zu leben.«

Es fühlte sich an, als wäre mein Körper ein bis zum Zerreißen gespanntes Tauziehseil. Elliott und sein Angebot zogen auf der einen Seite, die Geschichten von Miki und Ben auf der anderen.

Miki erzählte, dass sie nach dieser Erkenntnis ihren Job gekündigt habe und seitdem alle ihre Interessen auslebe. Sie arbeitete sich bis in eine Profifußballmannschaft hoch, schrieb ein Drehbuch für einen Film und eröffnete dann ein Restaurant mit glutenfreien Bio-Pizzen in Manhattan. Aktuell war sie dabei, eine Damenunterwäsche-Linie namens THINX herauszubringen, und sie schrieb ein Buch mit dem Titel *Do Cool Shit*.

»Alex! Du bist dran!«, sagte Miki. »Wir wollen eine Geschichte hören! Los, los, los!«

Während ich ihnen die Geschichte von meiner Teilnahme an *The Price is Right* erzählte, lachten und jubelten sie und warfen mir High Fives zu. Miki fragte, was ich als Nächstes für meine Mission zu tun beabsichtigte, und ich antwortete, ich würde nach einem Literaturagenten suchen, um einen Buchvertrag an Land zu ziehen und zu Bill Gates zu kommen.

»Bisher«, sagte ich, »hat jeder Agent, an den ich mich gewendet habe, abgesagt.«

»Alter, ich werde dich meiner Agentin vorstellen«, sagte Ben.

»Sprich auch mit meiner Agentin!« sagte Miki. »Sie wird dich lieben!«

»Macht ihr Witze? Das wäre fantasti...«

Das Klirren einer Gabel, die gegen Glas trifft, durchschnitt die Luft. Elliott stand vorn im Raum und brachte einen Toast aus.

»Hier bei Summit«, sagte er, »haben wir eine kleine Tradition. Wir nehmen uns während des Abendessens gern einen Moment Zeit, um uns zu bedanken – bei unseren Köchen für das Essen und vor allem bei jedem Einzelnen von euch. Willkommen in Eden!«

Wir stießen mit unseren Gläsern an, und der Raum brach in Jubel aus. Elliott fuhr fort und sagte, er wolle einer Person ganz besonders danken, die am Abendessen teilnehme: Tim Ferriss.

Elliott deutete mit seinem Glas in Richtung Ferriss, der, wie ich nun bemerkte, ein paar Tische hinter mir saß. Elliott erklärte, Tim sei der erste Mensch, der ihm beigebracht habe, dass er nicht den ganzen Tag hinter einem Schreibtisch sitzen müsse, um Erfolg zu haben. Er könne arbeiten, während er reiste, Abenteuer erlebte und seinen Horizont erweiterte. »Tim«, sagte Elliott, »zeigte mir, wie ich mein Leben von Grund auf neu erfinden konnte.«

Hundert Blicke richteten sich auf Ferriss, der so urplötzlich im Mittelpunkt des allgemeinen Interesses stand.

»Auf Tim!«, rief Elliott.

»*Auf Tim!*«, brüllten wir zurück.

»Und genau wie Tim mir als Mentor zur Seite stand und einen besonderen Platz in meinem Herzen einnimmt«, fuhr Elliott fort, »gibt es hier noch jemanden, der anfängt, einen ähnlichen Platz einzunehmen. Genauso wie ich Tim zu Beginn meiner Laufbahn unaufgefordert eine E-Mail geschickt hatte, hat auch dieser Jemand mich per E-Mail kontaktiert.«

Ich spürte, wie mir die Hitze in den Kopf stieg. Elliott erzählte meine Geschichte von *The Price is Right* besser, als ich es je gekonnt hätte. Dann prostete er mir zu.

»Das ist die Art von Kreativität, die wir hier bei Summit schätzen. Das ist die Art von Energie, die wir hier unterstützen. Deshalb habe ich Alex Banayan unter meine Fittiche genommen, und deshalb bin ich stolz darauf, ihn als neuestes Mitglied unserer Gemeinschaft willkommen zu heißen. Auf Alex!«

***

Am Freitag hatte ich mich noch wie eine Flipperkugel gefühlt – am Samstag war ich ein Magnet.

»Sie sind der Junge, von dem Elliott gestern Abend gesprochen hat?«

»Sind Sie derjenige, der sich in The Price is Right *gehackt hat?«*

»Wie lange kennen Sie Elliott schon?«

»Sind Sie beide verwandt?«

»Was ist das für ein Projekt, an dem Sie arbeiten?«

»Was kann ich tun, um Ihnen zu helfen?«

Elliott führte mich nicht nur in eine neue Welt ein, er trat auch die Türen ein.

Das ist genau das, was ich mir schon immer gewünscht habe, dachte ich. Wenn ich mit Elliott zusammenarbeite, muss ich hier nie wieder fort. All diese Leute kommen zu mir, um mir bei meiner Mission zu helfen ...

Aber wenn ich sein Angebot annehme, dann wird es keine Mission geben ...

Am Sonntagmorgen saß ich allein am Frühstückstisch, zu durcheinander, um zu essen. Elliotts Worte, die er in New York zu mir gesagt hatte, hallten in meinem Kopf wider. *Wenn du das nicht annimmst, machst du den größten Fehler deines Lebens.*

Je länger ich über sein Angebot nachdachte, desto mehr spürte ich die Drohung, die sich dahinter verbarg. Etwas an seinem damaligen Tonfall und dem harten Ausdruck in seinen Augen sagte mir: »Wenn du Nein sagst, dann sind wir fertig miteinander.«

Kein Eden mehr. Kein Mentor mehr.

In wenigen Stunden würde ich abreisen müssen, um den Flug nach Hause zu erreichen. Und ich hatte noch immer keine Ahnung, was ich ihm sagen sollte.

»Harter Morgen?« Ein Teilnehmer zog einen Stuhl neben mich, während er in der anderen Hand eine Tasse Kaffee balancierte.

»Äh, irgendwie ja«, sagte ich.

Der Mann war hochgewachsen und hatte einen freundlichen Gesichtsausdruck. Aus Gründen, die ich später noch erläutern werde, werde ich ein Pseudonym für ihn verwenden und ihn Dan Babcock nennen.

Ich musste danach gegiert haben, mir die Gedanken von der Seele reden zu können, denn bald schon vertraute ich Dan meine innere Zerreißprobe an.

»Was sollte ich Ihrer Meinung nach tun?«, fragte ich ihn.

»Ich glaube nicht, dass Ihnen irgendjemand sagen kann, was Sie tun sollten«, erwiderte Dan. »Es ist eine schwierige Entscheidung. Die einzige Person, die die richtige Antwort auf diese Frage weiß, sind Sie selbst. Aber vielleicht kann ich Ihnen etwas mit auf den Weg geben, das Ihnen bei der Entscheidung hilft.«

Dan griff nach seinem Notizbuch, riss zwei Blätter Papier heraus und reichte sie mir.

»Ich habe sieben Jahre lang für Warren Buffett gearbeitet«, sagte er, »und von allem, was er mir beigebracht hat, war dies sein bester Ratschlag.«

Ich zog einen Stift aus meiner Tasche.

»Auf das erste Blatt Papier«, sagte Dan, »notieren Sie eine Liste mit fünfundzwanzig Dingen, die Sie in den nächsten zwölf Monaten erreichen wollen.«

Ich schrieb Dinge auf, die mit meiner Familie, meiner Gesundheit, der Arbeit mit Elliott, der Arbeit an meiner Mission, den Orten, die ich bereisen wollte, und den Büchern, die ich lesen wollte, zu tun hatten.

»Wenn Sie in den nächsten drei Monaten ausschließlich fünf dieser Dinge tun könnten«, sagte Dan, »welche würden Sie wählen?«

Ich kreiste fünf der Punkte ein. Dan sagte mir, ich solle diese fünf Dinge auf das zweite Blatt Papier übertragen und sie dann vom ersten Blatt streichen.

»Sie haben jetzt zwei Listen«, sagte er. »Auf die Liste mit den fünf Punkten schreiben sie ganz oben ›Die Prioritätenliste‹ hin.«

Ich kritzelte es auf das Papier.

»In Ordnung«, sagte er. »Nun schreiben Sie über die Liste mit den zwanzig Punkten ›Die Unterlassungsliste‹.«

»Hm?«

»Das ist Mr. Buffetts Geheimnis«, sagte Dan. »Der Schlüssel zum Erreichen Ihrer fünf Topprioritäten liegt darin, die anderen zwanzig zu ignorieren, sie zu unterlassen.«

Ich blickte auf die Liste mit meinen fünf Topprioritäten, danach auf die mit den zwanzig anderen Punkten.

»Ich verstehe, worauf Sie hinauswollen«, sagte ich. »Aber einige der Dinge auf dieser Unterlassungsliste möchte ich wirklich gern tun.«

»Sie haben die Wahl«, sagte Dan. »Sie können in diesen fünfundzwanzig Dingen gut sein oder stattdessen Weltklasse in den fünf ausgewählten. Die meisten Menschen würden gern so viele Dinge tun, dass sie nie auch nur eine einzige Sache so richtig gut machen. Wenn ich eines von Mr. Buffett gelernt habe, dann, dass die Unterlassungsliste das Geheimnis ist, um Weltklasseniveau zu erreichen. Erfolg«, fügte er hinzu, »ist eine Folge der Priorisierung Ihrer Wünsche.«

***

Jedes einzelne der T-Shirts, die ich in meine Reisetasche packte, erinnerte mich an einen Tag in Barcelona; jedes Paar Hosen an eine Nacht in New York. Ich stieg in meinen Mietwagen und fuhr zurück zu Elliotts Blockhaus, wo er an der Eingangstür stand und sich mit einem seiner Gäste unterhielt. Elliott beendete das Gespräch und kam herüber.

»Hast du das Wochenende genossen?«, fragte er.

»Es war unglaublich«, sagte ich. »Ich kann dir nicht genug danken. Und ... und ich glaube, ich habe meine Antwort gefunden.«

Ein breites Lächeln erschien auf seinem Gesicht.

»Ich liebe Summit«, sagte ich. »Und ich habe in meinem ganzen Leben noch nie einen Mentor wie dich gehabt. Aber gleichzeitig glaube ich nicht, dass ich es ertragen könnte, zwei Dinge nur halbherzig zu tun. Ich muss eine Sache richtig machen. Und das wird meine Mission sein.«

Elliotts Gesichtszüge verhärteten sich. Er senkte langsam den Kopf, als hätte er Mühe, seine Wut zu unterdrücken.

»Du machst einen riesigen Fehler«, sagte er.

Doch bevor er dem noch etwas hinzufügte, nahm er sich zurück, holte tief Luft und ließ die Schultern fallen.

»Wenn es genau das ist, was du tun musst«, sagte er, »dann ist das deine ganz persönliche Entscheidung – und ich respektiere dich umso mehr dafür, dass du sie getroffen hast.«

Er legte seine Hand auf meine Schulter.

»Und eines ist gewiss«, fügte er hinzu, »du hast hier immer ein Zuhause. Ich liebe dich, Mann.«

KAPITEL 15
MAN KANN AMAZON NICHT MITHILFE EINER AMAZON-STRATEGIE AUSSTECHEN

Als ich am nächsten Tag in die Abstellkammer zurückkehrte, fühlte ich mich wie neugeboren. Ich richtete meinen Blick auf das weiße Blatt Papier an der Wand. Fünf Worte waren darauf gekritzelt, und an diesem Punkt in meinem Leben gab es keine wichtigeren Worte: kein Agent, kein Bill Gates.

Ohne einen Literaturagenten würde ich keinen Verlagsvertrag bekommen. Und ohne Vertrag würde ich nicht zu Gates vordringen können. Von dem Tag an, an dem ich diese Reise angetreten hatte, hatte ich das Gefühl, dass Bill Gates' Rat mein Heiliger Gral sein würde. Daher wäre in meinen Augen die Mission ohne ihn nicht vollständig.

Ich saß an meinem Schreibtisch, sah meine E-Mails durch, und natürlich hatte ich eine weitere Absage erhalten. Ich nahm meinen Stift und strich den Namen des Agenten auf meiner Liste durch. Nun waren neunzehn der zwanzig Namen durchgestrichen.

Ich betrachtete den Turm von Büchern über das Schreiben von Exposés auf meinem Schreibtisch. Ich hatte jedes Wort aus diesen

Büchern befolgt. Ich hatte alles getan, wozu mir die Bestsellerautoren, mit denen ich gesprochen hatte, geraten hatten.

Warum klappt es nicht?

Diese letzte Absage war jedoch anders als die anderen. Sie versetzte mir keinen ganz so heftigen Stich. Während ich den Namen dieses Agenten durchstrich, hatte ich das Gefühl, als würde ich durch die gesamte Idee dieser Liste einen Strich ziehen. Ich brauchte sie nicht mehr. Jetzt hatte ich Miki und Ben.

Ich rief Miki an, um herauszufinden, ob ihr Angebot noch galt.

»Machst du Witze?«, fragte sie. »Natürlich. Meine Agentin wird dich lieben. Komm nach New York!«

»Wann soll ich ...«

»Buch dein Ticket gleich jetzt. Und denk nicht einmal daran, Geld für ein Hotel zu verschwenden. Du übernachtest in meinem Gästezimmer.«

Als ich Ben anrief, sagte auch er, dass er für mich ein Treffen mit seiner Agentin arrangieren würde.

Ich kaufte ein Flugticket nach New York, und am nächsten Tag, kurz vor meiner Abreise, riss ich die Agentenliste von der Wand der Abstellkammer, um sie in den Müll zu werfen. Ich weiß nicht, warum, aber etwas in mir hielt mich davon ab, also faltete ich die Liste zusammen und steckte sie in meine Tasche.

Nach meiner Ankunft am JFK-Flughafen sprang ich in ein Taxi und fuhr direkt zu Mikis glutenfreier Pizzeria in Manhattan. Sobald ich meine Reisetasche im Gästezimmer abgestellt hatte, ließ Miki mich Platz nehmen und kam zur Sache.

»Mit welchen Agenten hast du bisher gesprochen?«

Jetzt wusste ich, warum ich die Liste nicht weggeworfen hatte. Ich zog sie aus meiner Tasche. Miki deutete auf den Namen ganz oben. »Warum ist dieser Name als einziger nicht durchgestrichen?«

»Nun, das ist die Agentin, die ich am liebsten haben wollte. Sie hat dreiundzwanzig Bücher vermittelt, die zu *New-York-Times-*

Bestsellern wurden. Sie hat ihren Hauptsitz in San Francisco, handelt riesige Verträge mit großen Verlagen aus und ...«

»Ich hab's kapiert, ich hab's kapiert. Aber warum ist ihr Name nicht durchgestrichen?«

»Ich habe mit einem der Autoren gesprochen, die sie vertritt, und als ich ihn darum bat, mich ihr vorzustellen, sagte er, ich solle mir gar nicht erst die Mühe machen, es bei ihr zu versuchen. Diese Agentin hat ihn bei seinem ersten Buch nicht vertreten, sie hat Tim Ferriss bei seinem ersten Buch nicht vertreten, und wenn ich nicht einmal ein Treffen mit kleineren Agenten bekommen kann, wem mache ich dann etwas vor? Ich bin optimistisch, aber ich bin nicht größenwahnsinnig ...«

»Wir haben keine Zeit für Misserfolge«, sagte Miki.

Sie packte meinen Arm und zog mich zur Tür.

»Auf geht's, auf geht's, auf geht's!«, sagte sie. »Wir haben noch eine Stunde bis zum Ansturm zur Abendessenszeit.«

Miki zog mich durch die Straßen von Manhattan, während sie sich an Fußgängern vorbeischlängelte, über Straßenkreuzungen rannte und vor hupende Autos sprang. Als wir das Bürogebäude ihrer Agentin erreichten, öffnete Miki die Eingangstür, raste an der Rezeption vorbei und einen Flur entlang. Ein Assistent, der sich sein spärliches Resthaar quer über den Kopf gekämmt hatte, sprang auf und wedelte mit einem Arm durch die Luft. »Miki! Warten Sie! Sie haben keinen Termin!«

Miki trat praktisch die Tür ihrer Agentin ein und schubste mich in den Raum. Die Agentin saß an einem überladenen Schreibtisch, den Telefonhörer an ihr Ohr gepresst. Sie wurde aschfahl. Im gesamten Raum lagen Papiere verstreut. Auf dem Boden stapelten sich Bücher.

»Lass alles stehen und liegen«, sagte Miki zu ihr. »Ich brauche nur zehn Minuten.«

Die Agentin murmelte etwas ins Telefon und legte dann auf.

»Alex, nimm Platz«, sagte Miki und deutete auf eine Couch. »Erzähl ihr von deinem Buch.«

Ich fasste mein geplantes Buch zusammen und ratterte alle Fakten, Statistiken und Marketingideen herunter, die mir in den Sinn kamen, genauso, wie es mir die Autoren, mit denen ich gesprochen hatte, empfohlen hatten. Ich legte meine gesamte Begeisterung in meinen Vortrag, und am Ende des Treffens sagte Miki ihrer Agentin, dass sie mit mir arbeiten müsse.

Ihre Agentin nickte. »Das hört sich alles großartig an«, sagte sie. »Alex, schicken Sie mir Ihr Exposé. Ich werde es lesen und mich bei Ihnen melden, sobald ich kann.«

Ich ging strahlend aus dem Bürogebäude hinaus. Auf den Straßen von New York City war es so laut wie eh und je, aber für einen Augenblick schien der Lärm zu verstummen.

»Also, kleiner Bruder, auf geht's!«, brüllte Miki. Sie war bereits hundert Meter vor mir und raste davon. Ich rannte los, um sie einzuholen.

»Ich kann dir gar nicht genug danken«, sagte ich, während ich hinter ihr herlief.

»Mach dir keinen Kopf«, sagte sie. »Als ich jünger war, hat mich eine Gruppe von dreißigjährigen Unternehmern unter ihre Fittiche genommen und das Gleiche für mich getan. So funktioniert die Welt. Das ist der Kreislauf des Lebens.«

***

Einen Tag später drehte sich dieser Kreislauf zu meinen Gunsten weiter. Ich wurde über die schimmernden Fliesenböden von William Morris Endeavor, einer der mächtigsten Talentagenturen der Welt, geleitet. Ich hatte das Gefühl, dass jeder, an dem ich vorbeikam, wusste, dass Ben dieses Treffen für mich arrangiert hatte. Bens Buch hatte einige Monate zuvor die Bestsellerliste der *New York Times* erobert, sodass hier keine Türen eingetreten werden mussten.

Bens Agentin erhob sich hinter ihrem Schreibtisch und hieß mich herzlich willkommen. Ihr Büroraum war groß und bot einen weiten Ausblick auf die Skyline. Wir setzten uns auf ihre Couch, ich hielt meinen Vortrag über mein Buch, und weil mein Treffen mit Mikis Agentin so gut gelaufen war, legte ich noch eins drauf: Ich spulte noch mehr Statistiken ab, spuckte noch mehr Fakten aus und konzentrierte mich noch stärker auf Marketingideen. Ich sprach mehr als eine Stunde lang mit Bens Agentin, und am Ende bat auch sie mich, ihr mein Exposé zu schicken. Ich hatte das Gefühl, dass das Treffen nicht besser hätte laufen können.

Am nächsten Tag flog ich triumphierend nach Los Angeles zurück. Als ich meine Abstellkammer betrat, fiel mein Blick auf den gigantischen Bücherturm auf meinem Schreibtisch, und ich wollte ihn so küssen, wie ein Fußballspieler die Weltmeisterschaftstrophäe küsst.

Im Laufe einer Woche fasste ich per E-Mail bei den Agentinnen von Ben und Miki nach. Von Mikis Agentin erhielt ich keine Antwort, aber Bens rief einige Tage später an.

»Alex, es hat mich gefreut, Sie kennenzulernen. Und ich finde Sie großartig. Aber ...«

Es gibt immer ein *Aber*.

»... aber ich glaube nicht, dass Ihr Projekt und ich gut zusammenpassen. Allerdings kenne ich hier jemanden, bei dem das der Fall sein könnte.«

Sie stellte mich einer anderen Mitarbeiterin bei William Morris vor. Ich telefonierte mit ihrer Kollegin, präsentierte ihr mein Buchprojekt, und aus irgendeinem Grund sagte sie sofort *Ja*. Ich stellte den Anruf auf stumm, während ich laut jubelte. Ich hatte das Gefühl, als wäre die Ziegelmauer, die mir den Weg zu Bill Gates versperrt hatte, mit Dynamit gesprengt worden.

Und das Dynamit hörte nicht auf zu detonieren. Schon am nächsten Tag stellte mich *ein anderer* Autor, den ich kannte, *einem*

weiteren Agenten von William Morris vor, der *ebenfalls* sofort zusagte.

Ich buchte erneut ein Flugticket nach New York, um die beiden
Agenten von William Morris persönlich zu treffen. Ich verstand
nicht, warum Mikis Agentin noch nicht geantwortet hatte, denn
auch von ihr erwartete ich mir eine garantierte Zusage. So oder so,
jetzt konnte *ich* mich entscheiden.

Ein paar Tage später verließ ich die U-Bahn in New York. Als
ich die warme Sommersonne auf meinem Gesicht spürte, griff
ich in meine Tasche, um auf meinem Handy nachzusehen, ob ich
neue Nachrichten erhalten hatte. Tatsächlich hatte ich eine E-Mail
von einem der Agenten von William Morris bekommen, die im Namen beider geschickt worden war. Darin stand sinngemäß: Lieber
Alex, wir bedauern, Ihnen mitteilen zu müssen, dass wir unsere
Angebote zurückziehen müssen.

Offenbar waren beide Agenten brandneu, und da beide mir Angebote unterbreitet hatten, hatten sie sich mit ihrem Chef zusammen-
gesetzt, um zu besprechen, wie sie mit der Situation umgehen sollten. Das Urteil hatte gelautet, dass beide mich gänzlich fallen lassen
sollten – ihr Chef war der Meinung, dass ich die Zeit nicht wert sei.

Es fühlte sich an, als wäre mir der Bürgersteig unter den Füßen
weggezogen worden. Noch nie in meinem Leben hatte ich mich so
wertlos gefühlt. In diesem Augenblick wurde mir etwas klar: Wenn
ich nicht gut genug für die neunzehn Agenten auf meiner Liste
war, und wenn ich ebenfalls nicht gut genug für die beiden Agenten war, die gerade erst anfingen, dann hatte Mikis Agentin auch
nicht vor, mich unter Vertrag zu nehmen. Sie war bei dem Meeting
nur nett zu mir gewesen, um *Miki* zu gefallen, nicht, weil sie mit
mir arbeiten wollte. Ich war ein Nichts. Ich war ein Niemand. Ich
war nicht einmal eine Antwort wert.

Ich ging zu Mikis Wohnung, völlig am Boden zerstört. Ich
holte meine Agentenliste hervor und sah auf diese fünf Worte ganz

oben, die mich anzustarren schienen: kein Agent, kein Bill Gates. Ich zerknüllte das Papier und warf es gegen die Wand.

Eine Stunde später saß ich noch immer zusammengesunken auf der Couch, als mein Handy klingelte. Aber ich war nicht in der Stimmung, ranzugehen. Ich blickte aufs Display und sah, dass mein Freund Brandon anrief. Ich hob ab und begann, Luft abzulassen. Ich erzählte ihm alles, was passiert war.

»Es tut mir so leid, Mann«, sagte er. »Was willst du jetzt tun?«

»Es gibt nichts mehr, was ich tun *könnte*. Ich habe alles getan, was die Autoren mir geraten haben. Ich habe alles befolgt, was in den Büchern steht, die ich gelesen habe. Ich habe nichts ausgelassen.«

Brandon schwieg. Schließlich sagte er: »Nun, vielleicht könntest du es mit einem anderen Ansatz versuchen. Ich habe vor langer Zeit eine Geschichte gelesen, und ich weiß nicht einmal mehr, wo ich sie gelesen habe, also wer weiß, ob sie wahr ist, aber die Lektion ist wichtig.«

»Ich weiß, dass du versuchst, mir zu helfen, aber ich bin nicht in der Stimmung, von noch einem deiner Bücher zu hören.«

»Das hier musst du dir anhören.«

Ich stöhnte.

»Gib mir nur eine Sekunde«, sagte Brandon. »Also, die Geschichte spielt um das Jahr 2000 herum. Das Internet boomte, und Amazon entledigte sich der Konkurrenz im elektronischen Versandhandel. Am Anfang hatten sich die Führungskräfte von Walmart nicht viel dabei gedacht, aber schließlich zehrte das Wachstum von Amazon an ihren Einnahmen. Die Führungskräfte von Walmart gerieten in Panik. Sie beriefen Notfallsitzungen ein. Sie stellten Leute ein, feuerten Leute und besetzten immer mehr Plätze mit Programmierern. Sie steckten so viel Geld wie möglich in ihre Website. Nichts half. Also konzentrierten sie sich noch stärker darauf, wie Amazon zu sein. Sie kopierten Amazons Strategien, sie versuchten, dessen Technologie zu replizieren und gaben noch mehr Geld für ihre Bemühungen aus. Trotzdem änderte sich nichts.«

»Was hat das mit mir zu tun?«

»Verdammt, hör einfach zu«, sagte Brandon. »Eines Tages kam also eine neue Walmart-Managerin ins Büro. Sie sah sich um und bemerkte, was vor sich ging. Am nächsten Tag hängte sie ein riesiges Transparent im Büro auf. Bald darauf schnellte der Marktanteil von Walmart in die Höhe. Auf dem Banner hieß es einfach: ›Man kann Amazon nicht mithilfe einer Amazon-Strategie ausstechen.‹«

Brandon hielt inne, damit ich die Geschichte auf mich wirken lassen konnte.

»Kapierst du es nicht?«, fragte er dann. »*Du bist Walmart.*«

»Was?«

»Seit du auf der Suche nach einem Agenten bist, hast du immer nur die Strategien von *anderen* kopiert. Du hast diesen Agenten dein Projekt so präsentiert, als hättest du die gleichen Stärken wie Tim Ferriss, aber du hast nicht die Plattform, die er hat. Du hast nicht die Glaubwürdigkeit, die er hat. Deine Umstände sind völlig anders. *Du kannst Tim Ferriss nicht mit einer Tim-Ferriss-Strategie ausstechen.*«

Scheiße ... er hat recht.

Seit ich damals in meinem Studentenzimmer auf dem Bett gelegen hatte, war ich besessen davon, den Werdegang erfolgreicher Menschen zu studieren, und obwohl das ein guter Lernansatz ist, würde ich nicht jedes Problem auf diese Weise lösen können. Ich konnte nicht die Taktik anderer Leute kopieren und erwarten, dass sie bei mir genauso funktionieren würde. Ihre Taktik funktionierte bei diesen Leuten, weil sie *ihre* Stärken und *ihre* Umstände berücksichtigte. Nicht ein einziges Mal hatte ich in mich hineingesehen und mich gefragt, welche Stärken oder Umstände *ich* eigentlich hatte. Was würde es bedeuten, jemanden in Alex-spezifischer Manier zu übertrumpfen? Es gibt eine Zeit, in der man am besten studiert, was bei anderen Menschen funktioniert hat. Aber es gibt auch Momente, in denen man all das einbringen muss, was einen selbst einzigartig macht. Und um das zu tun, muss man wissen, was einen selbst ausmacht.

An diesem Abend fiel es mir schwer, einzuschlafen. Ich wälzte mich hin und her und dachte über die Geschichte nach, die Brandon mir erzählt hatte.

Man kann Amazon nicht mithilfe einer Amazon-Strategie ausstechen ...

Die Stunden krochen dahin. Nichts konnte mich beruhigen. Gegen drei Uhr morgens kletterte ich aus dem Bett und ging in die Ecke des Zimmers. Ich fand meine zerknüllte Liste mit den Agentennamen. Ich strich sie glatt und starrte auf den Namen, der ganz oben auf der Liste stand: der Name der Agentin in San Francisco.

Scheiß drauf. Ich habe nichts zu verlieren.

Ich schnappte mir meinen Laptop und begann, eine E-Mail an sie zu verfassen. Aber anstatt das Gleiche wie allen anderen Agenten zu schreiben, beschrieb ich einfach, warum ich an die Mission glaubte. Ich sagte ihr, dass ich die Verlagsbranche satt hätte, dass ich es satt hätte, Spielchen zu spielen. Ich erzählte ihr meine Geschichte und dann, Absatz für Absatz, erklärte ich ihr, wie wir beide zusammen meiner Meinung nach die Welt verändern könnten. In die Betreffzeile schrieb ich: »Mein Gedankenfluss um 3 Uhr morgens.« Als ich die E-Mail erneut las, wirkte sie auf mich wie ein Liebesbrief eines Teenagers, aber ich schickte sie trotzdem ab.

Ich erwartete keine Reaktion darauf. Aber schon einen Tag später antwortete sie.

»Rufen Sie mich an.«

Ich tat es, und sie bot mir sofort an, mich als Agentin zu vertreten.

KAPITEL 16
UM ETWAS BITTEN

Ich holte meine Reisetasche aus Mikis Schrank und begann, zu packen.

»Halt, halt, halt!«, rief Miki. »Wo willst du hin? Du kannst jetzt nicht gehen.«

»Mein Heimflug geht in wenigen Stunden«, sagte ich.

»Das geht nicht. Du musst deinen Flug umbuchen. Du darfst Agrapalooza nicht verpassen!«

Agrapalooza war Mikis Kostümparty, die sie im Haus eines Freundes in New Jersey veranstaltete und die etwas von einem Sommerlager hatte.

»Ich wäre ja gern dabei«, sagte ich, »aber ich glaube nicht, dass das eine gute Idee ist.« Bei einem Gespräch mit meiner Literaturagentin hatte ich erfahren, dass ich mein Buchexposé komplett neu schreiben musste, und ich wollte es so schnell wie möglich fertigstellen.

»Kleiner Bruder, du buchst deinen Flug um. Ende der Diskussion.«

»Aber ... Miki, Miki ...«

Am nächsten Morgen wachte ich auf einer Couch im Haus von Mikis Freund auf. Durch die Fenster flutete die Sonne von New Jersey. Auf der anderen Seite des Raumes sah ich Miki mit einem Mann sprechen, dessen Kopf rasiert war und der ein marineblaues Zappos-T-Shirt trug. Ich rieb mir den Schlafsand aus den Augen. Es war, als sähe ich den Weihnachtsmann am Weihnachtsmorgen. Drei Meter von mir entfernt stand der CEO von Zappos, Tony Hsieh, und unterhielt sich mit Miki.

Tief einatmen ... langsam ausatmen ...

Elliott hatte mir beigebracht, dass man entweder der Freund oder der Fan von jemandem sein kann, aber niemals beides. Also versuchte ich, cool zu bleiben, und überlegte, wie ich mich vorstellen könnte. Aber ich dachte so viel darüber nach, was ich sagen könnte, dass ich am Ende gar nichts sagte.

Ich ging durch die Glasschiebetüren hinaus. Der Garten war so groß, dass man den Leuten einen Golfcart hingestellt hatte, um ihnen die Fortbewegung zu erleichtern. Als die Party begann, stolperte ich mich durch den Dreibeinlauf, um dann beim Eierwerfen den zweiten Platz zu ergattern. Vor dem nächsten Spiel gingen ein paar von uns auf die Terrasse, um etwas zu essen zu holen. Wir standen unter einem großen orangefarbenen Sonnenschirm, als Tony Hsieh vorbeikam. Niemand konnte sich davon abhalten, ihm Blicke hinterherzuwerfen, ganz besonders ich nicht.

Einige Minuten später näherte sich Tony erneut, aber dieses Mal blieb er bei uns stehen. In der einen Hand hielt er ein Klemmbrett, in der anderen einen violetten Marker.

»Was ist Ihr Wunsch?«, fragte Tony den Mann zu meiner Rechten.

»Hm?«, meinte der Typ.

Tony hielt ihm kurz sein Klemmbrett vor die Nase: »Wunschliste« stand ganz oben.

»Haben Sie es noch nicht gehört?«, fragte Tony. »Heute bin ich eine magische Fee.«

Er verzog dabei keine Miene, sodass es einige Augenblicke dauerte, bis mir klar wurde, dass dies nur sein Sinn für Humor war. Miki erklärte mir später, dass Tonys Gesicht immer aussehe, als sei es aus Stein und seine Augen aus Glas. Er trägt permanent ein unknackbares Pokerface zur Schau.

»Ich will mich teleportieren können«, sagte der Typ.

»Okay«, antwortete Tony. »Sie werden sich 85 Prozent des Weges dorthin teleportieren.«

Er deutete auf das untere Ende des Klemmbretts, wo stand: »Auf alle Wünsche werden 15 Prozent Provision bei der Bewilligung genommen.«

»Ich bin weniger eine magische Fee«, sagte Tony, »als vielmehr ein ›Wunschvermittler‹. Hey, auch eine Fee muss ihren Lebensunterhalt verdienen.«

Er wandte sich mir zu und fragte nach meinem Wunsch. Ich versuchte, mir etwas Lustiges auszudenken, in der Hoffnung, es würde ihn dazu bringen, mich zu mögen. Obwohl ein Teil von mir ihm das Erste sagen wollte, was mir einfiel. *Aber darum kann ich nicht bitten ... Er wird mich für dreist halten. Und was, wenn Miki wütend wird? Und ...* Zum Glück erkannte ich, was da vor sich ging. Das war das Schreckgespenst, getarnt als »Logik«. Ich schalt mich innerlich und zwang mich, meinen Wunsch auszuspucken.

»Ich möchte für einen Tag CEO von Zappos sein.«

Tony antwortete nicht. Er schrieb meinen Wunsch auch nicht auf sein Klemmbrett. Er starrte mich nur an.

»Äh, Sie wissen schon«, versuchte ich mich zu erklären, »ich meine damit, dass ich Ihnen überallhin folge, um zu sehen, wie ein Tag in Ihrem Leben aussieht.«

»Oh. Sie wollen mir also wie ein Schatten folgen?«

Ich nickte. Tony nahm sich einen Moment Zeit zum Nachdenken.

»Okay ... sicher«, sagte er. »Wann wollen Sie es tun?«

»Nun, in ein paar Wochen habe ich meinen zwanzigsten Geburtstag, wie wäre es dann?«

»Cool. Und da es Ihr Geburtstag ist, machen wir zwei Tage daraus.«

***

Ein paar Stunden nach dem Abendessen sollte die Kostümtanzparty starten. Kurz davor ging ich durch die Küche, wo ich Tony, der als Teddybär verkleidet war, im Gespräch mit Aasif Mandvi sah, dem »leitenden Korrespondenten für den Nahen Osten« der *Daily Show with Jon Stewart*, einer Nachrichtensatire. Aasif war als Hinterwäldler verkleidet. Ich hörte zufällig, wie er sagte, er schreibe gerade an einem Buch. Er bat Tony um Marketingratschläge, und ich ging zu ihnen hinüber.

»Nun, es gibt eine Menge Taktiken, die Sie anwenden können«, sagte Tony zu ihm. »Aber ich kann Ihnen nicht sagen, welche davon die größte Wirkung erzielen dürften, solange ich nicht weiß, was Ihre Beweggründe für das Schreiben des Buches sind. Was sind Ihre Endziele?«

Aasifs Stirn legte sich in Falten.

»Die meisten Menschen nehmen sich nie die Zeit, sich zu fragen, warum sie tun, was sie tun«, sagte Tony. »Und selbst wenn sie es tun, belügen sich die meisten Menschen selbst. Nehmen wir einmal *Delivering Happiness* als Beispiel. Ich bin mir bewusst, dass tief in mir drin definitiv eine gewisse Eitelkeit und ein gewisses Ego im Spiel waren. Es ist schön, zu Mama und Papa gehen und ihnen sagen zu können, dass das eigene Buch die Nummer eins auf der Bestsellerliste der *New York Times* ist. Das war also eine Motivation. Eine andere war ...«

Ich konnte nicht sagen, ob ich schockiert oder eher verwirrt war, als ich das hörte. Ich hatte immer gedacht, dass »Eitelkeit« und »Ego« schlecht wären. Ich hätte diese Begriffe niemals benutzt, um mich selbst zu beschreiben. Aber Tony tat es – ohne sich zu schämen und ohne zu zögern. Seine Miene war so ausdruckslos wie immer.

»Ein großes Ego zu haben, ist nicht besonders gesund«, fuhr Tony fort, »aber noch schlimmer ist es, es zu haben und sich selbst vorzumachen, man hätte es nicht. Bevor Sie anfangen, über Marketingtaktiken nachzudenken, sollten Sie sich selbst bewusst werden, was Sie tief in Ihrem Inneren motiviert. Beurteilen Sie die unterschiedlichen Motivationen nicht als ›gut‹ oder ›schlecht‹. Fragen Sie sich einfach, warum Sie eigentlich tun, was Sie tun. Die Wahl der richtigen Taktik fällt leicht, wenn Sie Ihr Endziel kennen.«

Tony erklärte, dass die Eitelkeit, einen Bestseller schreiben zu wollen, seine anderen Motivationen, junge Unternehmer inspirieren zu wollen oder Menschen zu lehren, wie man eine starke Unternehmenskultur schafft, nicht schmälere. Diese Wünsche existierten nebeneinander.

Während das Gespräch fortdauerte und sich immer mehr Leute in der Küche versammelten, um zuzuhören, nahm ich mir einen Augenblick Zeit, um mir bewusst zu machen, was hier vor sich ging – ich war als Rango, der Chamäleon-Cowboy, verkleidet, mit einem Schwanz, der aus mir herausragte, und einem Cowboyhut auf dem Kopf, und hörte zu, wie ein Teddybär einem Hinterwäldler erzählte, wie man ein Buch herausbringt.

»Die ersten drei Monate nach dem Erscheinungstermin sind die wichtigsten«, sagte Tony. »Weil eines meiner Endziele war, dass mein Buch ein Bestseller wird, habe ich in diesen Monaten überall Vorträge gehalten, wo ich nur konnte: auf Konferenzen, in College-Kursen, wo auch immer. Ich kaufte mir ein Wohnmobil, verkleidete die Karosserie mit einem Bild des Buchumschlags und verbrachte drei Monate auf der Straße. Diese drei Monate gehörten zu den anstrengendsten meines Lebens«, sagte er, und seine Stimme klang nun gedämpft. »Tagsüber hielt ich Vorträge, und nachts war ich unterwegs. Ich habe alles getan, was ich konnte, um den Boden zu bereiten. Aber ich konnte ja nicht überall gleichzeitig sein. Also schickte ich Kisten mit Büchern zu Veranstaltungen und Konferenzen, in der Hoffnung, dass die Botschaft die Menschen erreichen würde.

Ehrlich gesagt«, fügte er hinzu, »habe ich keine Ahnung, ob diese Bücher jemals gelesen wurden. Ich weiß nicht einmal, ob das einen Unterschied gemacht hätte.«

Ich muss es ihm sagen ...

Aber der Geist von Elliott hockte auf meiner Schulter: *Sei kein Idiot*, flüsterte er. *Wenn du es ihm sagst, wird er dich immer als Fan ansehen.*

In diesem Moment wusste ich jedoch, dass ich ich selbst sein musste.

»Tony«, sagte ich, »während meines ersten College-Jahres war ich ehrenamtlicher Mitarbeiter bei einer dieser Konferenzen, an die Sie Kisten mit Büchern geschickt hatten. Ich hatte Ihren Namen noch nie gehört, und ich wusste nicht einmal, was Zappos war, aber die Veranstaltungsorganisatoren verteilten Ihr Buch, also nahm ich eines mit nach Hause.

Einige Monate später, als ich eine der schwierigsten Zeiten in meinem Leben durchmachte, habe ich Ihr Buch in die Hand genommen und konnte es nicht mehr weglegen. An diesem Wochenende habe ich das gesamte Buch durchgelesen. Darüber zu lesen, wie Sie Ihren Traum verfolgten, erweckte in mir das Gefühl, dass auch meiner möglich war. Wenn Sie die Bücher nicht zu dieser Konferenz geschickt hätten«, fuhr ich mit zitternder Stimme fort, »würde ich heute nicht das tun, was ich tue. Tony, Ihr Buch hat mein Leben verändert.«

In der Küche waren alle wie erstarrt.

Tony sah mich nur schweigend an. Aber seine Mimik wurde weicher, und seine Augen wurden feucht. Das verriet mir mehr, als jedes Wort hätte ausdrücken können.

Zwei Wochen später, in der Innenstadt von Las Vegas

Ich riss einen UPS-Karton auf und zog ein marineblaues Zappos-Shirt heraus. Für jeden anderen wäre es nur ein Stück Stoff gewesen. Aber für mich war es Supermans Umhang.

Ich war gerade in einer Wohnung in Tonys Apartmenthaus aufgewacht, die er mir für meinen Aufenthalt zur Verfügung gestellt hatte. Ich streifte mir das T-Shirt über, schnappte mir meinen Rucksack und machte mich auf den Weg nach unten, wo ein Firmenwagen von Zappos wartete. Der Wagen fuhr los, und zehn Minuten später kamen wir am Zappos-Hauptquartier an.

Ich betrat das Gebäude und sah eine Popcornmaschine auf dem Empfangstresen, einen Arcade-Spielautomat – »Dance Dance Revolution« – neben einer Couch und Hunderte von abgeschnittenen Krawatten, die an die Wände geheftet waren. Ein Assistent begleitete mich einen Flur entlang in den Arbeitsbereich, wo die Schreibtische noch wilder dekoriert waren als die Lobby. Ein Gang war mit Unmengen an Geburtstagsluftschlangen bedeckt, ein anderer mit blinkenden Weihnachtslichtern und ein dritter mit einem drei Meter hohen aufblasbaren Piraten. Tony saß an einem überladenen Schreibtisch in einem Bereich, der wie ein Regenwald dekoriert war. Er kauerte vornübergebeugt vor seinem Laptop. Als er mich sah, forderte er mich auf, mir einen Stuhl zu nehmen.

Ich wünschte ihm einen guten Morgen. Tonys Assistent beugte sich zu mir herüber und flüsterte: »Damit sind Sie etwa fünf Stunden zu spät dran. Er ist seit vier auf.«

Tony klappte seinen Laptop zu, stand auf und bedeutete mir, ich solle ihm folgen. Wir gingen den mit Teppichboden ausgelegten Flur entlang zu unserem ersten Meeting. Ich hielt mich ein paar Meter hinter den zielsicheren Schritten seiner schwarzen Lederschuhe. Ich konnte spüren, wie zaghaft meine Schritte waren. Obwohl Tony so nett gewesen war, hatte ich immer noch das Gefühl, dass ich es nicht verdiente, hier zu sein. Ein Teil von mir hatte Angst, dass er mich nach Hause schicken würde, wenn ich auch nur die winzigste Kleinigkeit falsch machen würde.

Wir kamen in einen Konferenzraum. Ich entdeckte einen Stuhl ganz hinten und bewegte mich darauf zu. Tony sah das, machte eine wegscheuchende Bewegung in Richtung des Stuhls und deutete auf den Platz neben sich. Als wir zu unserem nächsten Meeting in einen anderen Konferenzraum gingen, forderte Tony mich erneut auf, neben ihm zu sitzen. Vor der darauffolgenden Besprechung tat er es wieder. Als wir uns nachmittags zu unserem vierten Meeting hinsetzten, ließ ich mich neben ihm nieder, ohne dass er es mir sagen musste.

Nach unserem Mittagessen mit einem Vertriebspartner ging Tony in den Flur hinaus, ich folgte ihm. Er wandte den Kopf über die Schulter und fragte: »Was halten Sie davon?« Ich stotterte eine Antwort heraus. Er erwiderte nichts. Er hörte nur zu und nickte. Nach unserem nächsten Meeting drehte er wieder den Kopf zurück und fragte: »Was denken Sie darüber?« Tony fragte mich noch einmal nach meiner Meinung, dann noch einmal.

Durch die Fenster sah man, dass es draußen dunkel wurde. Das Büro leerte sich. Am Ende der letzten Besprechung dieses Tages fragte Tony mich erneut, was ich davon halten würde. Aber diesmal brauchte er nicht mehr seinen Kopf verdrehen. Ich war nicht mehr hinter ihm – ich ging neben ihm her.

Am nächsten Morgen zog ich mir ein frisches Zappos-T-Shirt über und ging nach unten, wo Tonys Fahrer auf mich wartete. Wir fuhren quer durch die Stadt zu einem zweitausend Personen fassenden Saal, wo Tony sich auf ein unternehmensweites Meeting vorbereitete. Er war bereits seit zwei Stunden dort.

Ich kam im Saal an und blieb den ganzen Morgen über hinter der Bühne, um Tony bei den Proben zuzusehen. Die Präsentation war eine Mischung aus einer Unternehmensrede und einer Highschool-Motivationskundgebung. Stunden später wurde das Licht gedimmt und die Vorhänge wurden geöffnet. Tonys Vater und ich saßen zusammen in der ersten Reihe und sahen zu, wie sich alles entwickelte.

Als der Tag sich dem Ende neigte, wollte ich gerade den Saal verlassen, als mich ein Zappos-Mitarbeiter an der Tür aufhielt. Er sagte, er habe mich am Nachmittag davor gesehen, als ich Tony wie ein Schatten begleitet habe. Der Mann erzählte mir, dass er seit ein paar Jahren bei Zappos arbeite und dass es einer seiner größten Träume sei, mit Tony mitzulaufen. Er fragte, wie es mir gelungen sei, so viel Glück zu haben.

Der Blick in seinen Augen war mir nicht neu. Mir war aufgefallen, dass mich am Tag zuvor einige andere Zappos-Mitarbeiter genauso angesehen hatten, als wollten sie gern an meiner Stelle sein.

Später am Abend ging ich zu Tony, verabschiedete mich von ihm und dankte ihm nochmals für die vergangenen zwei Tage.

»Und, ich weiß, das mag komisch klingen«, sagte ich, »aber warum lassen Sie sich nicht von Ihren Mitarbeitern auf diese Weise bei der Arbeit begleiten?«

Tony sah mich mit leerem Ausdruck an und sagte: »Das würde ich ja gern – aber es bittet nie jemand darum.«

KAPITEL 17
ES GIBT NUR GRAUTÖNE

Zwei Wochen später, in der Abstellkammer

Ich lief auf und ab und blickte immer wieder auf mein Handy auf dem Schreibtisch. Ich wusste, dass ich anrufen sollte. Aber ich konnte es nicht. In meinem Kopf blitzte immer wieder eine Erinnerung auf.

»Wollen Sie Ihr Studium abbrechen?«, hatte Elliott damals gefragt, ganz zu Anfang unserer Bekanntschaft.

»Was?«

»*Sie haben die Frage schon verstanden.*«

Er war der letzte Mensch, mit dem ich darüber sprechen wollte. Aber ich hatte auch das Gefühl, dass er der Einzige war, mit dem ich darüber reden konnte. Ich griff nach meinem Handy.

»Hey, Mann. Was gibt's?«

»Elliott, ich brauche deine Hilfe.«

Ich sagte ihm, dass mein Literaturagent gesagt habe, der ideale Zeitpunkt, an Verleger heranzutreten und ihnen mein Buchprojekt zu präsentieren, sei der nächste Monat, was bedeutet, dass ich mein Exposé bis dahin fertig umgeschrieben haben müsse. Aber in einer Woche würde das neue Semester beginnen.

»Und wo genau liegt das Problem?«, fragte Elliott.

»Ich weiß, wenn ich dieses Semester an die USC zurückkehre, werde ich so viel mit Hausarbeiten und Tests zu tun haben, dass ich das Exposé nicht rechtzeitig fertigbekomme. Ich schätze also, dass ich weiß, was ich tun muss, aber das Letzte, was ich will, ist, meinen Eltern in die Augen zu sehen und ihnen zu sagen, dass ich das Studium abbreche.«

»Halt, halt, halt. Du brichst das Studium *nicht* ab.«

Moment mal ... *was?*

»Niemand, der schlau ist, bricht das Studium *tatsächlich* ab«, fuhr er fort. »Das ist ein Mythos. Bill Gates und Mark Zuckerberg haben das Studium nicht so abgebrochen, wie man denkt. Such mal ein paar Infos dazu, dann wird dir klar, wovon ich spreche.«

Nach unserem Telefonat fuhr ich mit dem Finger mein Regal entlang und holte ein Buch heraus, das ich noch nicht aufgeschlagen hatte: *The Facebook Effect,* die autorisierte Darstellung der Anfangszeit des Unternehmens. Und da war es, auf Seite zweiundfünfzig.

Im Sommer vor Mark Zuckerbergs drittem Jahr am College war er in Palo Alto und arbeitete an einigen Nebenprojekten, darunter an einer Website namens TheFacebook. Sie war sieben Monate zuvor ans Netz gegangen. Später in diesem Sommer nahm Zuckerberg seinen Mentor Sean Parker beiseite und bat ihn um Rat.

»Glauben Sie, dass es wirklich von Dauer sein wird?«, fragte Zuckerberg. »Oder ist es eine Modeerscheinung? Wird es verschwinden?«

Selbst als Facebook fast 200 000 Nutzer hatte, zweifelte Zuckerberg an der Zukunft der Plattform. Ich spürte, dass ich hier etwas Wichtigem auf der Spur war, aber ich war mir nicht sicher, was es war.

Ich ging an meinen Laptop, um tiefer zu graben. Nachdem ich Stunden auf YouTube verbracht hatte, um mir Interviews mit Zuckerberg anzusehen, fand ich schließlich eines, das mehr Licht ins Dunkel brachte. Wochen vor seinem dritten Jahr am College hatte sich Zuckerberg mit dem Risikokapitalgeber Peter Thiel getroffen, um Geld für Facebook zu sammeln. Als Thiel fragte, ob er das Studium abbrechen wolle, sagte Zuckerberg Nein. Er plane, zum dritten Jahr ans College zurückzukehren.

Kurz bevor das Studienjahr begann, überlegte sich Zuckerbergs Mitbegründer und Kommilitone Dustin Moskovitz einen praxisorientierteren Ansatz.

»Weißt du«, sagte Moskovitz zu ihm, »immer mehr User nutzen unsere Plattform, wir haben immer mehr Server, wir haben niemanden, der für den reibungslosen Betrieb sorgt – es ist echt schwierig. Ich glaube nicht, dass wir uns darum kümmern und gleichzeitig ein Vollzeitstudium stemmen können. Warum nehmen wir uns nicht ein Semester frei und versuchen, es in den Griff zu bekommen, sodass wir zum Frühjahrssemester ans College zurückkehren können?«

Das hatte Elliott also gemeint.

Seit ich *The Social Network* gesehen hatte, hatte ich Zuckerberg als Rebellen angesehen, der das Studium hingeschmissen, seinen Mittelfinger gen Himmel gereckt und nie wieder zurückgeblickt hatte. Der Film hatte in keiner Szene aufgegriffen, dass Zuckerberg an der Zukunft von Facebook gezweifelt hatte. Er hatte nicht gezeigt, wie er mit Bedacht darüber debattiert hatte, ein Semester auszusetzen.

Jahrelang hatte ich Schlagzeilen gesehen, die »Studienabbrecher Mark Zuckerberg« lauteten, und natürlich hatte ich angenommen, dass seine Entscheidung, das College zu verlassen, eindeutig und ohne Zweifel getroffen worden sei. Schlagzeilen und Filme lassen alles schwarz-weiß erscheinen. Aber jetzt wurde mir klar: Die Wahrheit ist niemals schwarz-weiß. Sie ist grau. Sie besteht ausschließlich aus Grautönen. Wenn man die ganze Geschichte erfahren möchte, muss man tiefer graben. Man kann sich nicht auf Schlagzeilen oder Tweets verlassen. Grau passt nicht in 280 Zeichen.

Ich schnappte mir ein Buch über Bill Gates, und auf Seite dreiundneunzig fand ich es erneut. Auch Gates, hatte das College nicht impulsiv abgebrochen. Er hatte nur im ersten Studienjahr ein Semester freigenommen, um sich in Vollzeit um Microsoft kümmern zu können. Und als das Unternehmen nicht gleich durch die Decke schoss, ging Gates *wieder zurück aufs College*. Auch darüber spricht niemand. Erst im darauffolgenden Jahr, als Microsoft wuchs, nahm Gates ein weiteres Semester frei, und dann noch eines.

Vielleicht ist das Schwierigste beim Eingehen eines Risikos nicht, *ob* man es eingeht, sondern *wann* man es eingeht. Es ist niemals eindeutig, ob der Schwung, den ein Unternehmen oder eine Mission aufgenommen hat, ausreicht, um einen Studienabbruch zu rechtfertigen. Es ist niemals eindeutig, wann der richtige Zeitpunkt ist, seinen Job zu kündigen. Große Entscheidungen sind selten eindeutig, wenn man sie trifft – sie sind es erst rückblickend. Das Beste, was man tun kann, ist, einen vorsichtigen Schritt nach dem anderen zu machen.

Die Idee, die USC voll und ganz sausen zu lassen, behagte mir nicht, aber eingeschrieben zu bleiben und ein Semester freizunehmen, klang perfekt. Ich fuhr zum Campus, sprach mit meiner Studienberaterin, und sie überreichte mir ein hellgrünes Formular mit der Aufschrift »Antrag auf Beurlaubung von der USC«, durch das ich sieben Jahre Zeit bekam, in denen ich mein Studium jederzeit wieder aufnehmen konnte.

Ich rannte los, um meinen Eltern die gute Nachricht zu überbringen.

***

»*Ein Urlaubssemester?*«, rief meine Mutter. »Hast du den Verstand verloren?« Sie schnitt in der Küche Tomaten in Scheiben.

»Mama, es ist keine so große Sache, wie du meinst.«

»Nein, es ist eine *größere* Sache, als du meinst. Ich kenne dich. Ich kenne dich schon länger, als du dich kennst. Ich weiß, wenn du einmal das College verlässt, wirst du nie wieder zurückkehren.«

»Mama, es ist nur ein …«

»*Nein!* Mein Sohn wird kein Studienabbrecher sein!«

»Da steht nicht *Abbruch*«, sagte ich und schwenkte das grüne Formular durch die Luft. »Hier steht *Beurlaubung*.«

Sie schnitt die Tomate mit mehr Vehemenz auf.

»Mama, du musst mir einfach vertrauen. Elliott hat mir erzählt …«

»Ich wusste es! Ich wusste, dass Elliott dahintersteckt!«

»Das hat nichts mit Elliott zu tun. Ich liebe das College, aber …«

»Warum kannst du dann nicht weiterstudieren?«

»Weil ich diesen Verlagsvertrag bekommen muss. Sobald ich einen habe, werde ich zu Bill Gates vorgelassen, und wenn er erst einmal dabei ist, wird die Mission die entscheidende Wende nehmen und alle anderen, die ich interviewen möchte, werden ebenfalls dabei sein. Ich muss das Wirklichkeit werden lassen.«

»Aber was ist, wenn du es nicht verwirklichen kannst? Oder noch schlimmer: Was ist, wenn du nicht *erkennst*, dass du es nicht verwirklichen kannst? Was, wenn du zwar versuchst, den Buchvertrag zu bekommen, ihn aber nicht bekommst, sodass du es wieder und wieder probierst – und erst Jahre später schließlich aufgibst und beschließt, ans College zurückzukehren – und dann lassen sie dich nicht mehr rein?«

Ich erklärte ihr, dass ich dazu sieben Jahre Zeit hätte.

Meine Mutter starrte mich mit zusammengebissenen Zähnen an und stürmte dann davon.

Ich ging in mein Zimmer und schlug die Tür zu. Aber sobald ich aufs Bett fiel, fragte eine Stimme in mir: *Was ist, wenn Mama recht hat?*

Normalerweise rief ich meine Großmutter an, wenn meine Mutter und ich uns so stritten. Aber in dieser Situation war es das Letzte, was ich tun konnte. In mir krampfte sich alles zusammen, als ich darüber nachdachte. *Jooneh man.*

Ich hatte auf das Leben meiner Oma geschworen, dass ich das Studium nicht abbrechen würde. Wie konnte ich dieses Versprechen nur brechen?

Aber diesem Versprechen treu zu bleiben, hieße, mir selbst nicht treu zu bleiben. Als ich das Versprechen abgegeben hatte, hatte ich noch nicht gewusst, wohin mein Leben führen würde.

Der Rat, den ich bei Summit von Dan Babcock erhalten hatte, kam mir in den Sinn: *Erfolg ist eine Folge der Priorisierung Ihrer Wünsche.*

Aber wie sollte ich hier Prioritäten setzen?

Die Familie steht natürlich immer an erster Stelle, aber an welchem Punkt höre ich auf, für andere zu leben, und beginne, für mich selbst zu leben?

Ich war unglaublich angespannt. Abends rief ich Elliott an, ängstlich und völlig verwirrt, aber sein Tonfall hätte nicht nüchterner sein können.

»Dasselbe habe ich mit meinen Eltern durchgemacht«, sagte er. »Aber dann wurde mir klar: Warum zum Teufel soll die Uni der Deckel sein, der auf jeden Topf passt? Vor Jahren habe ich einmal einen Kanye-Song gehört, in dem es heißt:

· · · · · · · · ·

Ich sagte ihnen, dass ich das Studium beendet und mein eigenes Unternehmen gegründet habe.

Sie sagen: »Oh, du hast deinen Abschluss gemacht?«

Nein, ich hatte beschlossen, fertig zu sein.
»Du hast studiert«, sagte Elliott. »Jetzt ist es an der Zeit, dass du etwas für dich selbst tust. Es ist Zeit für dich, das Studium zu beenden.«

· · · · · · · · ·

Im Laufe der nächsten Woche saß ich jeden Tag mit meiner Mutter und meinem Vater im Wohnzimmer und versuchte, sie an meine Entscheidung zu gewöhnen. Inzwischen war der letzte Tag gekommen, an dem ich das Formular für die Beurlaubung einreichen musste. Mir blieben nur noch drei Stunden bis zur Abgabefrist. Ich hatte das Formular unterschrieben und machte mich in meinem Zimmer fertig, um zum Campus zu fahren und es einzureichen.

Je länger ich das grüne Formular auf meinem Bett betrachtete, desto stärker spürte ich Angst durch meine Adern pulsieren. So sehr Elliotts Ratschläge auch geholfen hatten – die zwanzig Minuten, die ich mit ihm telefoniert hatte, waren nichts im Vergleich zu den zwanzig Jahren, die ich nun schon bei meiner Mutter lebte. Ein Teil von mir glaubte, dass sie recht haben könnte – vielleicht würde ich in zehn Jahren desillusioniert aufwachen, ohne Verlagsvertrag und ohne College-Abschluss. Obwohl ich wusste, dass mir sieben Jahre Zeit blieben, und obwohl Elliott mir gesagt hatte, ich solle mir keine Sorgen machen, hatte ich dennoch das Gefühl, ich könnte den größten Fehler meines Lebens begehen.

Als ich mir die Schuhe zuband, klingelte es an der Tür. Ich steckte das grüne Formular in meine Tasche, schnappte mir meine Autoschlüssel und ging zur Tür. Ich drehte am Knauf und zog die Tür auf.

Vor mir auf den Stufen stand meine Großmutter. Sie zitterte, und Tränen liefen ihr über das Gesicht.

SCHRITT 4
WATEN SIE DURCH DEN SCHLAMM

KAPITEL 18
HALLELUJA!

Ich schloss mich in der Abstellkammer ein und schrieb das Buchexposé so schnell ich konnte um. In dieser Zeit sprach ich nicht mit meinen Freunden. Ich traf mich nicht mit meiner Familie. Ich schlief nur drei oder vier Stunden pro Nacht. Sobald ich meine Augen schloss, kam ein Bild immer wieder zu mir zurück, als wäre es in das Innere meiner Augenlider gemeißelt worden – meine Oma, wie ihr die Tränen über das Gesicht liefen.

Qi Lu hatte mir erzählt, dass er während der Erstellung von Yahoo Shopping nur äußerst wenige Stunden pro Nacht geschlafen habe, und ich hatte mich gefragt, wie so etwas möglich ist. Jetzt wusste ich es.

Meine Agentin hatte mir prophezeit, dass das Umschreiben des Exposés dreißig Tage dauern würde. Ich war nach acht Tagen fertig. Wenn man mit dem Rücken zur Wand steht, lernt man, wozu man fähig ist. Ich schickte ihr das 140-seitige Dokument per E-Mail, betete, dass sie ihren Zauber wirken könne, und dann, nur elf Tage, nachdem ich den Beurlaubungsantrag eingereicht hatte, erhielt ich den Verlagsvertrag.

***

Ich teilte die Nachricht sofort meinen Eltern mit. Doch selbst mein Vater, der jeden möglichen Anlass feierte, konnte nicht mehr als ein Lächeln aufbringen. Ich merkte, dass er noch immer erschüttert war, weil ich das College verlassen hatte. Ich musste mit jemandem reden, von dem ich wusste, dass er genauso begeistert sein würde wie ich. Ich rief Elliott an.

»Hast du nicht«, sagte er. »Auf keinen Fall. Du lügst.«

»Doch, es stimmt.«

»Heilige ... Scheiße. Du hast es geschafft! Es hat geklappt! *Alter, DU BIST EIN SUPERSTAR!*«

Noch nie zuvor hatte Elliott so mit mir gesprochen.

»Das ist der Wahnsinn!«, fuhr er fort. »Und was machst du als Nächstes?«

»Jetzt ist es Zeit für mein Interview mit Bill Gates.«

»Das ist der Hammer! Was glaubst du, wie viel Zeit wirst du mit ihm bekommen? Wirst du das Interview in seinem Büro führen? Oder kannst du es bei ihm zu Hause machen? Werdet ihr nur zu zweit sein, unter vier Augen? Oder werden ein Dutzend PR-Leute mit euch im Raum sein?«

»Kumpel, ich habe seinem Stabschef die Neuigkeiten noch nicht einmal erzählt.«

»Stopp«, sagte Elliott. »Diese E-Mail muss ... *perfekt* sein.«

Wir verbrachten die nächste Stunde damit, sie am Telefon zu entwerfen. Ich schrieb keine direkte Frage hinein, weil ich annahm, es sei völlig klar, weshalb ich Kontakt aufnahm. Bevor ich auf Senden klickte, dachte ich daran zurück, wie ich nur zwei Jahre zuvor auf meinem Bett im Studentenzimmer gelegen und mir ausgemalt hatte, wie es wäre, von Bill Gates zu lernen. Endlich fügte sich alles zusammen.

Einen Tag später erschien die Antwort des Stabschefs auf meinem Bildschirm. Ich hatte das Gefühl, ein Gospelchor wäre in die Abstellkammer getreten und sänge *Halleluja!* Ich wollte Elliott anrufen, damit wir die Antwort gemeinsam lesen könnten, aber ich konnte meine Neugier nicht länger zügeln. Ich öffnete die E-Mail:

. . . .

Nun, das sind fantastische Neuigkeiten.
Herzlichen Glückwunsch!

. . . .

Ich klickte auf den Abwärtspfeil, um auch den Rest seiner Nachricht lesen zu können.

Aber das war alles.

Offensichtlich hatte meine E-Mail-Strategie nicht funktioniert, aber ich ließ mich davon nicht beirren.

Ich schickte dem Stabschef eine weitere E-Mail.

Eine Woche verging. Keine Antwort.

Ich sagte mir, er habe meine Nachricht vermutlich nicht gesehen, also schickte ich eine dritte E-Mail.

Eine weitere Woche verging. Noch immer keine Antwort.

Langsam, aber sicher gelangte ich zu der Erkenntnis, was sein Schweigen bedeutete. Die Antwort lautete Nein. Und mit dem Nein war es noch nicht genug, jetzt sprach der Stabschef nicht einmal mehr mit mir.

Der Chor hörte auf zu singen, packte seine Sachen zusammen und schlich zur Tür hinaus.

***

Ich hatte meinem Verleger garantiert, dass ich Bill Gates bekommen würde, doch nun hatte ich keinen Bill Gates. Was würde meine Agentin dazu sagen? Und wie sollte ich das meinen Eltern erklären, nachdem ich ihnen geschworen hatte, dass Gates eine sichere Bank wäre, wenn ich mich nur vom College beurlauben ließe? Ich hatte meine Familie enttäuscht, meine Agentin im Stich gelassen und meinen Verleger angelogen: Ich war in gleich dreierlei Hinsicht ein Arschloch.

Verzweifelt ging ich in der Abstellkammer meine Optionen durch. *In Ordnung … Wenn ich Bill Gates nicht kriege … dann nehme ich Bill Clinton. Elliott hat einen Insider in seinem engeren Zirkel. Und wenn ich Clinton nicht kriege, kriege ich Warren Buffett. Dabei kann mir Dan helfen. Außerdem ist Buffett mit Gates befreundet. Wenn ich also Buffett interviewe, kann er mich wiederum zu Gates bringen. Ich brauche den Stabschef gar nicht!*

Ich hatte zwar schon früher an die meisten dieser Personen Interviewanfragen geschickt, aber damals hatte ich nicht gewusst, was ich tat. Jetzt fühlte ich mich etwas erfahrener. Und je mehr ich mir die nächsten Schritte ausmalte, desto besser fühlte ich mich. *Ein Freund von Summit arbeitet für Oprah, also habe ich dort einen Insider. Eine andere Freundin von Summit hat für Zuckerberg gearbeitet – vielleicht kann sie mich zu ihm bringen. Und Elliott ist mit Lady Gagas Manager befreundet – also habe ich dort definitiv beste Chancen.*

Ich lud Fotos von Lady Gaga, Warren Buffett, Bill Clinton, Oprah Winfrey und Mark Zuckerberg herunter, fügte sie alle auf einer einzigen Seite ein und druckte davon ein Dutzend Exemplare aus. Die Bilder klebte ich in der Nähe meines Schreibtisches, an den Wänden, über meinem Bett und auf dem Armaturenbrett meines Autos fest.

Erst im Nachhinein kann ich die Veränderung erkennen, die mich damals überkam. Ich hatte das College verlassen und fühlte mich völlig allein. Und ich hatte alle um mich herum für einen Traum verkauft, der nun zerplatzte. Ich hatte solche Angst, als Lügner angesehen zu werden, und schämte mich so sehr, als Versager betrachtet zu werden, dass ich verzweifelt versuchte, alles zu tun, um mein Gesicht zu wahren. Ironischerweise trieb mich diese Verzweiflung dazu, zu lügen und sogar noch mehr zu versagen.

»Die Mission hat nun so viel Fahrt aufgenommen – mehr Schwung ginge gar nicht!«, sagte ich Elliott am Telefon. »Ich bin sicher, Bill Gates' Stabschef wird sich bald bei mir melden. Wie auch immer, jetzt, wo die Dinge so gut laufen, ist der perfekte Zeitpunkt da, um die restlichen Interviews zu vereinbaren. Könntest du mich Lady Gagas Manager vorstellen? Und hast du nicht mal gesagt, dass du Buffets Enkel kennst? Und Clintons Assistentin?«

Ich fühlte mich schrecklich, weil ich Elliott in die Irre führte, aber eine Stunde später fühlte ich mich deutlich besser, als ich in meinem Posteingang ein Empfehlungsschreiben an Lady Gagas Manager sah. Ich bat um einen Interviewtermin, der Manager antwortete mir, und die Antwort lautete Nein.

Elliott setzte sich mit Bill Clintons Büro in Verbindung.

Ein weiteres Nein.

Elliott stellte mich dem Enkel von Warren Buffett vor.

Eine Sackgasse.

Ein Freund von Summit nahm mich zu einer Party mit, auf der ich Buffets Sohn traf.

Keine Hilfe.

Ein anderer Freund von Summit stellte mich einem von Buffets Geschäftspartnern vor.

Auch hier lautete die Antwort Nein.

Ein dritter Freund von Summit brachte mich in Kontakt mit dem PR-Team von Oprah. Als ich den Leuten die Mission erklärte, waren sie begeistert und sagten mir, ich solle einen Brief an Oprah schreiben. Sie gaben ihn an die erste Ebene in ihrer PR-Kette weiter und er wurde genehmigt. Die zweite und dritte Ebene genehmigten ihn ebenfalls. Schließlich landete er auf Oprahs Schreibtisch, und ... ihre Antwort war Nein.

Meine Versagensängste schnürten mir die Luft ab und unterbrachen die Blutzirkulation zu meinem Gehirn. Das Einzige, was mich vor dem Ersticken bewahrte, war das Wissen, dass ich noch ein Ass im Ärmel hatte.

Es war an der Zeit, Dan anzurufen.

Dan schien für mich der naheliegende Weg zu Warren Buffett zu sein. Nach dem Frühstück beim Summit, bei dem Dan mir von der

Unterlassungsliste erzählt hatte, hatten wir uns angefreundet und telefonierten seitdem jede Woche miteinander. Aber jedes Mal, wenn Buffetts Name im Gespräch auftauchte, schien Dan unruhig zu werden. Ich nahm an, dass er seinen früheren Chef extrem zu schützen versuchte. Deshalb hatte ich beschlossen, dass es einfacher sein würde, über Elliott zu Buffett zu gelangen, aber jetzt war Dan meine einzige verbliebene Hoffnung.

Anstatt offen damit umzugehen, was ich wollte, rief ich Dan an und sagte: »Ich vermisse dich, Mann! Wann machen wir was zusammen?« Er schlug mir vor, am Wochenende nach San Francisco zu kommen, und lud mich ein, auf seinem Boot zu übernachten. Ich ging sofort auf das Angebot ein.

Ein paar Abende später landete ich in San Francisco, und mein Taxi fuhr zu einem nebelumhüllten Yachthafen. Hier lag Dans Boot, auf dem er lebte. Noch bevor ich meine Taschen abstellen konnte, zog Dan mich in eine feste, ungestüme Umarmung. Er warf meine Reisetasche in die Kajüte und führte mich sogleich zu einem üppigen Abendessen in der Bucht von San Francisco aus, danach hörten wir uns Livemusik in seiner Lieblingsbar an. Am nächsten Morgen spielten wir Frisbee in einem abschüssigen, mit Gras bewachsenen Park. Während der zwei Tage zeigte Dan mir die Stadt und behandelte mich wie ein Familienmitglied.

Während unserer gesamten gemeinsamen Zeit habe ich nicht über Buffett gesprochen. Ich hoffte, je mehr Dan und ich uns anfreunden würden, desto wahrscheinlicher wäre es, dass er mich Buffett gegenüber empfehlen würde. Ich fühlte mich wie ein Verkäufer, der bei einem neuen Kunden eine Verkaufsstrategie aushheckt. Aber Dan war mein Freund, also fühlte ich mich gleichzeitig schrecklich.

Und jetzt lief mir die Zeit davon. Als ich an meinem letzten Tag in San Francisco aufwachte, schaute ich auf meine Uhr – mir blieben nur noch zwei Stunden, bis ich zum Flughafen fahren musste. Ich machte mich auf den Weg zum Deck, wo Dan und seine Freundin faulenzten und mit Kaffeebechern in der Hand auf die Golden Gate Bridge blickten. Nachdem ich eine Weile mit ihnen gesprochen hatte, blickte ich noch einmal auf meine Uhr – dreißig Minuten, bis ich gehen musste. Ich hatte Dan immer noch nicht darum gebeten, bei Buffett ein gutes Wort für mich einzulegen.

»Dan, kannst du dir das mal ansehen?«

Ich holte meinen Laptop hervor und reichte ihn ihm. Dans Augen wurden schmal, als er erkannte, dass auf dem Bildschirm ein Brief zu sehen war, den ich an Warren Buffett verfasst hatte. Dan las ihn und sah eine Minute später wieder auf.

»Alex«, sagte er, »das ist ... fantastisch. Mr. Buffett wird es lieben.«

Ich blieb ruhig und hoffte, dass Dan das Schweigen ausfüllen würde, indem er anbot, Buffett anzurufen und dies durchzusetzen.

»Und weißt du was?«, fragte Dan.

Ich rückte näher an ihn heran.

»Du solltest zwei Exemplare ausdrucken«, sagte er. »Schick eines zu seinem Büro und eines zu seinem Zuhause!«

Dans Freundin stellte ihre Tasse ab und griff nach dem Laptop. »Lass mich mal lesen«, sagte sie. Nachdem sie fertig war, sah sie Dan an. »Liebling, das ist wunderbar. Warum schickst du das nicht einfach per E-Mail direkt an Warren?«

»Das würde mein Leben verändern«, sagte ich.

Dans Blick huschte vom Laptop zu seiner Freundin und dann zu mir.

Er schwieg und sagte dann einen Moment später: »Okay, da hast du's, Alex. Schick mir den Brief per E-Mail, und ich werde ihn weiterleiten.«

Dans Freundin küsste ihn auf die Wange.

»Und wenn das nicht klappt«, fügte er hinzu, »fliege ich mit dir nach Omaha und rede selbst mit Mr. Buffett! Wir werden das schaffen, Alex. Du wirst in Nullkommanichts einen Termin für dieses Interview haben.«

KAPITEL 19
GROSSVATER WARREN

Bevor ich das Boot verließ, wies Dan mich darauf hin, dass ich nicht auf das Interview vorbereitet wäre, wenn ich Buffett den Brief schicken und er sofort Ja sagen würde. Also beschloss ich, mit dem Absenden zu warten, und fuhr nach Hause, um zu recherchieren.

Ich wusste bereits, was viele Leute über Buffett wissen: dass er der erfolgreichste Investor der Geschichte und der zweitreichste Mann Amerikas ist – und doch residiert er nicht in einem großen Büro an der Wall Street in New York. Buffett wurde in Omaha, Nebraska, geboren und leitet seine Firma, Berkshire Hathaway, bis zum heutigen Tag von dort aus. Ich habe einmal im Fernsehen gesehen, dass Zehntausende von Menschen aus der ganzen Welt jährlich zur Aktionärsversammlung von Berkshire Hathaway nach Omaha pilgern. Diese Menschen verehren ihn, ja, sie lieben ihn sogar, weshalb ich, als ich in der Abstellkammer ankam und Buffetts Gesicht auf dem Cover einer achthundert Seiten langen Biografie anstarrte, das Gefühl hatte, ich würde bald zur erweiterten Familie gehören.

Während ich seine sanften Falten und buschigen Augenbrauen näher betrachtete, kam ich nicht umhin, menschliche Wärme zu empfinden. Buffetts Augen schienen mit dem Charme des Mittleren Westens zu funkeln. Je mehr ich sein Bild anstarrte, desto mehr hatte ich das Gefühl, dass sich das Bild bewegte und zum

Leben erwachte – Buffett lächelte mich an, zwinkerte und winkte mir zu und sagte: »*Alex, komm rein!*«

Ich legte das Buch auf meinen Schreibtisch und begann nur zu gern, darin zu lesen. Jetzt, da ich wusste, dass Dan mir helfen würde, das Interview zu bekommen, war der Druck weg. Ich hatte so viel Spaß beim Lesen, dass ich kaum merkte, wie die Stunden verstrichen. So hatte ich mich noch nie zuvor beim Lernen gefühlt. Im College hatte ich all diese Tests und Hausarbeiten gehabt, und das Lesen hatte sich angefühlt, als würde ich Medikamente einnehmen. Jetzt war es, als würde ich Wein trinken. Tagsüber las ich seine Biografie, abends hörte ich Hörbücher über ihn und sah mir bis spät in die Nacht YouTube-Videos von ihm an, wobei ich all seine Weisheiten in mich aufsog.

. . . .

>Ich sage den College-Studenten immer: Wenn ihr in mein Alter kommt, so werdet ihr dann erfolgreich sein, wenn die Menschen, von denen ihr euch erhofft, dass sie euch lieben, euch tatsächlich lieben.«

»Egal, wie groß das Talent oder die Anstrengung auch sein mögen, manche Dinge brauchen einfach Zeit. Man kann ein Baby nicht innerhalb eines Monats auf die Welt bringen, indem man neun Frauen schwängert.«

»Ich bestehe darauf, dass man viel Zeit – fast jeden Tag – damit verbringt, einfach nur dazusitzen und nachzudenken. Das ist in der amerikanischen Geschäftswelt sehr ungewöhnlich … Deshalb lese und denke ich mehr und treffe weniger impulsive Entscheidungen als die meisten Menschen in der Geschäftswelt.«

. . . .

Ich wusste nicht viel über Finanzen und hätte auch nicht gedacht, dass ich eine Leidenschaft dafür hätte, aber die Art und Weise, wie Buffett es erklärte, zog mich völlig in seinen Bann.

. . . .

»Ich werde Ihnen das Geheimnis verraten, wie man an der Wall Street reich wird. Man versucht, gierig zu sein, wenn andere ängstlich sind. Und man versucht, ängstlich zu sein, wenn andere gierig sind.«

»Um es mit einem Begriff aus dem Baseball-Sport zu sagen: Die Börse ist ein No-Called-Strike-Spiel. Man muss nicht jeden einzelnen Ball schlagen – man kann auf seinen Pitch warten. Das Problem als Vermögensverwalter ist, dass die Fans immer wieder schreien: ›Schlag zu, du Penner!‹«

»Ich versuche, Aktien von Unternehmen zu kaufen, die so wunderbar sind, dass ein Idiot sie leiten könnte. Denn früher oder später wird es einer tun.«

. . . .

Sobald ich die achthundertseitige Biografie beendet hatte, schlug ich eine weitere auf. Schließlich hatte ich fünfzehn Bücher über Buffett auf meinem Schreibtisch liegen, und ich konnte immer noch nicht genug davon bekommen. Ich las mir alles über ihn an, was nur ging, von seinem ersten Geschäft, als er im Alter von sechs Jahren Juicy-Fruit-Kaugummi an Haustüren verkaufte, bis hin zu der Tatsache, dass Berkshire Hathaway heutzutage weltweit das Unternehmen mit dem fünftgrößten Wert ist, mit Investitionen in Coca-Cola, IBM und American Express und dem vollständigen Besitz von Heinz, GEICO, See's Candies, Duracell, Fruit of the Loom und Dairy Queen. Je mehr ich in Buffetts Erfahrungen und Weisheit schwelgte, desto mehr sah ich ihn als Großvater Warren an.

Meine Lieblingsgeschichten über ihn stammen aus der Zeit, als er in meinem Alter war. Mir fiel auf, dass einige meiner Freunde sich direkt vor meinen Augen ähnlichen Situationen gegenübersahen. Wenn meine Freunde Probleme hatten, hatte Großvater Warren Antworten.

***

Ich hätte nie gedacht, dass ich meinen Freund Corwin und Warren Buffett einmal in ein und demselben Satz erwähnen würde. Corwins Leidenschaft für das Filmemachen hatte sich noch weiter verstärkt, und seine Interessen hätten nicht weiter von Finanzen entfernt sein können. Aber als er einen Rat brauchte, wie er Treffen mit Regisseuren bekommen könnte, die seine Anrufe nicht entgegennahmen, sagte ich ihm, er solle tun, was Großvater Warren getan hat.

Nachdem Buffett seinen Bachelorabschluss an der University of Nebraska in Lincoln gemacht hatte, arbeitete er als Börsenmakler, was im Wesentlichen bedeutet, dass er Aktien verkaufte. Doch fast jedes Mal, wenn Buffett versuchte, ein Treffen mit einem Geschäftsmann in Omaha zu arrangieren, wurde sein Gesuch abgelehnt. Niemand wollte sich mit einem jungen Mann treffen, der sich noch nicht seine Sporen verdient hatte und nur versuchte, Aktien zu verkaufen. Also änderte Buffett seinen Ansatz – er begann, Geschäftsleute anzurufen und gab ihnen das Gefühl, er könne ihnen dabei helfen, Steuern zu sparen. Plötzlich sagten die Geschäftsleute: »Kommen Sie rein!« Und einfach so vereinbarte Buffett seine Treffen.

»Der Punkt ist der«, sagte ich zu Corwin, »auch wenn sich die Leute nicht aus den *von dir* gewünschten Gründen mit dir treffen werden, bedeutet das nicht, dass sie sich überhaupt *nicht* mit dir treffen werden. Finde einfach einen anderen Punkt, an dem du ansetzen kannst. Finde heraus, was *sie* brauchen, und nutze das als Eintrittskarte.«

Mein Freund Andre wollte in die Musikindustrie einsteigen. Er wusste nicht, ob er versuchen sollte, einen gutbezahlten Job bei einem Musiklabel zu bekommen, oder ob er direkt unter einem großen Songwriter arbeiten sollte, bei dem er aber vielleicht nichts verdienen würde. Ich sagte Andre, dass die Antwort eindeutig sei.

Als Buffett als Börsenmakler tätig war, beschloss er, seine Fähigkeiten zu verfeinern und eine Wirtschaftsuni zu besuchen. Er bewarb sich an der Columbia University, weil er wusste, dass Benjamin Graham, Wall-Street-Legende und bekannt als der Vater des Value Investing, dort lehrte. Buffett wurde an der Columbia University aufgenommen, besuchte Grahams Kurs, und schließlich wurde Graham sein Mentor.

Als Buffett kurz vor seinem Abschluss stand, beschloss er, keine hoch dotierte Stelle in einem Unternehmen anzunehmen, wie es die meisten MBAs taten, sondern stattdessen zu versuchen, direkt für Graham zu arbeiten. Buffett bat Graham um eine Stelle, aber Graham lehnte ab. Buffett bot daraufhin an, *kostenlos* zu arbeiten. Graham lehnte weiterhin ab.

Also ging Buffett zurück nach Omaha und arbeitete wieder als Börsenmakler. Aber er schrieb weiterhin Briefe an Graham, besuchte ihn in New York, und nach zwei Jahren des »Drangsalierens«, wie Buffett selbst sagte, gab Graham ihm schließlich einen Job.

Buffett war zu diesem Zeitpunkt bereits verheiratet und hatte ein Kind, aber er flog trotzdem so bald wie möglich nach New York, um seine Arbeit aufzunehmen. Buffett fragte nicht einmal, ob es ein Gehalt gäbe. Er arbeitete an einem Schreibtisch außerhalb von Grahams Büro und lernte aus erster Hand vom Meister persönlich. Zwei Jahre später, als Graham in den Ruhestand ging und seine Firma schloss, zog Buffett zurück nach Omaha, um seinen eigenen Fonds zu gründen. Und als Grahams alte Klienten nach einer neuen Möglichkeit suchten, ihr Geld zu investieren, verwies Graham sie an Buffett.

Buffett ist dafür bekannt, ein langfristig denkender Value-Investor zu sein, und diese Geschichte zeigt, dass er mit seiner Karriere auf die gleiche Weise verfahren ist. Er hätte direkt nach der Uni einen gut bezahlten Job bekommen und *kurzfristig* viel mehr Geld verdienen können. Aber indem er sich anbot, kostenlos für Graham zu arbeiten, legte er das Fundament, *langfristig* viel mehr zu verdienen. Anstatt zu versuchen, mit so viel Geld wie möglich bezahlt zu werden, hatte Buffett sich dafür entschieden, sich mit Mentoring, Fachwissen und Verbindungen bezahlen zu lassen.

»Es ist so, wie Elliott es mir einmal erklärt hat«, sagte ich. »Ein Weg führt zu einem linearen Leben, der andere zu einem exponentiellen.«

Einige meiner Freunde hatten nicht einmal ein Problem. Ryan, der im Finanzwesen arbeiten wollte, wollte nur wissen, wie er mehr wie Großvater Warren sein konnte. Ich sagte, die Antwort bestehe aus drei Worten: Lies die Fußnoten.

Nachdem Buffett seinen eigenen Fonds eröffnet hatte, rief eines Tages ein Schriftsteller an und bat um ein Interview mit ihm. Der Schriftsteller stellte Buffett eine schwierige Frage über ein öffentliches Unternehmen. Buffett sagte ihm, die Antwort liege in einem Jahresbericht, den er gerade gelesen hatte. Der Schriftsteller las den Bericht, rief Buffett dann aber an, um sich zu beschweren, dass darin nicht die entsprechende Antwort enthalten sei.

»Sie haben ihn nicht sorgfältig gelesen«, sagte Buffett. »Sehen Sie sich Fußnote vierzehn an.«

Und tatsächlich, da war es.

Der Schriftsteller war verblüfft.

»Diese Geschichte ist zwar kurz«, sagte ich zu Ryan, »aber die Lektion ist riesig, und ich glaube, sie ist einer der größten Schlüssel zu Buffetts Erfolg. Während alle anderen einen Bericht nur überfliegen, durchkämmt Buffett wie besessen das Kleingedruckte, geht über das normale Maß weit hinaus, studiert jedes Wort und sucht nach Hinweisen. Man muss kein Genie sein, um die Fußnoten zu lesen – es ist eine Entscheidung. Es ist eine Entscheidung, die nötige Zeit zu investieren, sich die Mühe zu machen und die Dinge zu tun, die andere nicht zu tun bereit sind. Das Lesen der verdammten Fußnoten ist nicht nur eine Aufgabe auf Buffetts To-do-Liste – es ist seine Lebensauffassung.«

Es dauerte nicht lange, bis sich all meine Freunde ebenfalls in Großvater Warren verliebt hatten. Je mehr Geschichten ich von ihm erzählte, desto näher fühlte ich mich ihm. Schließlich war ich bereit, mich wieder an Dan zu wenden.

Ich schrieb meinen Brief an Buffett neu und fügte so viele Fakten wie möglich über ihn ein, um zu zeigen, wie viel es mir bedeutete. Ich schickte ihn per E-Mail an Dan, damit er ihn einer letzten Überprüfung unterzog. Er sagte, der Brief sei perfekt.

Als ich Dan fragte, ob ich den Brief ausdrucken oder von Hand abschreiben sollte, sagte er: »Beides!« Das tat ich dann auch und schickte einen zu Buffetts Büro und einen anderen zu ihm nach Hause. Außerdem schickte ich den Brief noch einmal per E-Mail an Dan, damit er ihn direkt an Buffett weiterleiten konnte.

Dan rief zwei Tage später an. »Deine Nachricht liegt in Mr. Buffetts persönlichem Posteingang, während wir hier miteinander sprechen.«

Und mit diesen freudigen Worten begannen die sechs elendigsten Monate meines Lebens.

KAPITEL 20
DAS MOTEL 6

Zwei Wochen später, in der Abstellkammer

• • • • • • • • •

Von: Assistentin von Warren Buffett

An: Alex Banayan

Betreff: Brief an Mr. Buffett

Sehr geehrter Mr. Banayan,

anbei erhalten Sie eine schriftliche Antwort von Mr. Buffett auf Ihren Brief.

• • • • • • • • •

*I*ch öffnete den Anhang. Der Brief, den ich abgeschickt hatte, starrte mich an, mit zwei Zeilen von Buffetts schleifenförmiger Kursivschrift in hellblauer Tinte am unteren Rand. Er musste meinen Brief so sehr geliebt haben, dass er seine Antwort an Ort und Stelle geschrieben und seine Sekretärin angewiesen hatte, ihn einzuscannen und mir sofort zu mailen. Aber wegen der Art und Weise, wie er eingescannt worden war, konnte ich die Worte nicht entziffern. Also schickte ich eine E-Mail an Buffetts Assistentin und fragte, was darin stand. Ich nahm an, dass es ungefähr so lautete: »Alex, Sie haben wahrscheinlich monatelang recherchiert, um diesen Brief zu schreiben! Ich muss sagen, ich bin beeindruckt. Ich würde Ihnen gern bei Ihrer Mission helfen. Rufen Sie doch meine Assistentin an, damit wir für die kommende Woche einen Termin für das Interview finden können.«

Fünf Minuten später antwortete seine Assistentin:

Von: Assistentin von Warren Buffett

An: Alex Banayan

Betreff: Brief an Mr. Buffett

Es heißt:

Alex – alle Aspekte meines Lebens sind schon viele Male behandelt worden. Ich habe zu viel um die Ohren, um alle gewünschten Interviews zu gewähren.

WEB

Er hatte kaum einen Finger krumm gemacht, um diese Absage zu schreiben, aber es fühlte sich an, als hätte er weit ausgeholt und mir einen Schlag gegen die Kehle versetzt.

Ich rief Dan an.

»Ich habe gedacht, es wäre absolut sicher gewesen ... Ich habe gedacht, es wäre quasi beschlossene Sache ... Was habe ich falsch gemacht?«

»Alex, du musst verstehen, dass wir hier über Warren Buffett sprechen. Er bekommt Hunderte von Anfragen pro Tag. Du solltest das nicht als negativ ansehen. Die Tatsache, dass er dir eine handschriftliche Antwort geschickt hat, bedeutet, dass er dich mag. Ich kenne Mr. Buffett. Ich weiß, dass er nicht einfach jedem eine Antwort schreibt.«

Ich fragte, was ich als Nächstes tun sollte.

»Du musst nur hartnäckig bleiben«, sagte Dan. »Colonel Sanders wurde tausendundneunmal abgelehnt, als er KFC gründete. Das hier ist nur dein erstes Nein. Mr. Buffett stellt dich auf die Probe. Er will sehen, wie sehr du es willst.«

Sobald ich aufgelegt hatte, druckte ich zehn Zitate aus und kleisterte sie an die Wände der Abstellkammer.

· · · · · · · · ·

»Beharrlichkeit – es ist ein Klischee, aber es funktioniert. Jemand, der Erfolg hat, hat einfach weitergemacht, nachdem alle anderen aufgehört haben. Das ist wichtiger als Intelligenz, Abstammung und sogar Verbindungen. Seien Sie hartnäckig! Hämmern Sie so lange auf die Tür ein, bis sie aus den Angeln fliegt!«

JERRY WEINTRAUB

»Mit Energie und Beharrlichkeit lässt sich alles überwinden.«

BENJAMIN FRANKLIN

»Der sicherste Weg zum Erfolg ist immer ein weiterer Versuch.«

THOMAS EDISON

»Wer niemals aufgibt, wird auch niemals besiegt.«

BABE RUTH

»Mein Erfolg beruht auf Beharrlichkeit, nicht auf Glück.«

ESTÉE LAUDER

»Es ist nicht so, dass ich so klug wäre, es ist nur so, dass ich mich mit Problemen länger beschäftige.«

ALBERT EINSTEIN

»Wir können alles schaffen, was wir wollen, wenn wir nur lange genug bei der Stange bleiben.«

HELEN KELLER

»Wenn du durch die Hölle gehst, geh weiter.«

WINSTON CHURCHILL

»Nichts auf der Welt kann Beharrlichkeit ersetzen.«

CALVIN COOLIDGE

• • • • • • • • •

Dan half mir, einen zweiten Brief an Buffett zu schreiben, und ich schickte ihn ab. Eine Woche verging, ohne dass eine Antwort eintraf. Ich schickte eine E-Mail an Buffetts Assistentin, um zu sehen, ob der Brief es bis zu Buffetts Schreibtisch geschafft hatte.

• • • • • • • • •

Von: Assistentin von Warren Buffett

An: Alex Banayan

Betreff: RE: Brief an Mr. Buffett

Mr. Buffett hat Ihren zweiten Brief erhalten. Seine erste
Antwort bleibt jedoch bestehen. Es tut mir leid, dass er Ihnen
nicht helfen kann …

• • • • • • • • •

PENG.

Auch als ich Tim Ferriss interviewt hatte, hatte ich das Gefühl
gehabt, geschlagen zu werden, aber im Vergleich dazu war das ein
Spielplatzgerangel unter Drittklässlern gewesen.

Wenn ich zurückblicke, erkenne ich, dass Buffett nichts falsch
gemacht hat. Er war mir nichts schuldig. Aber ich habe damals
nicht klar gedacht. Und obendrein hat Dan mich immer wieder an
eines erinnert: *Beharrlichkeit.*

Am nächsten Morgen schrillte mein Wecker um fünf Uhr morgens. Ich schnürte meine Laufschuhe, trat auf die dunkle Straße
hinaus und ließ »Eye of the Tiger« durch meine Kopfhörer dröhnen. Ich sprintete den Bürgersteig hinunter und stellte mir Buffett
am Ende jedes Blocks vor. Es hieß, ich gegen ihn, sagte ich mir,
und dass mein Verlangen nach einem Treffen mit ihm größer sei
als sein Unwille, sich mit mir zu treffen.

Wäre dies ein Film, dann würde hier eine Montage von Monaten gezeigt werden, die vergingen, während ich den Bürgersteig entlanglief, die Bäume sich von grün zu orange verfärbten,
das Laub herunterfiel und sich schließlich Schnee auftürmte. Ich
las noch mehr Bücher über Buffett, sah noch mehr Interviews auf

YouTube und hörte noch mehr Hörbücher über ihn. Es musste etwas geben, das mir fehlte. Buffett hatte seine Antwort in Fußnote vierzehn gefunden. Ich war mittlerweile bis Fußnote eintausendvierzehn vorgedrungen.

Schneller als erwartet kam der Januar, und das neue Semester der University of Southern California stand vor der Tür. Ohne zu zögern, nahm ich ein weiteres Semester frei.

Ich forschte noch mehr über Buffett nach, wachte noch früher auf und lief noch schneller. So schwer es auch ist, das zuzugeben, aber ich habe es nicht mehr nur wegen Buffett getan. Ich habe es getan, um mir selbst zu beweisen, dass sie *alle* unrecht gehabt hatten – jedes Mädchen, das gesagt hatte, sie sehe in mir nur einen Freund, jeder beliebte Schüler, der mir das Gefühl gegeben hatte, unsichtbar zu sein, jede Studentenverbindung, die mich abgewiesen hatte.

Ich schickte Buffett einen dritten Brief.

Keine Antwort.

BÄM – ein Schlag gegen den Kiefer.

Einen vierten.

KAWUMM – ein Seitwärtshaken gegen das Auge.

Sugar Ray hatte mich davor gewarnt. »Sie müssen im Kampf bleiben. Es wird schwierig werden. Sie werden immer wieder ein Nein zu hören bekommen. Aber Sie müssen weitermachen.«

Ich rief jeden Mittwochmorgen Buffetts Assistentin an, um zu fragen, ob Buffett seine Meinung geändert habe. Die Antwort lautete immer Nein.

Ich schickte einen fünften Brief.

KNACKS – meine Nase brach.

Einen sechsten.

PLOPP – ich spuckte einen Zahn aus.

Im Februar schrieb ich einen ausführlicheren Brief, in der Hoffnung, Buffett würde erkennen, wie sehr ich mir ein Interview mit ihm wünschte.

• • • • • • • • •

Von: Assistentin von Warren Buffett

An: Alex Banayan

Betreff: Ihr Brief an Warren Buffett

Alex,

Mr. Buffett hat Ihren Brief vom 5. Februar gelesen.
Es tut uns leid, aber er kann das Interview einfach nicht
machen. Die Anfragen haben seit unserer früheren Antwort
noch zugenommen, und sein Terminkalender ist mehr als voll.

• • • • • • • • •

BÄM, BÄM, BÄM. Ich krümmte mich und hustete Blut.

Zu diesem Zeitpunkt hatte ich das Gefühl, die einzige Person in meiner Ecke sei Dan. Seine Freundschaft hat meine Hoffnung im Alleingang am Leben erhalten.

»Warum kannst du Buffett nicht einfach selbst anrufen?«, fragte ich ihn.

»Alex, vertraust du mir?«

»Natürlich tue ich das.«

»Dann musst du darauf vertrauen, dass es besser ist, wenn ich dir das Fischen beibringe, anstatt dir den Fisch zu besorgen. Mr. Buffett anzurufen, wäre einfach. Es kommt darauf an, zu lernen, wie man selbst eine Zusage erreicht. Du musst nur in deinem nächsten Brief kreativer werden.«

Dan erzählte mir von einem seiner Freunde, der Bill Clinton treffen wollte. Nachdem Clintons Mitarbeiter Nein gesagt hatten, kaufte dieser Freund die Domain AskBillClinton.com, schrieb dem ehemaligen Präsidenten einen Brief, in dem er die Domain als Geschenk anbot, und Clintons Büro arrangierte einen Termin für ein Treffen. Dan schlug vor, dass ich mit Buffett das Gleiche tun solle. Also kaufte ich AskWarrenBuffett.com, und dann filmten Corwin und ich ein YouTube-Video, das wir auf die Homepage setzten. Ich schrieb einen Brief an Buffett, in dem ich ihm erklärte, dass er die Website als eine Möglichkeit nutzen könne, Menschen auf der ganzen Welt etwas beizubringen.

• • • • • • • • •

Von: Assistentin von Warren Buffett

An: Alex Banayan

Betreff: RE: Ihr Brief an Warren Buffett

Alex, entschuldigen Sie bitte die Verzögerung.
Beigefügt finden Sie eine handschriftliche Antwort
von Mr. Buffett.

• • • • • • • • • •

Ich wusste es. *Ich wusste es! Beharrlichkeit!* Buffett hatte mir seit dem ursprünglichen Brief keine handgeschriebene Antwort mehr geschickt. Ich wusste, dass Dans Rat funktionieren würde. Ich öffnete den Anhang:

• • • • • • • • •

Alex, meine Freunde & ich haben viele Jahre lang über diese Grundidee diskutiert, am Ende raten die meisten dazu – & ich stimme dem zu –, es nicht zu tun & beim geschriebenen Wort zu bleiben.

Warren E. Buffett

• • • • • • • • • • • • •

Ich wusste nicht, was ich tun sollte.

»Weißt du, was dir gefehlt hat?«, meinte Dan zu mir. »Du hast nicht genug Zeit dafür aufgewendet, die Türsteherin auf deine Seite zu ziehen. Du solltest Blumen an Mr. Buffetts Assistentin schicken.«

»Findest du nicht, dass das ein bisschen übertrieben ist?«, fragte ich.

»Ich kenne sie seit Jahren. Sie wird sich riesig freuen.«

Ich fühlte mich unwohl dabei, bestellte aber trotzdem die Blumen und fügte einen Zettel bei, in dem ich ihr dafür dankte, dass sie meine Anrufe entgegennahm und meine Briefe weiterleitete.

• • • • • • • • •

Von: Assistentin von Warren Buffett

An: Alex Banayan

Betreff: Danke für die Blumen

Alex,

vielen Dank für die schönen Blumen und Ihre netten Worte. Es tut mir leid, dass ich nicht in Kontakt geblieben bin, aber leider stecke ich bis über beide Ohren in Arbeit, um die jährlichen Meetings vorzubereiten … Aber die Blumen haben mir wirklich den Tag versüßt, und ich möchte, dass Sie wissen, wie sehr ich das zu schätzen weiß.

• • • • • • • • •

Ich rief Dan an.

»Siehst du? Wir sind auf dem richtigen Weg«, sagte er. »Weißt du, was du als Nächstes tun solltest? Du musst Mr. Buffetts Assistentin persönlich treffen. Sie hat geschrieben, sie habe viel zu tun, richtig? Also schreib ihr einen Brief und biete ihr an, in ihr Büro zu kommen und als ihr Laufbursche zu fungieren. Du könntest Briefe für sie eintüten, ihr Kaffee holen, was immer sie braucht. Wenn sie dich dann kennenlernt, bekommst du im Handumdrehen den Interviewtermin. Oh, und füg dem Brief einen einzelnen Schuh bei. Pack diesen Schuh in ein schönes Päckchen und schreib darauf: ›Ich versuche nur, einen Fuß in die Tür zu bekommen!‹«

»Du ... du machst Witze, oder?«

»Ganz und gar nicht. Und achte darauf, dass du ›Ich versuche nur, einen Fuß in die Tür zu bekommen!‹ in Großbuchstaben schreibst, damit sie den Witz versteht.«

»Ich ... Ich glaube wirklich, der Schuh ist ein bisschen übertrieben.«

»Nein, der Schuh ist das Beste daran. Vertrau mir.«

Ein unbehagliches Gefühl machte sich in mir breit, aber ich hatte nicht das Gefühl, widersprechen zu können. Dan war meine einzige Rettungsleine. Also ging ich in einen Laden der Heilsarmee, kaufte einen schwarzen Lederschuh, schrieb die Nachricht so, wie Dan es mir gesagt hatte, und schickte ihn ab.

• • • • • • • • •

Von: Assistentin von Warren Buffett

An: Alex Banayan

Betreff: (kein Betreff)

Hallo Alex,

es ist lieb von Ihnen, mir das anzubieten, aber für eine weitere Person gibt es hier keinen Bedarf und schon gar nicht den Platz. Und obwohl Mr. Buffett Ihre Beharrlichkeit bewundert, ist sein Terminplan ohnehin schon überbucht, und er wird sich einfach nicht mit Ihnen zusammensetzen können. Sie sind nicht der Erste (und werden auch nicht der Letzte sein), der es versucht, aber er geht nie darauf ein. Ich hoffe, Sie akzeptieren dieses Nein, da ich auf weitere Briefe von Ihnen wirklich nicht mehr reagieren kann. Sie können mir in den nächsten Monaten am besten helfen, indem Sie mich nicht weiter ablenken, sodass ich mich auf meine Arbeit konzentrieren kann. Ich hoffe, Sie haben dafür Verständnis.

· · · · · · · · ·

***

»Dan, bitte, du *musst* mir helfen. Kannst du Buffett *bitte* anrufen?«

»Das könnte ich«, sagte Dan, »aber dann wäre ich kein guter Mentor für dich, Alex. Dies ist erst dein neuntes Nein. Du bist noch nicht am Ende angelangt.«

Ich versuchte, mir weitere Optionen auszudenken, und da traf es mich wie ein Blitz: Elliott war damals zu Beginn seiner Karriere in ein Flugzeug gesprungen und in die Hamptons gereist, im Vertrauen darauf, dass der Zufall ihm bescheren würde, was er brauchte. Was, wenn ich nun nach Omaha fliegen und das Gleiche tun würde? Was, wenn ich Buffett in einem Lebensmittelgeschäft oder in seinem Lieblingsrestaurant über den Weg laufen würde?

Dan fand die Idee großartig. Ich begann mit der Suche nach einem Flugticket und dachte darüber nach, wie stolz Elliott auf mich sein würde. Das war genau das, was er mir beigebracht hatte. Ich rief ihn an, doch nachdem ich ihm meinen Plan erzählt hatte, herrschte Schweigen.

»Du vermasselst es«, sagte Elliott schließlich.

»Wovon sprichst du? Ich arbeite rund um die Uhr daran, Buffett zu bekommen. Noch härter kann ich gar nicht daran arbeiten.«

»Das ist mein Punkt. Du musst begreifen, dass das Geschäft keine Zielübung ist. Es geht nicht darum, zwanghaft zu versuchen, ins Schwarze zu treffen. Stattdessen geht es darum, so viele Bälle wie möglich in die Luft zu werfen und zu sehen, welcher ins Ziel geht. Wann hast du das letzte Mal etwas dafür getan, Bill Gates zu bekommen?«

»Nun, das ist schon ein paar Monate her.«

»Wann hast du das letzte Mal daran gearbeitet, Lady Gaga zu bekommen?«

»Vor ein paar Monaten.«

»Wann hast du das letzte Mal daran gearbeitet, Buffett zu bekommen?«

»Jeden einzelnen Tag!«

»Das ist mein Punkt! Du musst damit beginnen, dir bessere Chancen zu erarbeiten und mehr Bälle in die Luft zu bringen. *Geschäft ist keine Zielübung.*«

Elliott legte auf.

Ich verstand, was er mir sagen wollte, aber es erschien mir nicht richtig. Dan hatte mir die Unterlassungsliste nahegebracht. »Erfolg ist eine Folge der Priorisierung der eigenen Wünsche.« In jedem Businessbuch, das ich gelesen hatte, hieß es, man solle beharrlich sein, und Dan, der Buffett persönlich kannte, sagte, ich solle es versuchen.

Nur, weil Elliott mein Mentor war, musste er nicht immer recht haben.

Ich buchte mein Ticket.

Zwei Tage später, am Flughafen in Omaha

Der Terminal war menschenleer. Es war nach Mitternacht, und meine Reisetasche lastete schwer auf meiner Schulter. Darin befanden sich mein Kindle sowie zehn Hardcover-Bücher über Buffett. Wenn das Mitbringen der Bücher die Wahrscheinlichkeit, einen Interviewtermin zu bekommen, auch nur um ein Prozent erhöhen sollte, war es das wert.

Ich stapfte durch den leeren Gang, die Stille wurde nur durch das Echo meiner Schritte durchbrochen. Vor mir hing ein Plakat, das für die Universität von Nebraska warb. Es zeigte eine riesige Version von Buffetts Jahrbuchfoto für Studienabsolventen mit der Bildunterschrift »1951« darunter. Damals war er einundzwanzig gewesen. Ich sah mir das Bild an, und es sah aus wie jedes andere Jahrbuchfoto. Er war auch nur ein Mensch. Warum hatte ich mir in den letzten sechs Monaten ein Bein ausgerissen und mir bei jedem Schritt, den ich unternommen hatte, Schläge abgeholt, nur um einem menschlichen Wesen ein paar Fragen zu stellen?

Als ich den Flughafen verließ, wehte mir ein Windstoß durch den Mantel. Schnee fiel vom Himmel. Als ich zum Taxistand lief, schoss mir bei jedem Atemzug ein eisiger Schmerz durch die Lungen. Ein Taxi fuhr an den Bordstein. Die vordere Stoßstange fehlte. Der Innenraum roch nach drei Monate alten Big Macs.

»Ist es hier immer so kalt?«, fragte ich den Fahrer, als ich einstieg.

»Zum ersten Mal in Omaha, hm?«

»Woher wissen Sie das?«

Er lachte. »Sie sind ein *dämlicher* Bursche.«

Er griff nach einer Zeitung, die auf dem Beifahrersitz gelegen hatte, warf sie zu mir nach hinten, und sie traf mich ins Gesicht. Die Schlagzeile lautete, heute Abend werde Omaha von einem der schlimmsten Schneestürme seit dreißig Jahren getroffen.

Wir fuhren über einen verlassenen Highway. Dann begann das Auto zu wackeln. Es klang, als würden uns halbautomatische Waffen von oben beschießen. Der Schnee hatte sich in Hagel verwandelt, und zwanzig laute Minuten später fuhren wir in die Einfahrt eines »Motels 6«. Die Lichter in der Lobby flackerten.

Nach dem Einchecken begab ich mich zum Aufzug, vor dem zwei Frauen an einer Wand lehnten. Ihre Kleider bedeckten kaum ihre Körper. Beide hatten acht Zentimeter lange Fingernägel, und ihre Haare waren so lang, dass sie bis zu ihren entblößten Taillen reichten. Sie starrten mich an und hoben die Augenbrauen. Mein Körper verkrampfte, und ich drückte schnell den Fahrstuhlknopf.

Die Aufzugtür öffnete sich und mir fiel ein Geruch auf, der so stark, so abscheulich war, dass er nur von jemandem stammen konnte, der seit Wochen nicht gebadet hatte. Im Aufzug befand sich ein Mann mit einem blassen Gesicht und blutunterlaufenen Augen. Er taumelte nach vorn, mit einer Hand kratzte er sich am Hals, die andere streckte er zu mir aus.

Ich eilte auf mein Zimmer und verriegelte die Tür. Im Zimmer schien es genauso kalt zu sein wie draußen. Die Heizung war kaputt. Als ich an der Rezeption anrief, um zu fragen, welche Restaurants und Lebensmittelgeschäfte geöffnet hätten, wurde mir mitgeteilt, dass wegen des Sturms alles geschlossen sei. Ich ging zum Verkaufsautomaten am Ende des Flurs: Er war ebenfalls kaputt. Ich gab auf, goss mir eine Tasse Leitungswasser aus dem Waschbecken im Badezimmer ein und aß eine Tüte Erdnüsse, die ich im Flugzeug bekommen hatte, zum Abendessen.

Als ich die Buffett-Bücher aus meiner Tasche auspackte, dämmerte es mir ... *Wie soll ich während des größten Sturms seit Jahrzehnten mit Buffett zusammentreffen?* Was machte ich hier überhaupt? Ich hatte geglaubt, nach Omaha zu fliegen, würde mir neue Energie geben, aber als ich mich in dem leeren Zimmer umsah, hatte ich das Gefühl, dass jede Absage, die Buffett mir geschickt hatte, an die Wände genagelt wäre. In diesem Moment fühlte ich mich einsamer als jemals zuvor in meinem Leben.

Ich nahm mein Handy heraus und scrollte durch Facebook. Ein Foto zeigte meine Freunde Kevin und Andre, die an diesem Abend gemeinsam auf einer Party waren und lachten; ein Foto zeigte meine Schwestern Talia und Briana, die lächelnd in meinem Lieblingsrestaurant zu Abend aßen; und es gab ein ganzes Album mit mehr als hundert Bildern, hochgeladen von dem Mädchen, in das ich seit dem ersten Tag am College verliebt war. Ich blätterte die Fotos durch. Sie studierte zurzeit in Australien. Sie lächelnd am Strand unter der warmen Sonne zu sehen, erinnerte mich daran, wie kalt mir war und wie elend ich mich fühlte.

Das Schlimmste war, dass ich mir das selbst angetan hatte. Ich hatte mich dafür entschieden. Ich hätte am College bleiben können. Ich hätte im Ausland studieren und das Leben genießen können. Und für dies hier hatte ich das alles aufgegeben?

Ich schleuderte mein Handy auf die Kissen und fiel aufs Bett. Die Laken waren eisig kalt. Ich rollte mich runter vom Bett und legte mich auf den Teppich, in Embryonalhaltung, mit den Knien an meiner Brust. Ich wiegte mich auf dem Boden hin und her, zitterte und dachte über jede Absage der letzten sechs Monate nach.

Während meine Gedanken umherwirbelten, sah ich einer Kakerlake dabei zu, wie sie über den Teppich krabbelte, bis sie nur noch Zentimeter von meiner Nase entfernt war. Sie wurde unscharf, als sie sich auf einen Riss in der Wand zubewegte, und ich fühlte eine Träne über meine Wange rinnen.

Sugar Ray hatte mir von der versteckten Reserve erzählt, aber ich war kein Sugar Ray. Ich hatte keine versteckte Reserve.

Ich war raus.

KAPITEL 21
FRÖSCHE KÜSSEN

Tage später verließ ich Omaha mit leeren Händen. In der darauffolgenden Woche setzte ich keinen Fuß in die Abstellkammer. Ich fasste kein einziges Buch an. Ich verschickte keine einzige E-Mail. Ich saß nur herum und tat gar nichts.

Ich hatte es mir gerade auf der Couch gemütlich gemacht und zappte durch die Fernsehkanäle, als ich einen Anruf von Stefan Weitz erhielt, dem Insider, der mich mit Qi Lu in Kontakt gebracht hatte.

»Du wirst es mir nicht glauben«, sagte Stefan, »aber ich habe dir gerade ein Interview mit *Dean Kamen* besorgt.«

»Dean ... wer?«

Ich zappte weiter durch die Kanäle.

»Dean Kamen ist mein Held«, sagte Stefan. »Tu mir einen Gefallen. Such dir ein paar Informationen zu ihm und ruf mich zurück, wenn du damit fertig bist.«

Erst ein paar Tage später googelte ich schließlich nach »Dean Kamen«. Ein Bild von ihm auf einem Segway erschien. In der Bildunterschrift stand, er habe es erfunden. Dann las ich, dass er auch einen Wasserreiniger, eine Medikamenteninfusionspumpe, eine Insulinpumpe, ein mobiles Dialysegerät sowie den elektrischen Rollstuhl iBot erfunden hatte. Ich sah mir einen TED-Vortrag an, der bereits mehr als eine Million Mal aufgerufen worden war, in dem Dean Kamen den von ihm erfundenen bionischen Arm vorstellte. Er war mit der National Medal of Technology ausgezeichnet und in die National Inventors Hall of Fame aufgenommen worden, und auf seinen Namen liefen mehr als 400 Patente.

Dann stieß ich auf zwei Worte, die mich dazu brachten, mich auf meinem Stuhl aufzurichten: »Frösche küssen.« Diesen Begriff prägte Kamen, um seine Ingenieure zu motivieren. Er ist dem Märchen *Der Froschkönig* entliehen. Denken Sie an einen Teich voller Frösche. Jeder Frosch steht für eine andere Art, Ihr Problem zu lösen. Kamen erzählt seinen Ingenieuren, dass, wenn sie weiterhin Frösche küssen, aus einem Frosch schließlich ein Prinz werde. Selbst, wenn man schon Dutzende von Fröschen geküsst habe – und als Folge davon einen fiesen Geschmack im Mund habe –, solle man laut Kamen weiterhin Frösche küssen und schließlich werde man den Prinzen finden.

Was aber, wenn man alle Frösche geküsst und noch immer keinen Prinzen gefunden hat?

Dann dachte ich*: Wenn es irgendjemanden gibt, der mir sagen kann, ob ich weiterhin versuchen soll, zu Buffett durchzudringen, oder ob ich damit aufhören soll, dann ist es vielleicht Dean Kamen.*

Zwei Wochen später, in Manchester, New Hampshire

An den Wänden des Büros hingen große Gemälde von Albert Einstein. Hohe Eichenregale waren mit dicken Büchern gefüllt. Ich setzte mich auf einen Stuhl, Kamen saß mir gegenüber und nippte an einer dunklen Tasse Tee. Er trug ein Jeanshemd, das er in seine blaue Jeans gesteckt hatte. Obwohl es erst 15 Uhr war, sah sein Gesicht aus, als hätte er die letzten zwanzig Stunden gearbeitet.

»Also«, sagte Kamen, »was ist das Thema dieses Treffens?«

Ein Teil von mir wollte ihm genau erzählen, wie die Sache mit Buffett gelaufen war, und ihn um Rat bitten, aber ich hielt mich davon ab. Dies war nicht meine persönliche Therapiesitzung. Stattdessen erzählte ich Kamen, warum ich mit der Mission begonnen hatte, und als ich fertig war, ließ er ein trauriges Lachen hören.

»Zu mir sind schon viele junge Leute gekommen, die davon ausgingen, ich könnte ihnen irgendwie zu der Erkenntnis verhelfen, wie sie Erfolg haben könnten«, sagte Kamen. In Gedanken versunken sah er nach oben. »Sagen wir, es besteht eine Chance von eins zu hundert, dass Sie etwas richtig machen. Wenn man bereit ist, es häufiger als hundertmal zu tun, schlägt die Wahrscheinlichkeit immer mehr zu den eigenen Gunsten aus, dass man es schließlich richtig macht. Nennen Sie es Glück. Nennen Sie es Beharrlichkeit. Sie werden es schließlich erreichen, wenn Sie alle Ihre Bemühungen ausschöpfen.«

»Aber ich bin sicher, es gibt einen Punkt«, sagte ich, »und das ist die Phase, die ich gerade durchmache, an dem man manchmal nach Hause geht und das Gefühl hat, *alle* Frösche geküsst zu haben. Man hat mit dem *gesamten* Teich geknutscht, aber es ist noch immer kein Prinz in Sicht.«

Kamen beugte sich vor.

»Lassen Sie es mich noch schlimmer machen«, sagte er. »Man geht nach Hause, man hat jeden einzelnen Frosch geküsst und hat nichts als Warzen im Gesicht. Man liegt im Bett und denkt: ›Ich habe jeden Frosch geküsst. Ich habe noch immer keine Lösung. Und ich weiß nicht einmal, wo der nächste Frosch ist.‹ Aber dann«, fuhr er fort, »wälzt man sich im Bett herum und denkt: ›Du bist da hineingeraten, weil es ein wirklich großes Problem ist. Du wusstest, dass es schwer werden würde. Wenn du nach all dieser Zeit und Anstrengung aufgibst, dann nur, weil du schwach bist. Du hast deine Vision verloren. Du hast deinen Mut verloren. Früher oder später wird es eine Antwort geben. Der einzige Grund, warum du jetzt aufgibst, ist, dass du ein Feigling bist.‹ Aber dann«, so Kamen weiter, »wälzt man sich noch ein bisschen im Bett herum und denkt: ›Na los. Versuch es weiter. Weißt du, warum du es tun wirst? Du bist dumm und lernst nicht aus deinen Fehlern, Du hast ein großes Ego, du bist nicht willens, dich zu ändern, du bist widerspenstig, du verschwendest deine Zeit, deine Ressourcen, deine Energie und dein Leben. Jeder mit auch nur einem halben Gehirn würde erkennen, dass es an der Zeit ist, weiterzuziehen.‹«

»*Wie* treffen Sie diese Entscheidung?«, fragte ich. »Wie entscheiden Sie, wann Sie weiterkämpfen oder wann Sie Ihre Verluste begrenzen?«

»Ich gebe Ihnen meine furchtbarste, schlechteste Antwort ...«, erwiderte er.

Ich rutschte auf dem Stuhl nach vorn.

Kamen blickte auf, holte tief Luft und sah mir dann in die Augen.

»... Ich weiß es nicht.«

Ich bin Tausende von Kilometern gereist, um mit einem der klügsten Menschen der Welt zu sprechen, und seine Antwort lautet »Ich weiß es nicht«?

»Das ist die Frage, die mich nachts wachhält«, sagte Kamen leise. »Das ist die Frage, die mich am meisten beschäftigt. Denn wenn man weitermacht und die Antwort nicht bekommt, dann noch mehr weitermacht und *noch immer* keine Antwort bekommt, und schließlich ganz aufhört ...«

»An *welchem Punkt* hört man am besten auf?«, fragte ich.

»Wann immer man sich dazu entscheidet. Diese Frage kann man per definitionem nicht beantworten.«

Kamen spürte meine Frustration.

»Hören Sie«, sagte er, »ich bin nicht hier, um Ihnen den Weg zu weisen. Ich bin hier, um Ihnen zu sagen: Das ist es, was Sie zu erwarten haben. Wenn ich Ihnen die Karte aushändigen würde, die

Sie auf direktem Weg an den Nordpol bringt, wäre es recht einfach, den Nordpol zu erreichen. Wenn Sie nicht daran glauben, mit einer solch großen Unsicherheit und mit wiederkehrenden Misserfolgen umgehen zu können, dann warten Sie besser darauf, dass Ihnen jemand die Karte liefert. Sie selbst können dann zu den Menschen gehören, die gute Arbeit leisten. Aber wenn Sie zu den Innovatoren gehören möchten, dann müssen Sie sich darauf einstellen, auch mal zu versagen, sich Erfrierungen zuzuziehen und Leute zu verlieren. Wenn Sie zu diesen Dingen nicht bereit sind, ist das völlig in Ordnung, dann tun Sie es nicht. Auf dieser Welt ist viel Raum für andere Menschen. Aber wenn Sie es tun wollen – wenn Sie losziehen und wirklich große Dinge vollbringen möchten –, dann seien Sie darauf vorbereitet, dass diese Dinge viel länger dauern, als Sie dachten, viel mehr kosten, als Sie erwartet haben, und voll von Fehlschlägen sind, die schmerzhaft, peinlich und frustrierend sind. Wenn es Sie nicht umbringt, dann waten Sie weiter durch den Schlamm.«

»Sagen wir mal, ich würde durch diesen Schlamm vorangehen«, sagte ich. »Könnten Sie mir wenigstens ein paar Tipps oder eine Checkliste geben, wie ich die richtigen Frösche zum Küssen finde?«

»Okay«, sagte Kamen. »Hier ist ein wichtiger Punkt: Es ist besser, zu beweisen, dass es nicht geht, als die unendliche Anzahl von Möglichkeiten zum Scheitern auszuschöpfen.«

Er erklärte, dass er, wenn er viele Frösche geküsst habe, aber keine Fortschritte gemacht habe, zurücktrete und frage, ob das, was er tue, tatsächlich unmöglich sei. Widerspricht es den Gesetzen der Thermodynamik, der Newton'schen Physik oder einem anderen fundamentalen Prinzip?

»Es ist gut zu wissen, wann man seine Zeit verschwendet«, sagte Kamen. »Wenn man sich selbst davon überzeugen kann, dass ein Problem nicht gelöst werden kann, kann man aufgeben, ohne sich wie ein Feigling zu fühlen.«

Buffett wird ständig von Reportern interviewt. Natürlich ist das möglich.

»Wenn Sie weiterhin Frösche küssen«, fuhr er fort, »und Sie weiterhin nur ähnliche Ergebnisse erzielen, muss es einen Punkt geben, an dem Sie sich sagen: ›Ich werde mich nicht auf einen glücklichen Zufall verlassen. Ich werde nicht weiterhin Lotterielose kaufen.‹ Obwohl ich immer sage: ›Hartnäckigkeit ist gut.‹ und ›Sei kein Feigling.‹ – Mit der Holzhammermethode vorzugehen, ist einfach nur dumm. Sicher, es mag Milliarden von Fröschen geben, aber manchmal stelle ich fest, dass es nur zehn verschiedene *Arten* von Fröschen gibt. Das ist also ein guter zweiter Tipp: Sie sollten einen von diesen und einen von jenen küssen – aber versuchen Sie nicht, *jeden* möglichen Frosch zu küssen. Finden Sie zuerst heraus, wie viele *Arten* von Fröschen es gibt, und dann schauen Sie, ob Sie einen von jeder Art küssen können.«

Kamen wurde still und legte die Fingerspitzen aneinander.

»Die Grenzen neu festzulegen«, sagte er dann, »verschafft einem manchmal die nötige Erkenntnis, eine innovative Lösung erschaffen zu können.«

Er erzählte mir eine Geschichte über den Mangel an naturwissenschaftlicher und technischer Ausbildung an amerikanischen öffentlichen Schulen. Die meisten Leute waren der Ansicht, es handele sich um eine Bildungskrise, also versuchten sie, sie mit den althergebrachten Mitteln zu lösen, indem sie den Lehrplan aktualisierten und mehr Lehrkräfte einstellten – aber nichts schien zu funktionieren. Kamen fragte sich, was passieren würde, wenn sie die Frage anders stellen würden. Was wäre, wenn es sich nicht um eine Bildungskrise, sondern um eine Kulturkrise handeln würde? Sobald er das Problem neu formuliert hatte, tauchten neue Frösche auf. Kamen beschloss, einen Wettbewerb namens FIRST ins Leben zu rufen, der Wissenschaftler wie Prominente behandelt und das Ingenieurwesen an Gymnasien zu einem Sport macht.

FIRST ist heute ein landesweites Phänomen, das sich auf das Leben von Millionen von Schülern und Studenten ausgewirkt hat.

»Anstatt dasselbe alte Problem zu wiederholen und sich davon frustrieren zu lassen«, sagte Kamen, »formulieren Sie die Frage auf neuartige Weise um, sodass sie eine andere Art von Lösung zulässt.«

Eine andere Art von Lösung ...

Ich hatte mich darauf konzentriert, wie ich Buffett dazu bringen könnte, sich für ein Einzelinterview mit mir zusammenzusetzen. Aber was wäre, wenn ich das Problem neu formulieren würde? Was wäre, wenn mein Ziel einfach darin bestünde, dass Buffett einige meiner Fragen beantwortete – egal, wie oder wo er das tat?

Wenn man es so sieht, gibt es noch einen Frosch, den ich noch nicht geküsst habe ...

KAPITEL 22
DIE AKTIONÄRSVERSAMMLUNG

Drei Wochen später, in Omaha, Nebraska

Es war so kalt, dass es sich anfühlte, als würden mir gefrorene Nadeln in die Wangen stechen. Die Warteschlange der Menschen, die in die Arena gelangen wollten, zog sich die Straße entlang und um die Ecke herum. Wir standen seit drei Stunden in der Schlange, seit vier Uhr morgens. Wieder einmal hieß es: ich gegen Omaha. Aber dieses Mal hatte ich Verstärkung.

Ich hatte meine Jungs mitgebracht.

Da war Ryan: mein Zahlenmensch. Tatsächlich war mein Rechenkünstler im Moment allerdings nicht so sehr an Berechnungen interessiert. Er stand vornübergebeugt da und zitterte, ein um den Kopf gewickelter Schal ließ ihn wie eine Mumie aussehen. Ich versuchte, ihm Energie zu verleihen, indem ich ihn nach den Chancen fragte, dass Buffett meine Fragen beantworten würde. Er murmelte nur: »Mir ... ist ... zu ... kalt ..., um ... zu ... denken ...«

Dann war da Brandon, der sich ein Buch unter die Nase hielt und sein Handy als Taschenlampe benutzte. Er hatte sich seit fünfzehn Minuten nicht mehr bewegt. Ich konnte nicht sagen, ob er tief in das Buch versunken oder steif gefroren war.

Natürlich war Kevin das Gegenteil von steif gefroren. Er hüpfte herum und lächelte, während er Müsliriegel verteilte und versuchte, uns bei Laune zu halten.

Andre hatte keine Zeit für Müsliriegel. Er benutzte einen Lippenpflegestift und flirtete mit einer Frau, die hinter uns in der Schlange stand. Die Sonne war noch nicht einmal aufgegangen, und er versuchte bereits, eine Telefonnummer zu bekommen.

Und Corwin ... nun, Corwin war so müde, dass es ihm egal war, wie kalt es war. Er legte sich auf den Bürgersteig und benutzte eine Flanelljacke als Decke. Er sah aus, als wäre er nie aus dem Bett gestiegen.

Okay, vielleicht waren wir weniger Navy SEALs und mehr *Dumm und Dümmer*, aber trotzdem waren das meine Jungs.

Ein Mann vor uns drehte sich um.

»Wie lange sind Sie alle schon Aktionäre?«

Keiner von uns war Aktionär, daher wusste ich nicht, was ich sagen sollte. Glücklicherweise sprang Corwin mir bei, indem er sich vom Bürgersteig erhob und seine durchhängende Hose hochzog. »Eigentlich, Sir«, sagte er und zeigte mit dem Finger in die Luft, »wurden wir von Mr. Buffetts Büro *persönlich* eingeladen.«

Ich musste ein Lächeln unterdrücken. Corwin hatte zwar recht, er ließ jedoch 99 Prozent der Geschichte aus.

Monate zuvor hatte mir Buffetts Assistentin Karten für die Jahreshauptversammlung der Aktionäre von Berkshire Hathaway angeboten. Wahrscheinlich hatte sie nach all den Absagen Mitleid mit mir. Wie dem auch sei, es war äußerst nett von ihr, das anzubieten. Eine Eintrittskarte für die Jahreshauptversammlung ist wie eine Eintrittskarte für den Buffett Super Bowl. Nur Aktionäre oder Journalisten haben dazu Zutritt. Damals hatte ich keinen Vorteil darin gesehen, in der Menge herumzusitzen, aber nachdem ich mit Dean Kamen gesprochen hatte, rief ich Buffetts Assistentin zurück und fragte, ob das Angebot noch gelte.

»Sicher, Alex. Ich schicke Ihnen gern eine Karte zu.«

»Vielen Dank! Und glauben Sie, ich könnte noch ein paar mehr bekommen?«

»Natürlich. Wie viele hätten Sie gern?«

»Äh ... sechs?«

»Ich ... ich nehme an, das ist in Ordnung.«

»Ich danke Ihnen vielmals. Und nur, um sicherzugehen – während der Fragerunde der Veranstaltung dürfen die Zuhörer Mr. Buffett Fragen stellen, nicht wahr?«

»Alex ... Alex ... Ich weiß, woran Sie jetzt denken. Ja, die Leute im Publikum können Warren Fragen stellen, aber Sie sollten wissen, dass nur dreißig bis vierzig Leute diese Chance bekommen – und es werden *dreißigtausend* Leute da sein. Es ist ein Lotteriespiel. Und es ist völlig willkürlich. So sehr ich Ihren Optimismus auch liebe, möchte ich Ihnen dahingehend keine Hoffnungen machen.«

Nun, ich war der König der Hoffnungen.

Am Anfang der Warteschlange brach Jubel aus, als sich die Arenatüren öffneten. Tausende von Menschen begannen, zu sprinten und zu schieben. Arme ruderten wild um sich, Ledernotizbücher wurden in der Luft herumgeschwungen, die Leute riefen: »Verzeihung! Verzeihung!« Es war wie ein Stierrennen – geschäftlich, aber ungezwungen.

Meine Freunde und ich schlängelten uns durch die Menge. Andre sprang eine Treppe hinunter, Corwin rutschte auf dem Geländer hinab, Kevin kletterte über Stühle, und so schafften wir es nach vorn und schnappten uns sechs Plätze in der Nähe der Bühne.

Die Arena war riesig. Ich sah nach hinten und betrachtete die Sitze ganz oben, die sich mindestens sechs Stockwerke über mir befanden. Ich musste unentwegt daran denken, dass diese Abertausenden von leeren Plätzen bald von Menschen besetzt sein würden, die ebenfalls darauf brannten, Warren Buffett eine Frage zu stellen. Direkt vor mir befand sich eine riesige schwarze Bühne, mit hoch aufragenden dunklen Vorhängen und drei riesigen Leinwänden darüber. In der Mitte der Bühne stand ein Tisch mit nur zwei Stühlen, die von Buffett und seinem stellvertretenden Vorsitzenden, Charlie Munger, eingenommen werden würden.

Ich war zwar mit großen Hoffnungen hergekommen, aber ohne Plan. Ich dachte, meine Freunde und ich könnten uns einfach etwas überlegen, wenn die Zeit dazu reif wäre. Wenn ich bei *The Price is Right* eine Sache gelernt hatte, dann, dass es immer eine Möglichkeit gibt.

Und nun war keine Zeit mehr zu verlieren.

Ich entdeckte ein Schild mit der Aufschrift »Station 1«. Davor stand eine Schlange von Leuten.

»Ryan«, rief ich, »komm mit!«

An Station 1 verteilte eine Mitarbeiterin Streifen goldfarbenen Papiers, die die Teilnehmer in einen Eimer fallen ließen. Links neben dem Eimer befand sich ein schwarzer Mikrofonständer. Ryan und ich rannten zum Ende der Schlange. Als wir vorn ankamen, bot uns die Mitarbeiterin zwei Lotterielose an.

»Dürfte ich Ihnen stattdessen eine Frage stellen?« Ich erklärte ihr, wir seien zum ersten Mal bei dieser Veranstaltung, und fragte, wie die Lotterie funktioniere.

Sie antwortete, ich müsse meinen Ausweis vorzeigen, um ein Ticket zu bekommen, und dann ließe ich das Ticket in den Eimer fallen. »Kurz bevor die Sitzung beginnt, ziehen wir die Namen«, erklärte sie. »Es ist ein reines Zahlenspiel. Ich hoffe, Sie haben Glück, denn die Chancen stehen eins zu tausend.«

Ryan und ich traten zur Seite und suchten nach Station 2. Noch weiter entfernt befand sich Station 3. Ich sah winzige Pünktchen auf der dritten Ebene, von denen ich annahm, es seien die Stationen 8, 9, 10, 11 und 12.

»Komm schon«, sagte ich und zog Ryan hinter mir her.

Wir liefen zu Station 2 und baten die Mitarbeiterin dort um weitere Informationen, in der Hoffnung, Hinweise zusammenstellen zu können, die uns einen Vorsprung verschaffen würden. Wir erhielten die gleiche Antwort.

Station 3.

Station 4.

Station 5.

Ich sprach mit so vielen Mitarbeitern, wie ich konnte, und erzählte ihnen die Geschichte meiner über sechs Monate geschriebenen Briefe an Buffett und aus welchem Grund meine Freunde und ich hier seien. Alle Mitarbeiter wiederholten das Gleiche – und dann zog mich eine Mitarbeiterin beiseite.

»Das haben Sie nicht von mir gehört«, sagte sie, »aber bei der letztjährigen Veranstaltung ist mir aufgefallen, dass nicht alle Stationen gleich behandelt werden.«

»Wie meinen Sie das?«

Sie erklärte, dass die Tickets nicht allesamt in einem einzigen Eimer zusammengeführt würden. Sie würden einzeln aus den verschiedenen Stationen gezogen, wodurch etwa ein Dutzend *separate* Lotterien entstünden. Die der Bühne am nächsten gelegenen Stationen enthielten Tausende Tickets. Aber die Stationen im Bereich der ganz oben gelegenen Sitzplätze? Wahrscheinlich nur einige wenige.

»Das ergibt absolut Sinn«, sagte Ryan. »Die Leute, die sich vorn hinsetzen, sind wahrscheinlich diejenigen, die darauf brennen, Fragen zu stellen. Und die Leute, die im Schatten sitzen, wollen wahrscheinlich keine Aufmerksamkeit.«

Ryans Gesicht leuchtete auf, als ob alle Prozessoren in seinem Gehirn gleichzeitig auf vollen Touren laufen würden. Seine Pupillen verengten sich, als er seinen Blick über die Arena schweifen ließ. »Sieht aus, als säßen dort dreitausend Menschen; tausend sitzen dort; fünfhundert sitzen dort; hundert dort. Und wenn wir einfach ...« Er verstummte, in seinen Augen blinkten die Zahlen. Dann schrie er plötzlich: »Station 8!«

Wir sprinteten zurück in Richtung Bühne, riefen unseren Freunden zu, dass sie uns folgen sollten, und rannten in die oberste Etage. Wir schafften es bis zur Station 8, bekamen unsere Lotterielose und legten sie in den Eimer. Etwa zwanzig Minuten später begann die Mitarbeiterin damit, die Gewinner zu ziehen.

Meine Kehle zog sich zusammen. Meine Freunde sahen genauso nervös aus wie ich. Tief im Inneren wussten wir alle, dass dies meine letzte Hoffnung war, Warren Buffett zur Beantwortung meiner Fragen zu bewegen.

Die Mitarbeiterin gab die Gewinner bekannt. Obwohl uns gesagt worden war, unsere Chancen stünden eins zu tausend, hatten *vier* von uns sechs tatsächlich Gewinnlose bekommen.

***

Die Lichter der Arena wurden gedimmt. Meine Beine zuckten vor nervöser Energie, als ich die Menschen um mich herum analysierte. Viele trugen Anzüge und beugten sich über Notizblöcke und Laptops; daneben gab es viele, die sich mit Muffins und Kaffee in den Händen auf ihren Sitzen zurücklehnten, bereit, dem Buffett Super Bowl zuzusehen. Ich hatte in der Warteschlange Leute getroffen, die sagten, die Berkshire-Hathaway-Aktionärsversammlung sei so wichtig für sie, dass sie sie ein Jahr im Voraus in ihren Kalendern eintrugen. Einige nahmen schon seit Jahrzehnten jedes Jahr daran teil.

Das Publikum verstummte, als auf den riesigen Leinwänden über der Bühne ein animierter Clip mit Buffett und Munger als fiktive Preisrichter von *Dancing with the Stars* lief. Buffett verteilte immer wieder null Punkte an die Teilnehmer, während Munger sich langweilte und mit seinem Handy herumspielte. Als der Moderator der Show sie fragte, ob sie es besser machen könnten, schoss

Munger zurück: »*Wir dachten schon, Sie würden nie fragen!*« Die Cartoon-Milliardäre sprangen von ihren Sitzen auf und tanzten zu »Gangnam Style«, dem koreanischen Popsong, der im Sommer zuvor viral gegangen war, und die Arena brach in Gelächter aus. »OP, OP, OP ... OPPA GANGNAM STYLE«, dröhnte es aus den Lautsprechern, doch wegen des lauten Jubels war die Musik kaum zu hören.

Dann wurde ein Video von Buffett am Set von *Breaking Bad* abgespielt, aber anstatt einen Meth-Deal abzuschließen, duellierten sich Buffett und Walter White wegen Erdnusskrokant, einer von Buffetts Lieblingssüßigkeiten. Es folgte ein Clip von Buffett mit Jon Stewart und dann ein Sketch von Buffett mit Arnold Schwarzenegger. Schließlich wurde der Bildschirm schwarz, und ich glaubte, es sei Zeit fürs Geschäftliche. Aber nein, stattdessen fielen Discokugeln von der Decke, rote und blaue Lichter erhellten die Arena wie einen Nachtclub, und das Lied »Y.M.C.A.« schmetterte los, nur dass die Buchstaben durch »B.R.K.A.« ersetzt worden waren, das Börsensymbol für Berkshire Hathaway. Die Menge sang mit, als ob dies ihre absoluten Lieblingsbuchstaben wären. Dann kam eine Parade von Cheerleaderinnen den Gang hinunter.

Buffett und Munger betraten die Bühne von rechts, wobei sie tanzten und »B.R.K.A.!« sangen, was ein Gegröle auslöste, das die Arena wie ein Mini-Erdbeben erschütterte. In dem Gang zu meiner Linken, inmitten dieses Chaos, stand Corwin, der die Hüften kreisen ließ und sich den Cheerleaderinnen näherte. Eine davon reichte ihm einen Pompon, den er nun über seinem Kopf schüttelte, wozu er mit ihr zusammen »B.R.K.A.!« sang, als wäre dies die erste Nacht ihrer Flitterwochen.

Buffett setzte sich an den Tisch und beugte sich näher ans Mikrofon. »Puh! Ich bin ganz erschöpft!«

Er startete nun damit, die Finanzzahlen von Berkshire bekannt zu geben, und stellte seinen Vorstand vor, der in der ersten Reihe saß.

»In Ordnung«, dröhnte Buffett. »Wir gehen jetzt zu den Fragen über.«

Ich wusste, dass die Fragerunde fast die gesamte Veranstaltung in Anspruch nehmen würde. Auf dem Tisch von Buffett und Munger lagen ein paar kleine Stapel Papier, daneben standen zwei Gläser Wasser, zwei Dosen Cherry-Cola und eine Schachtel Erdnusskrokant von See's Candies. Links von der Bühne befand sich ein Tisch mit drei Finanzreportern von *Fortune*, CNBC und der *New York Times*. Auf der rechten Seite befand sich ein Tisch mit drei Finanzanalysten.

Die Fragerunde verlief wie folgt: Ein Reporter fragte nach der Performance von Berkshire im Vergleich zum S&P-Index, dann stellte ein Analyst den Wettbewerbsvorteil einer der Tochtergesellschaften von Berkshire infrage. Buffett gab unverfängliche Antworten, krönte sie mit einem Witz, aß etwas Erdnusskrokant und fragte dann »Charlie?«, um zu sehen, ob sein Partner etwas zu sagen hatte. Munger reagierte daraufhin gewöhnlich mit einem schnellen »Nichts hinzuzufügen«. Dann richtete sich der Scheinwerfer auf Station 1. Ein Lotteriegewinner aus dem Publikum fragte nach Buffetts größter Sorge bezüglich der Performance von Berkshire.

Der Zyklus wurde fortgesetzt. *Reporter, Analyst, Station 2. Reporterin, Analystin, Station 3.* Ryan schätzte, dass uns bis zu unserer ersten Frage noch etwa eine Stunde bliebe. Wir gingen in den Korridor, um uns vorzubereiten.

»Das sind meine Top-Interviewfragen an Buffett«, sagte ich und zog ein Blatt Papier aus meiner Tasche. »Andre, dein Ticket wurde zuerst gezogen, also stellst du die Überzeugungsfrage. Ich bin als Zweiter dran, Brandon als Dritter. Du stellst die Frage nach der Beschaffung von Geldmitteln. Corwin, du bist der Vierte und stellst die Frage nach der Wertanlage. Leute, passt auf, dass ihr ...«

»Yo«, platzte Corwin heraus. »Hat jemand einen zusätzlichen Gürtel dabei?«

Ich wusste, ich sollte besser nicht nachfragen, aber ich tat es trotzdem: »Warum sollte jemand einen *zusätzlichen* Gürtel haben?«

Er zuckte die Achseln.

»Warte mal«, sagte ich. »Du hast doch nicht etwa deinen Gürtel vergessen, oder?«

»Mach dir keine Sorgen, Mann. Ich krieg das schon hin.«

Ich versuchte, mir keine Gedanken darüber zu machen, wie lächerlich wir aussahen. In einem Meer aus khakifarbenen Hosen und über Glatzen gekämmten Haaren hatte Andre sein Hemd bis fast zum Bauchnabel aufgeknöpft, Brandon und Kevin trugen Kapuzenpullover, und Corwin sah aus, als hätte er sich in den letzten drei Wochen in einem Schneiderraum eingeschlossen. Ich trug mein Tony-Hsieh-Zappos-T-Shirt und – um das Glück mir noch etwas gewogener zu stimmen – die gleiche Unterwäsche, die ich bei *The Price is Right* angehabt hatte.

Die Frage, die ich für mich reserviert hatte, behandelte mein Lieblingsthema: die Unterlassungsliste. Einen Tag zuvor hatte ich Dan angerufen, um ihm zu sagen, dass ich Buffett danach fragen würde, sollte ich einen Gewinnschein bekommen. Dan hatte gesagt, das klinge großartig, aber dann hatte er mich aus irgendeinem Grund gebeten, seinen Namen nicht zu erwähnen.

Wir kehrten auf unsere Plätze zurück. Nachdem Buffett seine Antwort für Station 7 abgegeben hatte, überreichte ich Andre das Blatt Papier mit den Interviewfragen, und er marschierte auf das Mikrofon von Station 8 zu. Ein Reporter stellte eine Frage, dann ein Analyst, und dann richtete sich der Scheinwerfer auf Andre.

»Hallo, mein Name ist Andre, und ich komme aus Kalifornien«, sagte er. Seine Stimme dröhnte aus Hunderten von Lautsprechern und schallte durch die gesamte Arena. »Bei wichtigen Ereignissen, etwa bei Ihrem Investment in Sanborn oder als Sie das Unternehmen See's oder Berkshire-Aktien kauften, haben Sie die Leute davon überzeugt, Ihnen ihre Aktien zu verkaufen, obwohl diese das eigentlich nicht wollten. Mit welchen drei Schlüsseltaktiken ist es Ihnen gelungen, die Menschen in diesen konkreten Situationen zu beeinflussen?«

»Nun«, sagte Buffett, »ich glaube nicht ... äh, Sie haben hier Sanborn erwähnt ... und Sie haben, äh, See's erwähnt ...«

Als ich diese Frage ursprünglich aufgeschrieben hatte, hatte sie sich gut angehört. Aber jetzt, als ich Andre brüllen hörte, »obwohl diese das *eigentlich nicht wollten*«, klang es weniger wie eine Frage als vielmehr wie eine Anschuldigung.

»Die See's-Familie ...«, fuhr Buffett fort, »es gab einen Todesfall in der See's-Familie ...«

Ich hörte zu, wollte sehen, worauf Buffett damit hinauswollte, aber dann wurde mir klar, dass er nirgendwohin wollte. Er spuckte nur verschiedene Fakten über See's Candies aus und vermied es, Ratschläge zu erteilen, wie man Menschen überzeugen konnte, was ich jedoch eigentlich hätte hören wollen.

»Charlie erinnert sich wahrscheinlich besser daran als ich«, sagte Buffett, aber dann redete er noch ein bisschen weiter und ging anschließend zur nächsten Frage über.

Die Ereignisse rund um See's und Sanborn hatten sich vor fast vierzig Jahren ereignet, sodass sie wahrscheinlich zu den letzten Dingen gehörten, die Buffett zu hören erwartet hatte. Mir wurde schmerzlich klar, dass ich, indem ich die Frage mit so vielen Details ausgeschmückt und sie unwissentlich wie eine Anschuldigung formuliert hatte, auch dafür gesorgt hatte, dass sie nach hinten losging.

Glücklicherweise hatten wir noch drei weitere Fragen.

Der Zyklus setzte sich fort, und schließlich war ich an der Reihe. Die Mitarbeiterin prüfte mein Ticket und winkte mich dann zum Mikrofon.

Ich spähte im Dunkeln über die Galeriebrüstung auf den Mann hinunter, dessen Bild in den letzten sechs Monaten über meinem

Schreibtisch geklebt hatte. Nach allem, was nötig gewesen war, um zu diesem Punkt zu gelangen – Tausende von Buchseiten zu lesen, Hunderte von Artikeln durchzugehen, sich Dutzende von Stunden am Telefon mit Dan den Kopf zu zerbrechen –, hatte ich das Gefühl, diesen Moment verdient zu haben.

»Okay«, sagte Buffett. Seine Stimme kam aus allen Richtungen. »Station 8.«

Der Scheinwerfer blitzte auf. Es war so hell, dass ich das Papier in meinen Händen kaum sehen konnte.

»Hallo, mein Name ist Alex« – mein Echo hallte mit solcher Wucht, dass es mich fast aus dem Gleichgewicht brachte – »und ich komme aus Los Angeles. Mr. Buffett, ich habe gehört, dass eine Ihrer Methoden, Ihre Energie zielgerichtet einzusetzen, darin besteht, dass Sie die fünfundzwanzig Dinge, die Sie erreichen wollen, aufschreiben, die obersten fünf auswählen und dann die unteren zwanzig unterlassen. Ich bin wirklich neugierig, wie Sie darauf gekommen sind und welche anderen Methoden Sie haben, um Ihre Wünsche zu priorisieren.«

»Nun«, antwortete Buffett kichernd, »ich bin eigentlich eher neugierig, wie *Sie* darauf gekommen sind!«

Die Menge brach in ohrenbetäubendes Gelächter aus. Es ist schwer zu erklären, wie es sich anfühlt, wenn ein ganzes Stadion voller Menschen gleichzeitig über einen lacht.

»Das ist wirklich nicht der Fall«, sagte Buffett. »Es klingt nach einer sehr guten Arbeitsweise, aber es ist viel disziplinierter, als ich es in Wahrheit bin. Wenn man mir Süßigkeiten vor die Nase stellt«, er zeigte auf die Schachtel mit dem Krokant von See's, »dann esse ich es!«

Ich spürte, wie mein Gesicht unter dem Scheinwerferlicht rot wurde.

»Charlie und ich leben ein sehr einfaches Leben«, fügte Buffett hinzu. »Aber wir wissen, was uns Spaß macht, und wir haben jetzt die Möglichkeit, vieles davon auszuüben. Charlie entwirft beispielsweise gern Gebäude. Er ist nicht länger ein frustrierter Architekt. Er ist jetzt ein vollwertiger Architekt. Und, wissen Sie, wir lesen beide gern und viel. Aber ich habe nie eine Liste gemacht. Ich kann mich nicht erinnern, jemals in meinem Leben eine Liste gemacht zu haben. Aber vielleicht fange ich jetzt damit an!«, sagte Buffett und löste damit noch mehr Gelächter aus. »Sie haben mich auf eine Idee gebracht!«

Im Handumdrehen ging der Scheinwerfer aus.

Ich taumelte zu meinem Sitz zurück, unfähig, den Sinn des Geschehenen zu begreifen. Was ich jedoch begreifen konnte, war all das Flüstern und Gekicher, das ich hörte, als ich durch die Gänge ging. Ich hielt meinen Kopf gesenkt und versuchte, Augenkontakt zu vermeiden.

***

Nachdem ich meinen Platz wieder eingenommen hatte, beugte sich Kevin vor und brachte einen guten Punkt zur Sprache: Unsere ersten beiden Fragen hatten Buffett wahrscheinlich überrascht, und wenn wir eine gute Antwort aus ihm herausbekommen wollten, musste die nächste einfach und unkompliziert sein. Ich stimmte zu, und wir beide zogen Brandon zur Seite und sagten ihm, dass seine Frage völlig klar sein müsse, damit Buffett keine andere Wahl habe, als sie zu beantworten.

Kevin und ich gingen daraufhin mit Brandon in den Flur, damit er üben konnte, seine Stimme fest klingen zu lassen und jedes Wort deutlich auszusprechen. Wir kehrten auf unsere Plätze zurück, und schon bald darauf stand Brandon am Mikrofon.

»Hallo ..., ich ... bin ... Brandon ... aus ... Los ... Angeles.«

Er sprach den Satz so deutlich aus, dass es deutlicher nicht möglich gewesen wäre. Das Problem daran war, dass Brandon dermaßen deutlich und langsam sprach, dass es verdächtig klang.

»Wenn ich in meinen Zwanzigern bin ...«, fuhr Brandon fort, »und ich geschäftlich mit Partnern durchstarten möchte ... welchen Rat haben Sie dann ... wenn es darum geht, Leute dazu zu bringen ... Geld zu investieren ... *bevor* ich eine Erfolgsbilanz als Einzelinvestor habe?«

Es entstand eine Pause.

»Nun«, sagte Buffett schließlich, »dann haben Sie nicht mich verkauft!«

Die Menge brach erneut in Gelächter aus.

Ich fragte mich, ob Buffett mitbekommen hatte, was vor sich ging. Hier war noch jemand in seinen Zwanzigern, ebenfalls in Jeans, ebenfalls aus Los Angeles, ebenfalls an Station 8, und stellte noch eine weitere ungewöhnlich spezifische Frage, die nichts mit der jüngsten Performance von Berkshire zu tun hatte.

»Ich bin der Ansicht, man sollte sehr vorsichtig sein, wenn es darum geht, Geld bei anderen Leuten anzulegen«, sagte Buffett, »selbst wenn sie eine Erfolgsgeschichte haben, nebenbei bemerkt. Es gibt eine Menge Erfolgsgeschichten, die nicht viel aussagen. Aber insgesamt würde ich jedem jungen Menschen, der Geld verwalten und später Geld anlocken möchte, raten, so früh wie möglich damit zu beginnen, eine überprüfte Erfolgsbilanz zu entwickeln. Ich meine, es war bei Weitem nicht der einzige Grund, warum wir Todd und Ted [die Investitionen für Berkshire verwalten] eingestellt haben, aber wir haben uns auf jeden Fall ihre Erfolgsbilanz angesehen. Und die sah so aus, dass wir beide [Charlie und ich] sie sowohl glauben als auch verstehen konnten, denn wir sehen auch viele, von denen wir nicht glauben, dass sie viel bedeuten. Wenn Sie einen Münzwurf-Wettbewerb veranstalten«, fuhr Buffett fort, »und Sie bekommen 310 Millionen Orang-Utans, die alle Münzen werfen, und jeder davon wirft sie zehnmal, dann werden ungefähr 300 000 Orang-Utans zehnmal hintereinander erfolgreich [Köpfe] geworfen haben. Und diese Orang-Utans werden wahrscheinlich versuchen, eine Menge Geld einzusammeln, das sie bei künftigen Münzwurf-Wettbewerben unterstützt. Wenn wir also jemanden damit beauftragen«, fuhr er fort, »Geld zu verwalten, dann ist es unsere Aufgabe, herauszufinden, ob er Glück beim Münzwurf hatte oder ob er wirklich weiß, was er ...«

»Nun ...«

Eine Stimme unterbrach Buffett.

»... als du sein Problem hattest, hast du da nicht ungefähr hunderttausend Dollar von deiner dich liebenden Familie zusammengekratzt?«, fragte Charlie Munger.

»Ja«, sagte Buffett. »Nun, ich hoffe, sie haben mich auch noch geliebt, nachdem sie mir das Geld gegeben haben.« Buffett kicherte erneut. »Nun, ich ... es ...«, fuhr er stotternd fort, »es ging sehr langsam voran, und das war gut so. Wie Charlie schon gesagt hat, haben vermutlich einige Leute gedacht, ich würde ein Schneeballsystem betreiben. Andere mögen das nicht gedacht haben, aber es war zu ihrem Vorteil, dass Leute praktisch abgeschreckt wurden, weil sie Investitionen in Omaha verkauften. Um Geld anzuziehen, sollten Sie sich dieses Geld erst verdienen. Und Sie sollten im Laufe der Zeit eine Bilanz aufweisen, die das rechtfertigt. Sie sollten den Leuten erklären, warum diese Bilanz ein Produkt vernünftigen Denkens ist und nicht entstand, weil Sie einem Trend folgten oder Glück hatten. Charlie?«

»Hm, wenn man in diesem Spiel beginnt und fünfundzwanzig Jahre alt ist«, wiederholte Munger, »wie lockt man da Geld an?«

Ich werde nie erfahren, was Charlie Munger damals gedacht hat, aber vielleicht ist auch ihm aufgefallen, dass Buffett uns keine klaren Antworten gab. Ich hatte das Gefühl, dass Munger mich vor einer weiteren Runde der Demütigung bewahrte.

Er sagte, die beste Möglichkeit, Geld zu beschaffen, bevor man eine Erfolgsbilanz hat, sei es, es von Menschen zu bekommen, die bereits an einen glauben und die einem vertrauen, weil sie gesehen haben, dass man bereits andere Dinge bewerkstelligt hat. Diese Menschen können Familienangehörige sein, Freunde, Hochschulprofessoren, ehemalige Chefs oder auch die Eltern von Freunden.

»Das ist schwierig, wenn man jung ist«, fügte Munger hinzu, »und deshalb fangen die Leute so klein an.«

Munger und Buffett sprachen noch ein wenig über Hedgefonds und gingen dann zur nächsten Frage über. Brandon kehrte auf seinen Platz zurück. Obwohl er etwas Gelächter hatte ertragen müssen, hatten wir wenigstens eine Antwort bekommen.

Wir hatten noch einen letzten Versuch. Es lag an Corwin.

Nachdem Buffett eine Frage von Station 7 beantwortet hatte, ging Corwin zum Mikrofon. Der Journalist stellte eine Frage, dann der Analyst.

Der Scheinwerfer richtete sich auf Station 8.

Corwin beugte sich vor, hielt mit einer Hand das Blatt mit den Interviewfragen und zog mit der anderen seine herunterhängende Hose hoch.

Er begann, die Frage zu stellen, aber ich konnte ihn nicht hören.

Sein Mikrofon war abgeschaltet.

Buffetts Stimme dröhnte: »Wir machen eine etwa fünfminütige Pause. Ich danke Ihnen für Ihr Kommen! Und ich hoffe, Sie kommen nächstes Jahr wieder!«

Und einfach so beendete Buffett die Fragerunde.

Corwin stand einfach nur da, im Scheinwerferlicht, und hielt seine Hose hoch.

***

Meine Freunde und ich machten uns auf den Weg zum Ausgang, überwältigt von Verwirrung und einem Gefühl der Niederlage. Als wir uns durch die überfüllte Halle bewegten, starrten mich die Leute an. Ein Typ klopfte mir auf den Rücken und sagte: »Nette Frage, Kumpel. Ich habe einen guten Lacher gebraucht.«

Auch draußen auf dem Bürgersteig kicherten die Leute, wenn sie mich sahen. Kevin legte mir eine Hand auf die Schulter. »Lass es nicht an dich heran«, sagte er.

Wir gingen schweigend weiter.

Wenige Minuten später ergriff Kevin erneut das Wort und sprach mit sanfter Stimme: »Es ergibt keinen Sinn ... Wie konntest du mit deiner Frage so danebenliegen?«

»Ich lag nicht daneben«, schoss ich zurück. »Es war Buffett, der danebenlag.«

Ich erzählte Kevin von der Unterlassungsliste und wie ich Dan kennengelernt hatte; wie er versprochen hatte, mich zu Buffett zu bringen, von den Geschichten, die er über seine Arbeit für Buffett erzählt hatte, und von Dans Ideen, die Website-Domain zu erwerben und den Schuh zu schicken.

Kevin blinzelte.

»Wie konnte Buffett nur sagen, er wisse nichts von der Unterlassungsliste?«, fragte ich. Ich musste mich zusammenreißen, um nicht zu schreien. »Ich kann nicht glauben, dass Buffett so lügt.«

Kevin sah mich nur an und meinte: »Und was, wenn es nicht Buffett war, der gelogen hat?«

KAPITEL 23
MR. KINGGG!

Ich erfuhr bald, dass Kevin recht hatte. Kurz nach der Aktionärsversammlung rief Dans Freundin an und erzählte mir, dass auch sie ihm gegenüber misstrauisch geworden war. Sie hatte sich daraufhin mit Buffetts Assistentin in Verbindung gesetzt, die enthüllte, dass Dan nie direkt für Buffett gearbeitet hatte.

Ich konnte es nicht glauben.

Als ich Dan anrief, leugnete er es – und dann fragte er plötzlich, ob noch jemand in der Leitung sei und unserem Gespräch zuhöre. Ich verneinte. Als ich ihm weitere Fragen zu seiner Vergangenheit stellte, war das Gespräch mit Spannung aufgeladen. Er beantwortete meine Fragen, aber die Details passten nicht zueinander. Dan legte auf, und es war das letzte Mal, dass wir miteinander sprachen.

Noch nie zuvor hatte ich mich so verraten gefühlt. Ich war nicht einfach von einem Fremden belogen worden, sondern von jemandem, dem ich vertraut hatte, von jemandem, der mir etwas bedeutete. Deshalb schmerzte es so heftig.

Vielleicht hatte ich diese Lektion auf die harte Tour lernen müssen. Manche Menschen sind nicht das, wofür sie sich ausgeben. Ich hatte dermaßen verzweifelt versucht, zu Buffett zu gelangen, dass ich die zahlreichen Warnsignale bezüglich Dan ignoriert hatte. Die Lektion war klar: Verzweiflung blockiert die Intuition.

Aber auch ich war nicht ganz offen gewesen. Von dem Moment an, als ich Dan getroffen hatte, hatte ich eine Absicht verfolgt. Ich hatte mich nur mit ihm angefreundet, weil ich zu Warren Buffett kommen wollte. Als ich auf Dans Boot in San Francisco gewesen war, hatte ich ihn vor seiner Freundin in Verlegenheit gebracht. Auch wenn er die Wahrheit verdreht hatte, so hätte er die Lüge doch nicht weiter ausbauen müssen, wenn ich nicht weiter darauf herumgeritten wäre.

Mein strategisches Vorgehen und meine mangelnde Transparenz hatten ihn in eine Ecke gedrängt. Unehrlichkeit führt zu noch mehr Unehrlichkeit.

Meine Schwermut ließ sich durch nichts abschütteln, nachdem ich von Omaha nach Los Angeles zurückgekehrt war. Kurze Zeit später versuchte Corwin eines Nachmittags, meine Stimmung zu heben. Wir saßen auf einem Bordstein vor einem kleinen Supermarkt und aßen Sandwiches.

»Kumpel«, sagte Corwin mit vollem Mund, »ich weiß, dass du durcheinander bist, und das ist auch verständlich, aber irgendwann musst du loslassen und weitermachen.«

Ich seufzte und biss in mein Sandwich.

»Du musst dich wieder deiner Aufgabe zuwenden«, fuhr er fort. »Hast du keine anderen Interviews in Aussicht?«

»Ich habe gar nichts«, sagte ich. »Und selbst wenn ich etwas hätte, würde ich es wahrscheinlich vermasseln. Sieh dir nur an, was bei der Aktionärsversammlung passiert ist. Ich habe die Überzeugungsfrage, mit der ich Andre hochgeschickt habe, mit so vielen Details vollgepackt, dass es Buffett gegen uns aufbrachte. Ich kann nicht nur kein Interview bekommen, ich weiß nicht einmal, wie man ein Interview führt.«

»Du darfst nicht so hart zu dir selbst sein«, sagte Corwin. »Ein Interview zu führen, ist nicht einfach. Es ist mehr, als nur Fragen zu stellen. Es ist eine Kunst.«

Während wir weiter miteinander redeten, ereignete sich der unerklärlichste Zufall, während ich meine Mission verfolgte. Ein schwarzer Lincoln mit getönten Scheiben fuhr an den Bordstein und parkte vor uns. Die Tür schwang auf – und heraus kam Larry King.

Eine der größten Interview-Ikonen ging direkt vor meinen Augen in den Supermarkt – und er war ganz allein. Larry Kings Show auf CNN war fünfundzwanzig Jahre lang gelaufen. Im Laufe seines Lebens hatte er mehr als fünfzigtausend Menschen interviewt. *Warum habe ich nicht schon früher versucht, ihn aufzuspüren?* Ich wusste, dass er in der Nähe wohnte, und es war praktisch allgemein bekannt, wo er jeden Tag sein Frühstück einnahm.

Aber ich saß regungslos da und sah ihm zu, wie er durch die Schiebetüren hindurch den Laden betrat und außer Sicht geriet.

»Kumpel«, sagte Corwin, »geh und rede mit ihm.«

Ich fühlte mich, als hätte ich Sandsäcke auf meinen Schultern.

»Geh einfach hinterher«, drängte Corwin mich.

Ich war mir nicht sicher, ob ich es mit dem Schreckgespenst zu tun hatte oder ob ich einfach nur erschöpft war von sechs Monaten voller Ablehnung und Erniedrigung.

»Komm schon!«, sagte Corwin. Er stieß mich mit der Schulter an, um mich zum Aufstehen zu bewegen. »Er ist achtzig Jahre alt. Wie weit kann er schon gekommen sein?«

Ich erhob mich vom Bürgersteig und betrat den Laden durch die Schiebetüren. Ich sah mich in der Backwarenabteilung um. Kein Larry. Ich lief zur Obstabteilung: Türme mit bunten Früchten, Wände mit Gemüse. Kein Larry.

Da fiel mir ein, dass er in einer Ladezone geparkt hatte. *Er muss jeden Moment wieder losfahren.*

Ich rannte zum hinteren Teil des Ladens und raste an Gängen vorbei, wobei ich bei jedem einzelnen den Kopf wendete und einen Blick hineinwarf. Kein Larry, kein Larry, kein Larry. Ich bog scharf nach links ab, wich einem Turm von Thunfischkonserven aus und raste durch die Tiefkühlabteilung. Ich sprintete zurück zur Vorderseite des Ladens und suchte mit meinem Blick alle Kassen ab. Immer noch kein Larry.

Beinahe hätte ich gegen einen einsam herumstehenden Einkaufswagen getreten, konnte mich jedoch noch davon abhalten. Wieder einmal hatte ich es vermasselt. Als Larry King direkt vor mir gestanden hatte, hatte ich nichts getan.

Als ich mit hängendem Kopf den Parkplatz überquerte, hob ich schließlich meinen Blick und direkt vor mir, zehn Meter entfernt, stand Larry King, mit Hosenträgern und allem Drum und Dran.

In diesem Moment entlud sich all die aufgestaute Wut und Energie in mir in einem lauten Schrei: »*MRRRRRR. KINGGGGGGGGGG!!!!!!*«

Larrys Schultern schossen hoch. Er drehte langsam seinen Kopf zu mir um, seine Augenbrauen wölbten sich zum Haaransatz und sein Mund klaffte auf. Ich sprang auf ihn zu und sagte: »Mr. King, mein Name ist Alex, ich bin zwanzig Jahre alt, ich wollte schon immer einmal Hallo sagen ...«

Er hob eine Hand. »Okay ... *Hallo.*« Dann lief er im Eiltempo davon.

Ich folgte ihm schweigend, bis wir endlich auf dem Bürgersteig vor seinem Auto standen. Er schloss den Kofferraum auf, stopfte seine Einkäufe hinein, öffnete die Fahrertür und wollte einsteigen, also schrie ich wieder: »Warten Sie! Mr. King!«

Er sah mich an.

»Dürfte ich ... dürfte ich mit Ihnen frühstücken gehen?«

Er sah sich um. Ein Dutzend Menschen standen auf dem Bürgersteig und sahen zu, wie sich die Szene entfaltete.

Larry holte tief Luft und sagte dann in seinem typischen Brooklyn-Akzent: »*Okay, okay, okay.*«

Ich bedankte mich, während er sich anschnallte. Bevor er die Tür schloss, rief ich: »Warten Sie, Mr. King. Um wie viel Uhr?«

Er sah mich an – und knallte dann die Tür zu.

»MR. KING!«, rief ich durch die Scheibe. »UM WIE VIEL UHR?«

Er ließ den Motor an.

Ich stellte mich vor sein Auto und fuchtelte mit den Armen vor der Windschutzscheibe herum. »MRRR. *KINGGGGG! UM WIE VIEL UUUUHR?*«

Er starrte mich an, dann die zuschauende Menge, schüttelte schließlich den Kopf und sagte: »Neun Uhr!«

Dann fuhr er davon.

***

Am nächsten Morgen ging ich zu dem Restaurant. Larry King saß gemeinsam mit einigen anderen Männern in der ersten Sitznische hinter dem Eingang, über eine Schüssel Cornflakes gebeugt. An der Wand über dem Tisch hing ein großer silberner Bilderrahmen mit Fotos von Larry, wie er Barack Obama, Joe Biden, Jerry Seinfeld, Oprah Winfrey und andere interviewte. Es gab einen freien Platz am Tisch, aber weil mir mein Verhalten vom Vortag peinlich war, wollte ich nicht einfach mutig den Stuhl zurückziehen und mich setzen. Also blieb ich mit etwas Abstand stehen, winkte zaghaft und sagte: »Hallo, Mr. King. Wie geht es Ihnen?«

Er nahm mich zur Kenntnis und grüßte mich, indem er kurz den Kopf hob und schroff etwas vor sich hinmurmelte, dann wandte er sich wieder seinen Freunden zu. Ich nahm an, er wolle, dass ich in ein paar Minuten zurückkäme, also setzte ich mich an den Tisch neben ihm und wartete darauf, herbeigerufen zu werden.

Zehn Minuten vergingen.

Dreißig.

Eine Stunde.

Schließlich stand Larry auf und kam auf mich zu. Ich spürte, wie mein Mund sich zu einem Lächeln verzog. Aber dann lief er direkt an mir vorbei und auf den Ausgang zu.

Ich hob meine Hand. »Mr. ... Mr. King?«

»WAS?«, fragte er. »WAS WOLLEN SIE?«

Ein scharfer, vertrauter Schmerz schoss durch meine Brust.

»Ehrlich gesagt«, erwiderte ich mit erschöpfter Stimme, »wollte ich nur einen Rat, wie man Menschen interviewt.«

Da erschien langsam ein Lächeln auf seinem Gesicht. Es war, als würden seine Augen sagen: »Warum hast du das nicht schon früher gesagt?«

»In Ordnung«, meinte er. »Manchmal, wenn Leute noch am Anfang stehen und das Gefühl haben, sie wüssten nicht, wie man ein Interview führt, sehen sie sich die Menschen an, die sie bewundern – für den einen ist das vielleicht Barbara Walters, für einen anderen Oprah oder ich selbst – und versuchen, den jeweiligen Interviewstil zu kopieren. Das ist der *größte* Fehler, den man machen kann. Damit konzentriert man sich darauf, was wir tun, und nicht darauf, warum wir es tun.«

Er führte aus, dass Barbara Walters nachdenkliche Fragen stelle, die sie strategisch platziere, Oprah verwende viel Enthusiasmus und Emotion, während er die einfachen Fragen stelle, die, die jeder gern stellen würde.

»Wenn junge Interviewer versuchen, unsere Stile zu kopieren, denken sie nicht darüber nach, *warum* wir diese Stile haben. Der Grund dafür ist, dass wir uns mit unserem jeweiligen Stil am wohlsten fühlen. Und wenn *wir* uns am wohlsten fühlen, dann fühlen sich auch unsere *Gäste* am wohlsten – und genau das macht die besten Interviews aus. Das Geheimnis ist: Es gibt kein Geheimnis«, fügte Larry hinzu. »Es gibt keinen Trick, um man selbst zu sein.«

Er blickte auf die Uhr.

»Hör zu, Junge, ich muss jetzt wirklich los.« Er sah mir in die Augen und schüttelte dann wieder den Kopf, als ob er innerlich etwas mit sich selbst debattierte. Dann deutete er mit dem Zeigefinger auf mich und sagte: »In Ordnung. Montag! Um neun Uhr! *Wir sehen uns hier!*«

Als ich am Montag auftauchte, waren alle Plätze an Larrys Tisch besetzt, aber er winkte mich trotzdem zu sich und fragte, warum ich so an Interviewführung interessiert sei. Ich erzählte ihm von der Mission und sobald ich ihn fragte, ob ich ihn interviewen dürfe, sagte er: »In Ordnung, ich bin dabei.«

Wir sprachen noch ein wenig über die Mission, dann sagte er, es gebe jemanden, den ich kennenlernen solle.

»Hey, Cal«, sagte er und wandte sich an einen seiner Freunde am Tisch. »Kannst du dem Jungen ein paar Minuten deiner Zeit schenken?«

Cal trug einen himmelblauen Filzhut zu einer Hornbrille. Er schien in seinen Fünfzigern zu sein, Jahrzehnte jünger als der Rest von Larrys Mannschaft.

Larry erzählte mir, dass Cal Fussman Autor bei dem Männermagazin *Esquire* sei, wo er Muhammad Ali, Michail Gorbatschow, George Clooney und Dutzende anderer Ikonen für die Kolumne »What I've learned« – »Was ich gelernt habe« – interviewt hatte.

Larry bat Cal, mir einige weitere Interviewtipps zu geben.

Nachdem Cal und ich uns zu einem Tisch in der Nähe begeben hatten, erzählte ich ihm von meinen vorangegangenen Interviews.

»Egal, wie sehr ich mich vorbereite«, sagte ich, »die Dinge laufen nie nach Plan. Und ich komme einfach nicht darauf, warum das so ist.«

»Wie führen Sie die Interviews?«, fragte Cal.

Er nickte, als ich ihm sagte, dass ich Wochen, manchmal sogar Monate damit verbrächte, meine Fragen zu recherchieren. Dann verengten sich seine Augenlider, als ich sagte, dass ich zu den Treffen meinen mit Fragen gefüllten Notizblock mitbrächte.

»Bringen Sie Ihren Notizblock mit, weil er Sie entspannt«, fragte er, »oder weil Sie Angst haben, dass Sie ohne ihn nicht wissen, was Sie fragen sollen?«

»Ich bin mir nicht sicher«, erwiderte ich. »Darüber habe ich noch nie nachgedacht.«

»Okay, lassen Sie uns etwas versuchen«, sagte Cal. »Kommen Sie morgen wieder zum Frühstück her. Sie werden mit am Tisch sitzen. Betrachten Sie es nicht als Interview. Frühstücken Sie einfach und entspannen Sie sich.«

In der nächsten Woche verbrachte ich jeden Tag damit, genau das zu tun. Jeden Morgen saß ich neben Cal und beobachtete, wie Larry seine Cheerios mit Blaubeeren aß, wie er seine Schüssel wegschob, nachdem er die letzte Blaubeere gegessen hatte, egal wie viel Müsli noch übrig war; wie Larry in sein Klapphandy sprach; wie er mit Fremden interagierte, die vorbeikamen, um Hallo zu sagen und um ein Foto zu bitten. Larry hätte nicht freundlicher zu jedem Einzelnen von ihnen sein können, weshalb ich mich fragte, wie verrückt ich wohl ausgesehen haben musste, als ich ihn vor dem Supermarkt verfolgt hatte.

Am Ende der Woche sagte Cal mir, ich solle am nächsten Tag mein Diktiergerät zum Frühstück mitbringen. »Aber lassen Sie Ihren Notizblock zu Hause«, sagte er. »Sie fühlen sich nun wohl in der Runde. Setzen Sie sich einfach an den Tisch und lassen Sie Ihre Neugierde die Fragen stellen.«

Am nächsten Morgen waren alle an ihren üblichen Plätzen. Larry saß mir gegenüber, über seine Cheerios gebeugt; zu seiner Rechten war Sid, seit mehr als siebzig Jahren einer von Larrys besten Freunden; der nächste war Brucey, der mit den beiden zur Schule gegangen war; Barry, der ebenfalls mit ihnen in Brooklyn aufgewachsen war; und schließlich Cal mit seinem himmelblauen Filzhut. Ich war schon halb fertig mit meinem Omelett, als ich Larry fragte, wie er zum Rundfunk gekommen sei.

»Als wir Kinder waren«, kam Sid ihm zuvor, »hat Larry immer ein Blatt Papier zusammengerollt und so getan, als wäre es ein Mikrofon und er würde Baseballspiele der Los Angeles Dodgers ankündigen.«

»Wenn Larry damals nacherzählte, was in einem bestimmten Film passiert war«, fügte Barry hinzu, »dauerte seine Beschreibung länger als der eigentliche Film.«

Larrys Traum war es, Radiosprecher zu werden, so erzählte er mir, aber er wusste nicht, wie er es anfangen sollte. Nach dem Abitur arbeitete er in Gelegenheitsjobs – er lieferte Pakete aus, verkaufte Milch, arbeitete als Geldeintreiber –, bis er eines Nachmittags im Alter von zweiundzwanzig Jahren mit einem Freund in New York City die Straße entlangging und dabei auf einen Mann stieß, der bei CBS arbeitete.

»Er war der Typ, der Radiosprecher einstellte«, sagte Larry. »Er war auch der Typ, der zwischen den Sendungen verkündete: *This is CBS! The Columbia Broadcasting System!*«

Larry bat ihn um Rat, wie man in die Branche hineinkommen könne. Der Mann riet ihm, nach Miami zu gehen, wo viele Radiostationen nicht gewerkschaftlich organisiert seien und freie Plätze hätten. Larry sprang in einen Zug nach Florida, schlief auf dem Sofa eines Verwandten und begann, sich nach einem Job umzusehen.

»Ich habe einfach an Türen geklopft«, sagte Larry. »Da war dieser kleine Sender, bei dem ich einen Sprachtest machte, und die Leute dort sagten: ›Du klingst ziemlich gut. Bei der nächsten freien Stelle hast du den Job.‹ Also hing ich im Sender herum – ich sah zu, wie die Leute die Nachrichten lasen, ich lernte, ich fegte den Boden – und eines Tages, es war ein Freitag, kündigte ein Typ und mir wurde gesagt: ›Du fängst Montagmorgen an!‹ Ich blieb das ganze Wochenende über auf und war verdammt nervös.«

»Moment, was meinen Sie mit ›an Türen geklopft‹?«, fragte ich. »Wie haben Sie das gemacht?«

Larry sah mich an, als wäre ich ein Vorschulkind. »*Klopf! Klopf! Klopf!*«, sagte er und schlug dabei mit den Knöcheln auf den Tisch.

»Das ist keine Redensart«, ergänzte Sid. »Larry hat an die Türen verschiedener Radiosender geklopft. Er hat sich vorgestellt und nach einer Stelle gefragt. So haben wir das damals gemacht.«

»Etwas anderes konnte ich nicht tun«, sagte Larry. »Ich hatte keinen vielversprechenden Lebenslauf. Ich war nicht auf dem College.«

»Okay, ich verstehe, dass Sie es damals so gemacht haben«, sagte ich, »aber was würden Sie tun, wenn Sie heute am Anfang stehen würden?«

»Das Gleiche«, sagte Larry. »Ich würde an Türen klopfen. Ich würde an jede Tür klopfen, an die ich klopfen müsste. Es gäbe sogar viel mehr Türen, an die ich klopfen könnte. Und hören Sie – letztlich ist nichts wirklich neu. Wir haben das Internet, aber abgesehen vom Übertragungsweg ist daran nichts neu. Die menschliche Natur hat sich nicht verändert.«

Cal erklärte, dass es immer noch ein Mensch sei, der die Entscheidung fälle, jemanden einzustellen oder nicht. Erst nachdem man jemandem in die Augen geschaut habe, könne man ein Gefühl dafür entwickeln, ob derjenige aufrichtig und geeignet sei. Ein Bewerber verwende vielleicht dieselben Worte in einer E-Mail, aber in einer persönlichen Begegnung sei das eine ganz andere Erfahrung.

»Menschen mögen Menschen«, sagte Cal. »Aber Menschen mögen keine unbekannten Namen in ihrem Posteingang.«

Da dämmerte mir etwas. Als Spielberg mich so früh ermutigt, als Elliott mich nach Europa mitgenommen und als Larry mich schließlich zum Frühstück eingeladen hatte – all dies war erst geschehen, nachdem ich sie persönlich kennengelernt und ihnen in die Augen gesehen hatte.

Moment mal ...

Das vergangene Jahr über war ich ein unbekannter Name im Posteingang des Stabschefs von Bill Gates gewesen. Er hatte mich damals nur angerufen, weil Qi Lu ihn um den Gefallen gebeten hatte, nicht, weil er mich gekannt hätte. Ich hatte es persönlich genommen, als der Stabschef aufhörte, mir zu antworten, aber der Grund dafür war überhaupt nicht persönlicher Natur. Ich war für ihn nur ein unbekannter Name.

Und ich wusste genau, wie ich das beheben konnte.

KAPITEL 24
DIE LETZTE KUGEL

Vier Wochen später, in Long Beach, Kalifornien

Ich rückte mir einen Stuhl an der Espressobar in der Lobby des Hotels »Westin« zurecht. Ich befand mich in der Hauptunterkunft für die TED-Konferenz, und während meines gesamten Weges bis hierher hatte ich noch nie eine so perfekte Position eingenommen.

Während ich mich umsah, hatte ich ein starkes Déjà-vu. Im Essbereich, etwa sechs Meter entfernt, stand der Tisch, an dem ich das erste Mal mit Elliott zusammengesessen hatte. Dieses Treffen mit Elliott hatte ein Jahr zuvor stattgefunden, fast auf den Tag genau. Das Timing erweckte in mir das Gefühl, als ob das Schicksal mir zulächelte.

Ich war gut gelaunt, denn wenige Minuten zuvor hatte ich mein gemeinsames Frühstück mit Tony Hsieh beendet. Als er gehört hatte, weshalb ich im »Westin« war, hatte er mich eingeladen, die TED-Liveübertragung in seinem Wohnmobil, das vor dem Hotel parkte, zu verfolgen.

Aber es hatte sich nicht alles einfach so zusammengefügt. Vier Wochen zuvor hatte ich mich an Stefan Weitz, meinen Insider bei Microsoft, gewandt. Ich wusste, dass Bill Gates' Stabschef jedes

Jahr an der TED teilnahm, also fragte ich Stefan, ob ich den Stabschef bei der Veranstaltung für fünf Minuten persönlich treffen könnte. Sollte das nicht klappen, so schwor ich Stefan, würde ich ihn nie wieder mit dem Thema behelligen. Dies war die letzte Kugel in meinem Magazin.

Stefan willigte ein und schickte dem Stabschef wochenlang eine E-Mail nach der anderen. Als er keine Antwort erhielt, ließ er sogar einen seiner Kollegen eine E-Mail an den Stabschef schicken. Stefans Großzügigkeit war schon immer erstaunlich gewesen, aber diesmal machte sie mich sprachlos.

Am Tag vor der Konferenz hatte Stefan noch immer keine Antwort erhalten. Um 19.27 Uhr des Vorabends kam dann eine Antwort. Ja, teilte der Stabschef mit, er werde bei der TED-Konferenz sein; und ja, er würde mich gern treffen. Er sagte, er würde mich nach der ersten Veranstaltung der Konferenz, etwa um 10.15 Uhr, in der Espressobar in der Lobby treffen.

Nun war ich hier und blickte zur Uhr an der Wand. Sie zeigte 10.14 Uhr an.

»Sir«, sagte der Barista, »was kann ich für Sie tun?«

»Einen Moment, bitte«, sagte ich. »Mein Gast sollte jeden Moment hier sein.«

Kurze Zeit später stand der Barista wieder vor mir und fragte, ob ich bereit sei, zu bestellen.

Ich sah auf – 10.21 Uhr.

»Entschuldigung«, sagte ich. »Er muss sich verspätet haben. Nur noch ein paar Minuten, bitte.«

Ich ließ meinen Blick durch die Lobby schweifen und musterte die Gesichter der Menschen, die durch die Drehglastür hereinkamen. Als ich das nächste Mal auf die Uhr sah, zeigte sie 10.31 Uhr an. Mein Bauchgefühl sagte mir, dass etwas nicht stimmte, aber ich schob es beiseite. Die erste Veranstaltung der Konferenz hatte vermutlich überzogen.

Die Zeit schien langsamer zu vergehen. Dann hörte ich wieder: »Sir, möchten Sie bestellen?«

Es war 10.45 Uhr. Die Barhocker neben mir waren noch immer unbesetzt. Nach allem, was ich durchgemacht hatte, nach allem, was ich getan hatte, um an diesen Punkt zu gelangen, sollte es so enden?

Ich rief eine alte E-Mail von der Assistentin des Stabschefs auf, wählte ihre Bürodurchwahl und zwang mich, tief durchzuatmen.

»Hallo, Wendy. Hier spricht Alex Banayan. Ich weiß, dass wir heute um 10.15 Uhr einen Termin hatten und ich bin sicher, dass er sehr beschäftigt ist – ich bin dankbar, dass er mir überhaupt einen Termin gegeben hat –, aber ich wollte nur sichergehen, dass alles in Ordnung ist. Der Termin ist jetzt schon dreißig Minuten überfällig, und er ist nicht aufgetaucht.«

»Wovon sprechen Sie?«, fragte sie. »Er hat mich angerufen und gesagt, dass *Sie* nicht gekommen seien.«

»*Was?*«

Anscheinend gab es zwei Lobby-Espressobars, eine im Hotel und eine im Kongresszentrum, und ich war in der falschen.

Ich klammerte mich an mein Handy und versuchte, mich zusammenzureißen, aber es gelang mir nicht. In meinen Augen sammelten sich Tränen, als ich Wendy mein Herz ausschüttete und ihr alles erklärte, was ich in den letzten zwei Jahren durchgemacht hatte, um dieses Treffen zu bekommen.

»Okay«, sagte sie, »geben Sie mir ein wenig Zeit. Lassen Sie mich sehen, was ich tun kann.«

Eine Stunde später erhielt ich eine E-Mail von Wendy. Sie teilte mir mit, dass der Stabschef am Nachmittag um 16.30 Uhr zum Flughafen fahren würde. Seine Limousine würde vor dem Parkservice des Hotels »Westin« stehen, und er habe zugestimmt, dass ich mit ihm zum Flughafen fahren und im Auto mit ihm sprechen könne.

Ich war zu erschöpft, um eine Faust in die Luft zu stemmen, aber ich konnte ein schwaches Lächeln auf meinem Gesicht spüren. Zumindest wusste ich diesmal mit Sicherheit, dass das »Westin« nur einen Parkservice hatte.

***

Ich verbrachte die Zeit in Tony Hsiehs Wohnmobil, sah mir den TED-Livestream auf einem Flachbildfernseher an und ging dann mit Tonys Freunden zum Mittagessen. Auf dem Rückweg merkte ich mir den Weg vom Parkservice des »Westin« zum Wohnmobil und stoppte die Zeit – knapp eine Minute. Ich stellte meinen Handywecker auf 16.10 Uhr, damit ich garantiert überpünktlich dort sein würde.

Als ich mich in Tonys Wohnmobil auf einer weichen braunen Couch ausruhte, stieg ein Mann ein. Die Sonne schien durch das Fenster hinter ihm, sodass ich nur eine Silhouette sah. Er ließ sich langsam auf der Couch gegenüber von mir nieder. Sein Gesicht kam mir bekannt vor. Er war ein älterer Mann mit dünnem, weißem Haar, einem weißen Bart und einem runden Bauch. Ich schaute genauer hin und da wurde mir klar – das war Richard Saul Wurman, der Gründer von TED.

»Sie«, sagte er, in meine Richtung blickend, »was halten Sie davon?« Er deutete auf den Fernseher, auf dem der TED-Livestream lief. Der Gründer von TED fragte mich tatsächlich, was ich von seiner Konferenz hielt.

Ich teilte ihm mit, was ich dachte, und ehe ich michs versah, erzählte er mir die ganze Geschichte, wie er TED ins Leben gerufen hatte. Er fesselte mich mit einer Geschichte nach der anderen, und ich fühlte mich, als hätte ich einen Weisheitsschatz gefunden und würde versuchen, so viele Nuggets wie möglich in meine Tasche zu stopfen.

***

• • • • • • • • •

»Wollen Sie das Geheimnis erfahren, wie man die Welt
verändern kann? Hören Sie auf, zu versuchen, sie zu
verändern. Leisten Sie großartige Arbeit und lassen Sie Ihre
Arbeit die Welt verändern.«

»Sie werden nichts Bedeutsames im Leben erreichen,
bis Sie zu der Einsicht kommen, dass Sie nichts wissen.
Sie sind immer noch zu hochmütig. Sie glauben, Sie
könnten alles lernen. Sie glauben, Sie könnten den Prozess
beschleunigen.«

»Wie wird man erfolgreich? Sie werden immer die gleiche
Antwort erhalten, wenn Sie einen x-beliebigen älteren,
weiseren und erfolgreicheren Menschen, als Sie es sind,
fragen: Man muss es unbedingt wollen.«

»Ich verstehe nicht, warum Menschen ihre Reden mit
PowerPoint-Präsentationen halten. Wenn man mit solchen
Präsentationen spricht, wird man zu einer Bildunterschrift.
Seien Sie niemals eine Bildunterschrift.«

»Ich lebe mein Leben nach zwei Mantras. Erstens: Wenn
man nicht um etwas bittet, bekommt man es auch nicht.
Und zweitens: Das meiste wird nicht von Erfolg gekrönt
sein.«

• • • • • • • • •

Ring-ring-ring-ring!

Mein Handy klingelte. Es war 16.10 Uhr, aber Richard Saul
Wurman redete in einem Affenzahn weiter, und es gab keine Möglichkeit, mich zu entschuldigen, ohne ihm das Wort abzuschnei-

den. Seine Erkenntnisse waren so gut, dass ich nicht gehen wollte. Außerdem konnte ich den Gründer von TED nicht einfach sitzenlassen. *Wie dem auch sei,* dachte ich, *ich werde dieses eine Mal einfach die Schlummertaste drücken.*

Er sprach weiter und weiter und dann ...

Ring-ring-ring-ring!

Er sprach weiter über den Alarm hinweg. Es war, als säße ich in einem Schnellzug ohne Zwischenhaltestellen. Ich hatte das Gefühl, nicht gehen zu können, solange er sich inmitten einer Anekdote befand. Und der Parkservice vom »Westin« war nur eine Minute entfernt. *Ich drücke einfach noch einmal auf die Schlummertaste.*

Ich blieb sitzen und wartete darauf, dass er verdammt noch mal Luft holen würde. Ich war mir nicht sicher, ob dies eines der besten Gespräche meines Lebens oder eine Geiselnahme war. Ich sah immer wieder auf die Uhr und dann ...

Ring-ring-ring-ring!

»Genialität«, sagte er, »ist das Gegenteil von Erwartung.«

»*Genialität*«, wiederholte er und schaute mich mit tiefgründigen, wissenden Augen an, »*ist das Gegenteil von Erwartung.*«

Ring-ring-ring-ring!

Ich wusste nicht, was ich sonst tun sollte, also sprang ich einfach auf und sagte: »Vielleicht bereue ich das eines Tages, aber ich muss gehen«, und bevor er noch ein Wort sagen konnte, sprintete ich aus dem Wohnmobil.

Ich raste den Bürgersteig entlang, bog scharf links in die Hoteleinfahrt ab und entdeckte die Limousine. Davor stand ein Fahrer in Anzug und Krawatte. Während ich wieder zu Atem kam, sah ich nach der Uhrzeit – ich hatte es eine Minute vor der vereinbarten Zeit hierhergeschafft. Der Fahrer und ich unterhielten uns. Währenddessen stand ich mit dem Rücken zum Auto da und behielt mit einem Auge die Drehglastür des »Westin« im Blick, bis schließlich der Stabschef herauskam.

In der einen Hand hielt er eine Ledertasche und in der anderen ein Handy. Sein Haar war dicht und dunkel, mit dezenten grauen Strähnen dazwischen, die perfekt zu seinem Blazer und der schwarzen Sonnenbrille passten. Er näherte sich dem Auto und senkte die Brille. »Sie müssen also Alex sein.«

Ich stellte mich vor, und wir schüttelten uns die Hand.

»Bitte«, sagte er und bewegte sich auf das Auto zu, »steigen Sie ein.«

Wir setzten uns, und das Auto fuhr aus der Einfahrt heraus.

»Sagen Sie mir«, sagte er, »wie läuft Ihr Projekt?«

»Oh, es läuft wirklich gut«, antwortete ich und zählte eine Sache nach der anderen auf, was ihm zeigen sollte, dass die Mission Schwung aufgenommen hatte.

»Also«, sagte er, »ich nehme an, Sie wollen Bill immer noch interviewen.«

Ich erwiderte, das sei mein größter Traum.

Er nickte. »Wen haben Sie noch interviewt?«

Ich holte meine Brieftasche heraus und entnahm ihr den Notizzettel mit den Namen der Personen, die ich interviewen wollte, wobei diejenigen, mit denen ich bereits gesprochen hatte, mit einem grünen Häkchen versehen waren. Der Stabschef hielt den Notizzettel mit beiden Händen. Sein Blick glitt langsam die Liste hinunter, als würde er ein Zeugnis überprüfen.

»Ah, Dean Kamen«, sagte er. »Den kennen wir gut.«

»Larry King«, fuhr er fort. »Das muss interessant gewesen sein.«

Als er gerade den nächsten Namen sagen wollte, überkam mich eine unerwartete Eingebung, und ich schnitt ihm das Wort ab.

»*Es geht nicht um die Namen*«, sagte ich – lauter, als ich beabsichtigt hatte.

Er wandte mir verwirrt sein Gesicht zu.

»Es geht nicht um die Namen«, wiederholte ich. »Es geht nicht um die Interviews. Es geht um, na ja, ich glaube einfach, dass, wenn all diese Koryphäen zu einem Zweck zusammenkämen ... nicht, um Werbung für irgendetwas zu machen, nicht, um gute Presse zu bekommen, sondern wirklich nur zusammenkämen, um ihre Weisheit mit der nächsten Generation zu teilen ... dann glaube ich, dass junge Menschen sehr viel mehr bewerkstelligen könnten ...«

»In Ordnung«, sagte er und hob eine Hand. »Ich habe genug gehört ...«

Mein ganzer Körper verkrampfte sich.

Er sah mich an, ließ die Hand heruntersausen und sagte: »Wir sind dabei!«

SCHRITT 5
NEHMEN SIE
DIE DRITTE TÜR

KAPITEL 25
DER HEILIGE GRAL: TEIL I

B ill Gates.
Fast jeder kennt den Namen, aber die meisten kennen nicht
die ganze Geschichte. Hinter der nerdigen Brille und den
Bildern auf den Zeitschriftencovern verbirgt sich der Junge, der
mit neun Jahren die gesamte *World Book Encyclopedia* durchgelesen hat. Mit dreizehn hatte er keinen Rockstar oder Basketballspieler als Idol, sondern den französischen Kaiser Napoleon. Eines
Abends kam er zur Essenszeit nicht aus seinem Zimmer, sodass
seine Mutter schrie: »Bill, was machst du da?«

»Ich denke nach!«, rief er zurück.

»Du denkst nach?«

»Ja, Mama, ich denke nach. Hast du schon mal versucht, zu
denken?«

Das mag zwar unausstehlich klingen, aber ich fand es aus irgendeinem Grund recht liebenswert. Während ich immer tiefer in
Gates' Leben eintauchte, begann ich, ihn unter all den Menschen,
in die man sich nicht hineinversetzen kann, als denjenigen anzusehen, in den ich mich am besten hineinversetzen konnte.

Einerseits verbrachte er in der achten Klasse gemeinsam mit
seinem Freund Paul Allen seine Freizeit im Computerraum und
brachte sich selbst das Programmieren auf dem ASR-33-Fern-
schreiber bei. Das kann man absolut nicht nachvollziehen. Anstatt

sich wie die meisten Kinder während der Highschool-Zeit nachts aus dem Haus zu schleichen, um auf Partys zu gehen, schlich Gates sich hinaus, um im Computerraum der University of Washington zu programmieren. Das ist sogar noch weniger nachzuvollziehen. Andererseits nutzte er seine Computerkenntnisse, um seiner Highschool zu helfen, die Stundenpläne der Klassen zu automatisieren – und manipulierte das System dahingehend, dass er in die Kurse mit den bestaussehenden Mädchen kam. Nun, das ist nachvollziehbar.

Nach der Highschool ging er nach Harvard und studierte Angewandte Mathematik im Hauptfach. Warum hat er dieses Hauptfach gewählt? Weil er ein Schlupfloch gefunden hatte. Er hatte eine Möglichkeit gefunden, bevorzugt in die von ihm gewünschten Kurse eingeschrieben zu werden, indem er behauptete, er würde Mathematik auf Wirtschaft oder auf Geschichte anwenden. Bill rebellierte gern um der Rebellion willen, also schwänzte er Kurse, für die er angemeldet *war*, und ging zu solchen, für die er nicht angemeldet war.

Der Mann, der in den Medien als unbeholfener, uncooler Geek dargestellt wird, war im College berühmt dafür, dass er bis in die frühen Morgenstunden aufblieb und Poker mit hohen Einsätzen spielte. In seinen Zwanzigern ließ er Dampf ab, indem er sich mitten in der Nacht auf Baustellen schlich und mit Bulldozern über den Dreck raste. Während der Anfangsphase von Microsoft nutzte er seine Pausen vom Programmieren dazu, in seinen Porsche zu steigen, aufs Gaspedal zu treten und den Highway entlangzurasen.

Und seine Liebe zur Geschwindigkeit beschränkte sich nicht nur aufs Fahren. Als ich Geschichten darüber las, wie er große Software-Deals abgeschlossen hatte, fühlte ich mich, als würde ich einem Schachwunderkind dabei zuschauen, wie es gegen zehn Gegner auf einmal spielt, von Brett zu Brett springt, Dutzende von Zügen pro Minute ohne zu blinzeln macht und alle Gegner schlägt. In einem Alter, in dem seine Freunde einfach nur ihren College-Abschluss machten, focht er Kämpfe in den Konferenzräumen einiger der größten Unternehmen der Welt aus – IBM, Apple, HP – und verhandelte Verträge mit Leuten, die doppelt so alt waren wie er. Mit der Schachwunderkind-Metapher im Kopf wurde mir klar, dass Gates das Programmierspiel, das Verkaufsspiel, das Verhandlungsspiel, das Geschäftsführerspiel, das Spiel, eine öffentliche Person zu sein, und das Philanthropiespiel – allesamt auf höchstem Niveau – gespielt und jedes einzelne gewonnen hatte.

Er machte Microsoft 1998 zum wertvollsten Unternehmen der Welt und sich selbst damit zum reichsten Menschen der Welt. Um das in die richtige Perspektive zu rücken: Oprah Winfrey ist unglaublich reich, ebenso wie Mark Zuckerberg, Howard Schultz, Mark Cuban, Jack Dorsey und Elon Musk. Nun, zu dem Zeitpunkt, als ich mich auf mein Interview mit ihm vorbereitete, war das Vermögen von Bill Gates mehr wert als alle ihre Vermögen *zusammengenommen*.

Nach seinem Rücktritt als CEO von Microsoft hätte Gates sich in den Ruhestand zurückziehen, auf einer Yacht faulenzen und alle materiellen Freuden der Welt genießen können. Stattdessen sprang er zu neuen Schachbrettern, um sich noch härteren Herausforderungen zu stellen – die Armen der Welt zu ernähren, saubere Energie zu revolutionieren, die Ausbreitung von Infektionskrankheiten zu stoppen und Schülern in Not eine hochwertige Ausbildung zu ermöglichen. Ich wusste bereits, dass die Bill & Melinda Gates Foundation die größte philanthropische Stiftung der Welt war, aber ich hatte keine Ahnung, dass ihre Bemühungen dazu beigetragen haben, das Leben von mehr als fünf Millionen Menschen zu retten. Dadurch, wie Bill Gates sein Vermögen ausgibt, hat er dazu beigetragen, die Kindersterblichkeitsrate um die Hälfte zu senken. In den nächsten fünf Jahren sollen seine Programme das Leben von weiteren sieben Millionen Kindern retten.

Wenn es denn im wahren Leben einen Superhelden geben sollte, dann wäre das Bill Gates.

Ich habe alles, was ich über ihn erfahren habe, für die Planung meines Interviews verwendet. Ich habe Dutzende von Fragen auf meinen Notizblock geschrieben und sie je nach Thema unterschiedlich farbig markiert. Vom Thema Verkauf bis zum Thema Verhandlung hatte ich das Gefühl, meine eigene Schatzkarte zu erstellen.

Eine Woche vor meinem Treffen mit Gates ging ich mit Larry King und Cal Fussman frühstücken und bat sie um Rat bezüglich der Durchführung des Interviews.

»Denken Sie einfach an das, was ich Ihnen schon einmal gesagt habe«, sagte Larry. »Das Geheimnis ist: Es gibt kein Geheimnis. Seien Sie einfach Sie selbst.«

»Und seien Sie genauso entspannt wie damals, als Sie hier waren und Larry interviewt haben«, fügte Cal hinzu.

Als ich nach dem Frühstück das Restaurant verließ, hatte ich das Gefühl, dass sie nicht verstanden, unter welchem Druck ich stand. Mir war nicht der Luxus vergönnt, mich zu entspannen. Hier ging es nicht bloß um ein weiteres Interview. In den letzten drei Jahren hatte ich mir beinahe ein Bein ausgerissen und die gesamte Mission für diesen Moment aufs Spiel gesetzt. Ich hatte meinem Verleger, meinem Agenten und meiner Familie geschworen, dass ich, wenn ich endlich die Chance bekäme, Gates zu interviewen, einen Ratschlag aus ihm herausholen würde, der meine Generation verändern würde. Etwas, das die berufliche Laufbahn der Menschen für immer radikal verändern würde. Der Heilige Gral.

Ich brauchte Hilfe von jemandem, der etwas Ähnliches getan hatte. Ich hatte gehört, dass Malcolm Gladwell für sein Buch *Überflieger* Gates für das Kapitel über die 10 000-Stunden-Regel interviewt hatte. Wenn es jemanden gab, der nachvollziehen konnte, womit ich es hier zu tun hatte, dann Gladwell. Also benutzte ich die E-Mail-Vorlage von Tim Ferriss. Gladwell antwortete einen Tag später.

• • • • • • • • •

Von: Malcolm Gladwell

An: Alex Banayan

Betreff: RE: Mr. Gladwell – Ratschlag zu Interview mit Bill Gates?

Mein Rat? Bill Gates ist die einfachste Person, die Sie jemals interviewen werden, weil er überaus klug und direkt und scharfsinnig ist. Stellen Sie sicher, dass Sie viel und tiefschürfend über sein Leben gelesen haben, damit Sie seine Zeit nicht verschwenden. Und dann lassen Sie ihn reden. Er wird Sie in überraschende Richtungen führen, wenn Sie ihn lassen.

Viel Glück!

• • • • • • • • •

So dankbar ich für Gladwells Ermutigung auch war, sie beruhigte mich nicht. Für mich waren die Einsätze zu hoch, und ich war von Gates zu sehr eingeschüchtert, um mich entspannen zu können. Ich brauchte etwas, um ihn vom Sockel in meinem Kopf zu holen.

Ich versuchte, mir vorzustellen, wie er aussah, als er in meinem Alter war. Ich stellte ihn mir in einem abgetragenen T-Shirt und Jeans vor, wie er auf seinem Bett im Studentenzimmer lag. Eine Geschichte, die ich gelesen hatte, kam mir in den Sinn. Sie ereignete sich während seines zweiten Studienjahres in Harvard. Gates war neunzehn Jahre alt, als Paul Allen in sein Zimmer gestürmt kam und eine Zeitschrift auf den Schreibtisch warf.

»Bill, es geschieht ohne uns!«, schrie Paul.

Auf der Titelseite der Zeitschrift war ein glatter, blassblauer Kasten mit Lichtern, Schaltern und Anschlüssen abgebildet. Es war der Altair 8800, der erste Minicomputerbausatz der Welt. Bill überflog den Artikel und stellte fest, dass MITS, die Firma, die den Altair erfunden hatte, zwar bereits die Hardware entwickelt hatte, aber immer noch Software benötigte. Microsoft war zu dieser Zeit noch nicht einmal als Idee geboren, aber Bill und Paul schrieben einen Brief an Ed Roberts, den Gründer von MITS, und boten an, Software zum Betrieb des Systems zu verkaufen. Bill und Paul wollten seriöser erscheinen, also schrieben sie die Notiz auf Briefpapier von einer Firma, die sie in der Highschool gegründet hatten und die Traf-O-Data hieß.

Ein paar Wochen vergingen, ohne dass eine Antwort eintraf, und Bill musste sich fragen: *Hat der Gründer von MITS den Brief in den Papierkorb geworfen? Hat er herausgefunden, dass ich ein Teenager bin?*

Jahre später erfuhr Bill, dass der Gründer von MITS den Brief nicht nur gelesen, sondern dass er ihn sogar so sehr gemocht hatte, dass er die Software hatte kaufen wollen. Er hatte die Telefonnummer auf dem Briefkopf angerufen und eine wildfremde Frau am Apparat gehabt – Bill und Paul hatten vergessen, dass ihr Briefkopf noch die Telefonnummer ihres Freundes aus der Highschool enthielt.

Damals wussten sie das allerdings nicht, also diskutierten sie in Bills Zimmer über die weitere Vorgehensweise. Bill gab Paul das Telefon.

»Nein, du machst das!«, sagte Paul. »Du kannst solche Dinge besser.«

»Ich werde nicht anrufen«, schoss Bill zurück. »Du rufst an!«

Ich vermute, dass sogar die Person, die dazu bestimmt war, der reichste Mann der Welt zu werden, unter dem Schreckgespenst litt. Schließlich kam man zu einem Kompromiss: Bill würde anrufen, aber behaupten, er sei Paul.

»*Hallo, hier ist Paul Allen aus Boston*«, sagte Bill in seiner tiefsten Stimme. MITS war ein kleines Unternehmen, sodass er keine Schwierigkeiten hatte, zum Gründer durchgestellt zu werden. »*Wir haben eine Software für den Altair, die fast fertig ist, und wir würden gern bei Ihnen vorbeikommen und sie Ihnen zeigen.*«

Der Gründer war diesem Vorschlag gegenüber aufgeschlossen und erwiderte, sie könnten ins MITS-Büro in Albuquerque, New Mexico, kommen, um die Software zu demonstrieren. Bill war überglücklich. Er hatte nur ein Problem – er hatte eigentlich gar keine Software. In den darauffolgenden Wochen verbrachte Bill jede Minute damit, zu programmieren. In manchen Nächten ging er gar nicht ins Bett. Eines Abends kam Paul in sein Zimmer und fand Bill schlafend auf dem Boden neben den Computerterminals vor, zusammengerollt wie eine Katze. In einer anderen Nacht sah Paul, dass Bill in seinem Stuhl am Schreibtisch eingeschlafen war und die Tastatur als Kissen benutzte.

Nach acht langen Wochen stellten Bill und Paul die Software für den Altair fertig. Bei der Entscheidung, wer nach Albuquerque fliegen und das Verkaufsgespräch führen sollte, bedienten sie sich simpler Logik: Paul sollte dorthin reisen – er hatte einen Bart.

Paul bestieg mit der Software ein Flugzeug. Als die Maschine abhob, ging er gedanklich die Demonstration durch und merkte: *Oh, mein Gott. Ich habe keinen Loader dafür geschrieben.* Ein Loader ist der Code, der dem Computer sagt: »Das ist Software.« Ohne ihn wäre der Code nutzlos.

Über einen ausklappbaren Tisch gebeugt, kritzelte Paul den gesamten Code aus seinem übermenschlichen Gedächtnis auf einen

Notizblock und wurde kurz bevor die Räder des Flugzeugs den Boden berührten damit fertig. Er hatte nicht einmal die Möglichkeit, ihn zu testen.

Am folgenden Tag fuhr Paul zum MITS-Hauptquartier, und der Gründer führte ihn herum. Sie hielten an einem Schreibtisch mit einem Altair 8800 darauf. Es war das erste Mal, dass Paul ein solches Gerät leibhaftig vor sich sah.

»In Ordnung«, sagte der Gründer. »Legen wir los.«

Paul holte tief Luft, lud die Software, und ... sie funktionierte. Paul und Bill schlossen das Geschäft ab, unterzeichneten den Vertrag und verkauften so ihre erste Software.

Für mich stach eine Lektion unter den anderen dieser Geschichte heraus. Obwohl sein Programmiertalent bemerkenswert war, wäre all das nicht passiert, wenn Gates nicht in seinem Zimmer seine Ängste überwunden, den Telefonhörer in die Hand genommen und bei MITS angerufen hätte. Erst seine Fähigkeit, das Schwierige zu tun, das ihm Unbehagen bereitete, hatte diese Gelegenheit ermöglicht. Das Potenzial, die eigene Zukunft zu erschließen, liegt in den eigenen Händen – aber zuerst muss man den verdammten Hörer in die Hand nehmen.

Obwohl das eine gute Lektion war, hatte ich das Gefühl, dass sie weit vom Heiligen Gral entfernt war. Wenn ich mich mit Gates zusammensetzte, musste ich eine Erkenntnis ausgraben, die überraschend, kraftvoll und lebensverändernd wäre – etwas, das noch kein Interviewer zuvor erhalten hatte.

Für mich war der Heilige Gral eine lebendige, atmende Wahrheit. Er hatte mich in den letzten zwei Jahren dazu motiviert, durch den Schlamm zu waten. Und jetzt, da ich so nahe daran war, war ich noch eiserner dazu entschlossen, ihn zu bekommen.

Am Morgen vor dem Interviewtermin packte ich meine Reisetasche, legte meinen Notizblock in meinen Rucksack und machte mich auf den Weg nach Seattle.

KAPITEL 26
DER HEILIGE GRAL: TEIL II

Ich ging einen golden beleuchteten Flur entlang, an dessen Ende sich eine einzelne Tür befand. Eine Assistentin bat mich, zu warten. Dann verschwand sie hinter der hohen Milchglastür. Ich betrachtete den dunklen Ledergriff mit silberner Zierleiste genauer, studierte ihn, als würde er einen Hinweis enthalten. Selbst das kleinste Detail konnte mich zum Heiligen Gral führen, und da ich nicht wusste, wo er vergraben war, durfte ich kein Detail übersehen.

Schließlich konnte ich nicht einfach hineingehen und sagen: »Yo, Bill. Was ist der Heilige Gral?« So etwas kann man nicht tun. Und man kann nicht einfach hoffen, dass Bill Gates einem einen Hinweis gibt. Er wird nicht auf eine Buddha-Statue auf seinem Schreibtisch zeigen und sagen: »Ah ... sehen Sie diesen Buddha? Er steht dort, damit er mich an das Geheimnis des Geschäftemachens erinnert ...« Ich würde die Hinweise selbst finden müssen und dazu würde mir nicht viel Zeit bleiben. Da ich mich bei unserem Treffen vollständig auf unser Gespräch würde konzentrieren müssen, wäre meine einzige Chance, visuelle Hinweise zu finden, genau dann, wenn ich das Büro betreten würde.

Und dann, in einer Art Zeitlupe, schwang die Milchglastür auf. Direkt vor mir stand Bill Gates und nippte an einer Cola Light. Er lächelte und hob die Dose an, als wolle er Prost sagen.

»Hallo«, sagte er. »Kommen Sie doch rein ...«

In dem Moment, als ich durch die Tür trat, fühlte ich mich erneut wie bei der Spielshow *The Price is Right*, bei der es galt, die Details der Gegenstände zu erkennen, um so gut wie möglich den korrekten Preis zu erraten. Nur mit dem Unterschied, dass ich alle Details ausfindig machen, sie mir so schnell wie möglich einprägen und herausfinden musste, welche Hinweise mir helfen würden, den Heiligen Gral zu finden – und das alles, bevor wir zu reden anfangen würden. Als Gates zum Sitzbereich in seinem Büro ging, hörte ich in meinem Kopf nur noch: »AUF DIE PLÄTZE ... FERTIG ... LOS!«

Gates' Schreibtisch war aus Holz; er war aufgeräumt; darauf befanden sich zwei Monitore; hinter seinem Schreibtisch stand ein bernsteinfarbener Lederstuhl mit hoher Lehne; Sonnenlicht strömte durch die bodentiefen Fenster und ließ das Glas von fünf Bilderrahmen an der Wand aufleuchten. Auf einem Foto lachte Gates gemeinsam mit Warren Buffett, auf einem anderen war er gemeinsam mit Bono zu sehen, und ein drittes war die Nahaufnahme einer Mutter, die in einem Land, das wie ein Drittweltland aussah, einen Säugling in ihren Armen hielt. Unterhalb der Bilderrahmen befand sich ein polierter ovaler Couchtisch, auf dem zwei Bücher lagen. Eines davon war von Steven Pinker, und ich machte mir eine geistige Notiz: »Kauf Bücher von Steven Pinker.« An beiden Enden der Sitzecke standen zwei elfenbeingraue Sessel, dazwischen eine braune Couch. Gates saß in einem der Sessel, und ich bemerkte, dass seine Slipper schwarz und vorn abgerundet waren, mit Quasten oben drauf. Ich machte mir eine weitere geistige Notiz: »Kauf Slipper mit Quasten.« Gates trug dunkle Hosen und Socken mit tiefen Bündchen. Dazu trug er ein Golfpoloshirt: bequeme Passform; dunkelgold, fast senfbraun. Seine –

Mein mentaler Summer ging los.

»Also, ist das Ihr erstes Buch?«, fragte Gates.

Gates' charakteristische hohe Stimme klang nun sogar noch höher, was mir das Gefühl gab, dass er sich aufrichtig darüber freute, mich zu treffen.

Er gratulierte mir und sagte, er sei beeindruckt, welche Menschen ich bereits interviewt hätte. Dann fragte er, wie ich Qi Lu kennengelernt hätte.

Gates' Stabschef betrat den Raum, begrüßte mich und nahm neben mir auf der Couch Platz. »Da wir nur fünfundvierzig Minuten haben«, sagte er, »schätze ich, wir sollten gleich loslegen, um die Zeit bestmöglich zu nutzen.«

Ich stellte mein Tonbandgerät auf den Tisch und warf einen Blick auf meinen Notizblock. Ich überlegte mir, damit zu beginnen, wie Gates sein erstes Unternehmen gegründet hatte.

»Ich habe etwas über Ihre Traf-O-Data-Zeit gelesen«, sagte ich. »Was haben Sie aus dieser Erfahrung während Ihrer Highschool-Zeit gelernt, das Ihnen später bei Microsoft geholfen hat?«

»Nun«, sagte Gates, »Paul Allen und ich haben gemeinsam daran gearbeitet. Tatsächlich war das ganz gut für uns, denn es handelte sich um einen sehr eingeschränkten Mikroprozessor ...«

Gates antwortete zunächst langsam, und dann, als würde ein Schalter umgelegt, setzte er sich in seinem Sessel zurecht, heftete seinen Blick auf die Wand und verwandelte sich in eine Audioversion der *World Book Encyclopedia*, die in doppelter Geschwindigkeit abgespielt wird.

»... Der allererste Mikroprozessor kam '71 auf den Markt. Es war der 4004, der zu kaum etwas imstande war. Paul hat ihn gesehen und mir gezeigt, und er wusste, dass wir damit nicht viel tun konnten. Dann kam '73 der 8008 heraus, und Paul fragte mich, ob ich einen BASIC-Code dafür schreiben könnte, und ich sagte ... Moment, nein, nein, die Daten stimmen nicht: '72 war der 8008 und '74 der 8080 ...«

Ich hatte hier nach Details suchen wollen, und nun wurde ich unter einer ganzen Lawine davon verschüttet.

»... wir beschlossen, dass wir nur Sachen für spezielle Einsatzzwecke machen konnten, also holten wir uns einen dritten Partner dazu, der sich damit auskannte, wie man Dinge verdrahtet. Das alles kam dadurch zustande, dass wir wussten, dass die Leute diese Röhren hatten, die den Verkehr auf dem Boden messen und diese komischen Papierbänder stanzen. Wir waren der Meinung, dass es einen Weg geben musste, das per Computer zu machen. Wir haben tatsächlich Leute dazu gebracht, das von Hand zu verarbeiten; wir haben ihnen zugesehen und Zahlen aufgeschrieben, diese dann in Lochkarten gestanzt, damit wiederum einen Computer mit Stapelverarbeitung gefüttert und ...«

Die Lawine hörte gar nicht mehr auf, und ich schaffte es nicht, meinen Kopf über dem Schnee zu halten.

»... also ging ich aufs College, Paul bekam einen Job, und wir diskutierten immer wieder darüber, ob wir Hardware oder Software machen sollten, wann wir damit anfangen sollten, und schließlich begannen wir 1979 als reine Softwarefirma. Nein, nein, wir haben die Softwarefirma '75 gegründet. Ja, tut mir leid, '75. Wir zogen '79 nach Seattle um ...«

Zehn Minuten verflogen, aber sie fühlten sich an wie zehn Sekunden. Angst ergriff mich. *Was, wenn das gesamte Interview innerhalb von fünfundvierzig Sekunden vorbeifliegt?*

In diesem Moment öffnete sich die Bürotür.

Eine Frau steckte den Kopf herein und sagte: »Entschuldigen Sie die Unterbrechung, aber ich habe Jenn in der Leitung. Sie fragte, ob ich Sie holen könne.«

»Okay«, sagte Gates und erhob sich aus seinem Sessel. »Ich komme gleich wieder«, sagte er zu mir. »Einen Moment.«

Der Stabschef beugte sich zu mir herüber. »Familie«, flüsterte er.

Es war, als wäre ein Rettungshubschrauber gekommen.

Die Tür wurde geschlossen.

Ich sackte auf der Couch in mich zusammen und stieß einen langen Atemzug heraus.

***

Ich blätterte verzweifelt meinen Notizblock durch und sah mir meine Fragen an.

»Ist das ... Hilft Ihnen das weiter?«, fragte mich der Stabschef. »Diese Perspektive der Geschichten?«

Ich hatte den Stabschef gebeten, bei dem Gespräch dabei zu sein, falls ich Hilfe bräuchte, und jetzt bot er sie mir an. Meine erste Frage war überhaupt nicht durchdacht gewesen. Zu diesem Zeitpunkt hätte ich sagen sollen: »Ja, ich könnte etwas Hilfe gebrauchen«, aber ich hatte zu viel Angst, dass die Wahrheit mich wie ein Amateur aussehen lassen würde.

»Äh, ja«, sagte ich, »ich glaube, es läuft gut.«

»Okay«, sagte der Stabschef. »Prima.«

Ich wandte mich wieder meinem Notizblock zu. Wenn mich irgendetwas zum Heiligen Gral führen konnte, dann musste es eine taktische Geschäftsfrage sein und wahrscheinlich eine über den Vertrieb. Der zweifellos wichtigste Vertriebsschachzug in Gates' Leben war der IBM-Deal, den er 1980 in deren Büro in Boca Raton abschloss. Er war damals fünfundzwanzig, und IBM war das größte Technologieunternehmen der Welt. Der Abschluss dieses Geschäfts versetzte Microsoft in die Lage, die Softwareindustrie jahrzehntelang zu dominieren. Nach IBM schloss er einen Deal mit HP ab, und die Dominosteine fielen weiter. Gates sagte den für PCs zuständigen Führungskräften: »Wollen Sie auf ein x-beliebiges zweitklassiges Betriebssystem setzen oder wollen Sie auf das Betriebssystem setzen, das IBM empfiehlt?« Das war der Wendepunkt für Gates' Erfolg, doch keine Biografie, die ich gelesen hatte, erklärte, *wie* er das Geschäft abgeschlossen hatte.

»Ich habe meinen Freunden von der IBM-Geschichte in Boca erzählt«, sagte ich dem Stabschef. »Eine Frage, die ich für sie stellen soll, lautet: Wenn Bill einen fünfminütigen Lehrvortrag darüber halten würde, wie man bedeutende Geschäftssitzungen am besten angehen sollte, was würde er dann sagen?«

»Das ist gut«, sagte der Stabschef. »Das gefällt mir.«

Die Bürotür öffnete sich.

Gates kehrte zu seinem Sessel zurück, und ich stellte meine Frage.

»Damals«, sagte er, »war ich jung, und ich *sah jünger aus*. Bei IBM saßen Leute am Tisch, die mir anfangs ziemlich skeptisch gegenüberstanden.« Er erklärte, dass der erste Schritt in einem Verkaufsgespräch darin bestehe, die Skepsis zu überwinden, und das könne man am besten dadurch erreichen, dass man die Leute mit seinem Fachwissen überwältige. Gates selbst hätte schnell gesprochen und wäre sofort in die Details eingetaucht – Zeichensätze, Computerchips, Programmiersprachen, Softwareplattformen –, bis unbestreitbar klar war, dass er nicht einfach irgendein Kind war.

»Fast immer, wenn wir gefragt wurden, wie lange es dauern würde, etwas umzusetzen«, fuhr Gates fort, »sagten wir etwas wie: ›Nun, wir können es schneller umsetzen, als wir *Ihnen sagen* können, wie lange es dauert! Wann wollen Sie es also haben? In ein paar Stunden?‹«

Sein Rat, zu viel zu versprechen, ist nicht neu, aber Gates versprach IBM eine Geschwindigkeit, die offensichtlich unmöglich war. In Wirklichkeit brauchte Microsoft Monate, um die Software zu liefern. Aber das spielte auf lange Sicht keine Rolle. Wichtig war, dass Gates verstanden hatte, dass eines der Probleme großer Unternehmen darin besteht, dass ihre Mühlen nur langsam mahlen – also verkaufte er ihnen das, was sie am meisten brauchten.

Gates erzählte mir dann etwas, das alles, was ich über die Strukturierung eines Deals zu wissen glaubte, völlig auf den Kopf stellte.

Er hatte damals darauf gesetzt, es sei *besser*, weniger Geld von IBM zu fordern, als jeden möglichen Cent aus dem Unternehmen herauszupressen. Er hatte daran geglaubt, dass andere Firmen auf den PC-Markt kommen würden und dass diese noch lukrativere Geschäfte mit Microsoft machen würden, wenn er den IBM-Deal abschließen könnte.

»Wir sahen es also folgendermaßen: Der Deal würde uns von IBM *etwas* Gewinn einbringen«, erklärte Gates, »aber *mehr* Gewinn von den anderen Firmen, die hinzukommen würden.«

Gates hatte mit etwas Wertvollerem als Bargeld bezahlt werden wollen: strategischer Positionierung. Es ist besser, heute einen fairen Deal abzuschließen, der zu mehr künftigen Geschäften führen wird, als einen großen Deal, der zu gar nichts führen wird. Die Lehre daraus war klar: Ziehe die langfristige Positionierung gegenüber kurzfristigen Gewinnen vor.

Wenn ich daran zurückdenke, wird mir klar, dass ich dankbar für die Lektionen hätte sein sollen, die Gates mir erteilt hat. Aber stattdessen saß ich einfach da und dachte: *Wirklich ...? Ist das alles? Wo ist der Heilige Gral?*

Es hat lange gedauert, bis ich verstanden habe, warum ich so blind war. Ich gehörte der BuzzFeed-Generation an, und da Gates' Erkenntnisse nicht twitterbar waren oder in einem griffigen Artikel in Form einer Liste – wie »Die 10 überraschendsten Geheimnisse des reichsten Manns der Welt« – daherkamen, erkannte ich ihren Wert nicht. Ich nahm an, dass der Heilige Gral irgendwo anders begraben sein müsse, also fragte ich Gates nach seinen Verhandlungsgeheimnissen.

»Wie war es, mit Leuten zu verhandeln, die so viel älter und erfahrener waren als Sie?«

»Nun, IBM unterlag gewissen Einschränkungen«, antwortete er. Dann erzählte er mir vom Quellcode und von unbegrenzter Haftung – Dinge, die nichts mit Verhandlungen zu tun zu haben schienen. Ich konnte nicht verstehen, warum er meine Frage nicht beantwortete.

Erst im Nachhinein kann ich sehen, dass er darauf geantwortet *hat*, nur nicht so, wie ich es wollte. Erst als ich mir später die Aufnahme anhörte, verstand ich, was er gesagt hatte.

Schon während der Verhandlungen mit IBM war Gates klar, dass er Microsofts Quellcode geheim halten musste, aber er wusste auch, dass er IBM nicht sagen konnte, es solle den Quellcode nicht nehmen, weil es genau das war, was das Unternehmen kaufte. Gates fand heraus, wovor IBM Angst hatte – vor einem größeren Rechtsstreit –, und nutzte das, um eine Strategie zu entwickeln. In dem Vertrag bestand er auf unbegrenzter Haftung, falls IBM versehentlich den Quellcode offenlegen sollte. Das bedeutete, dass, wenn ein Mitarbeiter den Code durchsickern ließe – und sei es auch nur unwissentlich –, Microsoft IBM auf vielleicht Milliarden verklagen könnte. Das erschreckte die Anwälte von IBM so sehr, dass das Unternehmen beschloss, sich nicht einmal den Quellcode übergeben zu lassen, was genau das war, was Gates gewollt hatte. Die Lektion: Finde die Ängste deines Gegners heraus und nutze sie dann zu deinem Vorteil.

»Das war enorm strategisch«, sagte Gates grinsend. »Steve Ballmer und ich sind darauf gekommen.«

All das war mir allerdings während des Interviews zu hoch. Also holte ich tief Luft und präzisierte die Frage. »Wie haben Sie mit Ed Roberts verhandelt?« Roberts war der Gründer von MITS, dem Unternehmen, das die erste Software von Gates gekauft hat.

Ich hoffte, eine geheime Checkliste zu hören, zum Beispiel: »Erstens, sitzen Sie aufrecht; zweitens, schütteln Sie Ihrem Gegenüber schräg die Hand; drittens, wenn noch eine Minute Zeit bleibt, stehen Sie auf, sehen Sie ihm in die Augen und sagen Sie dies ...« Aber natürlich lief es nicht so. Stattdessen erzählte Gates mir alles über das Leben von Ed Roberts. Dann erzählte er mir alles über das Geschäftsmodell von MITS.

Auch hier kann ich erst rückblickend erkennen, dass seine Antwort Sinn ergab. Er wollte damit sagen, es sei entscheidend, die Person, mit der man es zu tun hat, genau zu kennen. Als es um den Gründer des MITS ging, fand Gates alles über seine Persönlichkeit, seine Macken, seine Erfolge und seine Träume heraus. Darüber hinaus recherchierte Gates alles über sein Geschäftsmodell, seine finanziellen Zwänge, seine Kapitalstruktur und Liquiditätsengpässe.

Aber auch das ging über meinen Horizont hinaus. Ich blickte auf die Uhr. Die Zeit lief mir davon. Ich geriet in Panik und fragte ein drittes Mal: »Welche drei Verhandlungsfehler begehen Leute typischerweise?«

Gates seufzte. Er sah mich an, als könne er nicht verstehen, warum ich es nicht verstand. Er begann, zu antworten, und es hörte sich im Wesentlichen so an: *Nun ... nicht das zu tun, was ich gerade gesagt habe ...*

Ich saß da und dachte: *Was ist denn mit dem Kerl los? Warum will er mir keine richtige Antwort geben?* Es kam mir nicht in den Sinn, dass es an mir lag, dass ich seine Antwort einfach nicht verstand.

Gates sagte mir, ich solle die Menschen, mit denen ich verhandeln wolle, um Rat bitten, so viel informelle Zeit wie möglich mit ihnen verbringen und sie dazu bringen, mich unter ihre Fittiche zu nehmen. Inzwischen ist mir klar, dass Gates mir im Wesentlichen sagte, ich solle mir keine Gedanken mehr über die Buzz-Feed-Tricks machen. Die beste Verhandlungstaktik ist der Aufbau einer echten, vertrauensvollen Beziehung. Wenn man ein unbekannter Unternehmer ist und die Person, mit der man es zu tun hat, nicht an einem interessiert ist, warum sollte er oder sie dann überhaupt das Geschäft machen? Aber wenn es sich bei der Person um einen Mentor oder Freund handelt, braucht man vielleicht gar nicht erst zu verhandeln.

Das war das Letzte, was ich vom Schachgroßmeister der Geschäftswelt zu hören erwartet hätte. Ich hatte geglaubt, er würde mir kampferprobte Geheimnisse mitteilen, aber stattdessen sagte er mir, ich solle mich mit meinem Gegner anfreunden, damit ich gar nicht erst kämpfen müsse.

Der Stabschef räusperte sich.

»Sie haben noch Zeit für eine weitere Frage.«

***

Ich blätterte durch die Seiten meines Notizblocks. Darauf standen noch eine Menge ungestellter Fragen.

Zum Teufel damit, dachte ich. *Wenn mir nur noch eine letzte Minute mit Bill Gates bleibt, kann ich genauso gut etwas Spaß haben.*

Ich warf meinen Notizblock beiseite.

»Was ist die denkwürdigste, verrückteste, lustigste Anekdote aus Ihrer geschäftlichen Anfangszeit?«

Gates nahm sich einen Moment Zeit zum Nachdenken.

»Nun«, sagte er und löste seine verschränkten Arme voneinander, »es hat viele lustige Verhandlungen mit japanischen Unternehmen gegeben.« Er sah nach oben, als würde vor seinem geistigen Auge ein Film ablaufen. Ich konnte seine Erregung spüren, als er mir von einem Treffen mit einer Gruppe japanischer Manager erzählte. Gates gab sich größte Mühe bei dem Verkaufsgespräch, erklärte ihnen die Dinge immer und immer wieder, bis er schließlich am Ende fragte, ob sie ein Geschäft abschließen wollten. Die Manager drängten sich zusammen. Sie unterhielten sich auf Japanisch, aus einer Minute wurden fünf, dann zehn. Es vergingen zwanzig Minuten, bis sie schließlich ihr Urteil abgaben.

»Die Antwort lautet ...« – dramatische Pause – »... vielleicht.«

»Was auf Japanisch so ziemlich Nein bedeutet«, sagte Gates. »Dann sagten wir zu ihnen: ›Oh, Ihr Anwalt spricht sehr gut Englisch!‹ Daraufhin erwiderten sie: ›Oh, aber er spricht furchtbares Japanisch!‹«

Der Stabschef und ich brachen in Gelächter aus. Es war, als hätte sich meine gesamte Anspannung der vergangenen fünfundvierzig Minuten in Luft aufgelöst.

Gates ging direkt zu einer anderen Geschichte mit einem anderen japanischen Manager über. Der Mann war nach Seattle geflogen, tauchte in Gates' Büro auf und sagte, wie großartig Microsoft sei. Er warf mit Komplimenten nur so um sich. Gates wurde nervös. Microsoft war mit der Lieferung von Software an die Firma dieses Managers in Verzug, sodass die Worte keinen Sinn ergaben. Der Manager blieb außerordentlich freundlich und war voll des Lobes. Gates wunderte sich: Was will er eigentlich? Will er noch mehr Software kaufen?

Schließlich kam der Geschäftsführer zum Punkt. »Mr. Gates ... was wir kaufen wollen ...« – eine weitere dramatische Pause – »... sind Sie.«

Wir drei lachten wieder gemeinsam, und zum ersten Mal hatte ich das Gefühl, dass dies kein Interview mehr war. Wir waren einfach nur drei Kerle, die Spaß hatten.

»Was haben Sie darauf gesagt?«, fragte der Stabschef lachend. »›Die Antwort lautet vielleicht‹?«

Wir scherzten noch ein wenig herum, dann beugte sich der Stabschef vor und schloss seine Tasche. Gates verstand das Zeichen und erhob sich von seinem Sessel.

»Wie alt waren Sie während dieser Verhandlungen mit den Japanern?«, fragte ich.

»Die großen Jahre in Japan fanden statt, als ich zwischen neunzehn und dreiundzwanzig war. Dafür gebührt meinem Freund und Geschäftspartner Kay Nishi viel Anerkennung. Er und ich sind gemeinsam Klinken putzen gegangen. Wir übernachteten im selben Hotelzimmer, in dem zwei Einzelbetten standen. Die Leute riefen uns mitten in der Nacht an. Ich erinnere mich an eine Nacht, in der wir drei Stunden durchschlafen konnten. Ich weckte Kay und sagte: ›*Hey, was ist denn mit unserem Geschäft los? Seit drei Stunden hat niemand mehr angerufen!*‹«

Gates erzählte noch ein bisschen mehr, und ich bemerkte, dass sich im ganzen Raum ein Gefühl der Wärme ausgebreitet hatte. Ich bedauerte, dass ich das Interview nicht gleich auf diese Weise begonnen hatte. Aber es war zu spät. Gates schüttelte mir die Hand und verabschiedete sich. Er ging auf seinen Schreibtisch zu und ich in Richtung Tür. Bevor ich hinausging, sah ich noch einmal über meine Schulter, um einen letzten Blick zu erhaschen. Gerade in dem Moment, als sich alles richtig angefühlt hatte, war es vorbei.

KAPITEL 27
DIE DRITTE TÜR

Zwei Monate später, in der Abstellkammer

Ich hatte das Gefühl, in einem alten Alptraum gefangen zu sein. Wieder einmal saß ich über meinen Schreibtisch gebeugt da, den Kopf in die Hände gestützt.

Das soll wohl ein Witz sein ...

Als ich Gates' Stabschef beim TED-Meeting zum ersten Mal getroffen hatte, hatte er nicht nur gesagt, dass Gates ein Interview mit mir machen würde, sondern er hatte auch gesagt, dass er mir helfen würde, einen Interviewtermin mit Warren Buffett zu bekommen. Gates und Buffett waren beste Freunde, wenn es also etwas gab, das Buffett beeinflussen konnte, dann dies. Der Stabschef setzte sich schließlich mit Buffetts Büro in Verbindung, und obwohl ich nie erfahren werde, was genau damals passiert ist, schickte mir der Stabschef daraufhin die folgende E-Mail:

• • • • • • • • •

Bitte keine weiteren Anrufe in Warrens Büro. Danke ...

• • • • • • • • • • • • •

Ich konnte es nicht glauben. Nicht nur, dass die Antwort immer noch Nein lautete, ich war auch noch dermaßen hartnäckig gewesen, dass ich mich auf die schwarze Liste katapultiert hatte.

Kein einziges Lehrbuch griff dieses Thema auf. Keines der inspirierenden Zitate, die ich gelesen hatte, hatte mich vor den Gefahren einer übermäßigen Beharrlichkeit gewarnt. Nicht ein einziges Mal hatte ich innegehalten und mich gefragt: »Bin ich die Art von Mensch, der man helfen möchte? Stattdessen hatte ich Woche für Woche Buffetts Assistentin angerufen. Und selbst nachdem ich monatelang ein Nein zu hören bekommen hatte, war ich noch nach Omaha geflogen und hatte ihr einen verdammten Schuh geschickt. Ich war so besessen davon gewesen, mein Ziel zu erreichen, dass ich blind dafür gewesen war, wie ich herüberkam. Ich hatte mir ein so tiefes Loch gegraben, dass selbst Bill Gates mich nicht mehr herausziehen konnte.

Ich hätte schon vor langer Zeit, als ich Tim Ferriss belästigte, indem ich ihm einunddreißig E-Mails schickte, kapieren müssen, dass es die Gefahr einer übermäßigen Beharrlichkeit gibt. Ferriss wollte nichts mit mir zu tun haben. Er hatte dem Interview nur wegen meines Insiders bei DonorsChoose zugestimmt. Aber weil Ferriss letztendlich Ja gesagt hatte, hatte ich das als Sieg gewertet. Erst jetzt, da meine Bemühungen bei Buffett scheiterten, nahm ich mir die Zeit zum Nachdenken. Das Leben haut einem so lange dieselbe Lektion um die Ohren, bis man zuhört.

Ich hatte allerdings wohl nicht vielen Lektionen zugehört, denn Buffett war nicht mein einziges Problem. Seit ich Bill Gates' Büro verlassen hatte, hatte ich noch mehr Interviewanfragen verschickt und noch mehr Absagen von Lady Gaga, Bill Clinton, Sonia Sotomayor, Michael Jordan, Arianna Huffington, Will Smith und Oprah Winfrey erhalten – und als ich mich noch einmal bei Steven Spielberg gemeldet hatte, hatte sogar er Nein gesagt.

Ich hatte gedacht, dass die Absage von Spielberg ein Fehler sein müsse. Als wir uns das erste Mal getroffen hatten, hatte er mir in die Augen gesehen und mir gesagt, ich solle erneut auf ihn zukommen. Ein Freund von Summit hatte mich also dem Co-Präsidenten von Spielbergs TV-Produktionsfirma vorgestellt, damit ich ihm die Situation persönlich erklären konnte. Der Co-Präsident leitete meine Bitte persönlich weiter, aber Spielbergs Antwort lautete noch immer Nein. Der Co-Präsident versuchte es mit einem anderen Ansetzungspunkt und übermittelte die Bitte ein zweites Mal und schließlich ein drittes Mal. Es blieb beim Nein.

Was zum Teufel war hier los?

Ich knallte meinen Laptop zu und lief durch die Abstellkammer, aber der beengte Raum trug nur noch mehr zu meiner Frustration bei. Ich holte mein Handy hervor und schrieb Elliott eine SMS.

• • • • • • • • •

Könnte einen Rat gebrauchen. Hast du Zeit??

• • • • • • • • • • • •

Mein Handy klingelte, noch bevor ich es hinlegen konnte.

»Das ging schnell«, sagte ich.

»Natürlich ging es schnell«, antwortete Elliott. »Was ist denn los?«

»Ich werde verrückt. Bill Gates' Stabschef sagte mir, ich solle Schwung in die Sache bringen, also habe ich Schwung hineingebracht. Malcolm Gladwell schrieb über den Wendepunkt, und ich habe meinen Wendepunkt erreicht. Ich dachte, wenn ich erst einmal Bill Gates interviewt haben würde, dann würde sich alles zum Guten wenden. Aber ich bin immer noch nicht besser dran.«

»Du *Idiot*. Du hast diese dumme Frage schon gestellt, als wir uns das erste Mal getroffen haben, und ich habe dir damals gesagt, *dass es keinen Wendepunkt gibt*. Das alles besteht nur aus kleinen Schritten.«

Ich schwieg. Er hatte das tatsächlich gesagt.

»Ein Wendepunkt erscheint erst im Nachhinein«, fügte Elliott hinzu. »Man spürt ihn nicht, wenn man im Schützengraben liegt. Als Unternehmer geht es darum, Dinge anzustoßen und voranzutreiben, nicht darum, eine Kehrtwende zu vollziehen.«

»Gut, das verstehe ich«, sagte ich. »Aber weißt du, was mich wütend macht? All diese Absagen, die ich bekomme, sind mir absolut keine Hilfe. Die Leute sagen mir: *Oh, wir lieben, was du tust! Leider ist sein Terminkalender jedoch mehr als voll.* Natürlich ist er beschäftigt. Aber Bill Gates ist auch beschäftigt. Wenn man es also wirklich wollte, würde man sich die Zeit nehmen. Was soll ich tun, wenn ich nicht nur abgewiesen werde, sondern mir nicht einmal der wahre Grund für die Absage mitgeteilt wird?«

»Kumpel, damit habe ich auch ständig zu kämpfen. Das sind die schwachsinnigen Neins. So welche bekomme ich tausendmal pro Woche. Man muss nur genügend Eisen ins Feuer legen, damit man, wenn man von einer Person ein schwachsinniges Nein erhält, immer noch an dreißig anderen arbeiten kann. Willst du wissen, weshalb diese Taktik funktioniert?« Elliott machte eine kleine Kunstpause und fuhr dann fort: »Vor anderthalb Jahren, als du mich zum ersten Mal per E-Mail um Rat gefragt hast, wusstest du nicht, dass ich einen Monat zuvor einen Vorsatz fürs neue Jahr gefasst hatte, jemanden zu finden, dem ich als Mentor zur Seite stehen könnte.«

Ich war sprachlos.

»Verrückt, oder? Das konntest du auf keinen Fall wissen. Ich will damit sagen, dass ich sicher nicht der Erste war, den du per E-Mail um Rat gebeten hast. Du hast Dutzende von Leuten angeschrieben, und aufgrund eines externen Faktors, den du nicht vorhersehen konntest, hat es bei einem Mal geklappt. Du kannst unmöglich wissen, was im Leben der Menschen, die du anfragst, vor sich geht. Du kannst nicht vorhersehen, in welcher Stimmung oder wie großzügig sie sind. Du hast nur die Kontrolle über deine eigenen Bemühungen.«

»Aber was, wenn alle dreißig Eisen in meinem Feuer nicht zum Erfolg führen?«

»Dann musst du zwei Dinge tun. Erstens größer denken. Und zweitens anders denken.«

»Komm schon, Mann. Gib mir etwas Konkretes.«

»Ich kann dir nicht alle Antworten geben, aber ich gebe dir ein Beispiel. Für die Summit-Konferenz, die wir in Washington, D.C., organisiert haben, konnten wir keine einzige Person für den Hauptvortrag gewinnen. Die Leute waren beschäftigt. Blake Mycoskie von TOMS sagte, er könne nicht kommen. Es war eine absolute Katastrophe. Also mussten wir größer denken: Bill Clinton. Und wir mussten anders denken: Wir veranstalteten eine Spendensammlung für seine Stiftung, also *musste* er kommen. Sobald er dabei war, riefen wir Russell Simmons an, der bereits Nein gesagt hatte, und fragten ihn, ob er die Eröffnungsrede für Bill Clinton halten könne – und jetzt sagte er Ja. Dann planten wir den Termin für die Veranstaltung so, dass sie mit dem Reiseplan von Ted Turner nach Washington zusammenfiel. Dieser Punkt und die bestätigte Teilnahme von Clinton führten dazu, dass Ted Turner zusagte. Blake Mycoskie teilte uns immer noch mit, er habe andere Verpflichtungen, also änderten wir die Anfrage und baten ihn, eine Fragerunde mit seinem Vorbild zu moderieren – wir wussten, dass sein Vorbild Ted Turner war. Zack. Jetzt war Blake dabei. Man muss den Menschen nur ein Angebot machen, das sie nicht ablehnen können.«

Mir kam da eine Idee. »Ich frage mich, ob ...«

»Ja.«

»Ich wollte gerade sagen, dass ich mich frage, ob ...«

»Ja. Ja, ja, ja. Wann immer du dich etwas fragst, lautet die Antwort Ja. Die Leute wollen keinen kleinen Scheiß machen. Du musst größer denken und anders denken. Mach nicht den Fehler, dein ganzes Leben mit ›Ich frage mich ...‹ zu verbringen. Setz es einfach um.«

Eine Woche später, im Central Park, New York City

Ich schloss den Reißverschluss meiner Jacke und folgte Elliott durch die Menge. Vor einer Stunde war es dunkel geworden. Direkt vor uns befand sich eine mit lavaroten Lichtern beleuchtete Außenbühne. John Mayer stand im Scheinwerferlicht, streifte sich den Gitarrengurt über die Schulter und löste damit den Jubel von sechzigtausend Fans aus.

Ich war nach New York gekommen, um Meetings abzuhalten, mit denen ich meine Interviewanfragen neu beleben und meine Eisen ins Feuer bringen wollte. Elliott hatte mich zu diesem Festival eingeladen, und nun machten wir uns auf den Weg zur Bühne. Während wir nach vorn gingen, entdeckte Elliott jemanden, den er kannte, winkte ihm zu und lief zu ihm.

Ich blieb etwas zurück, um den beiden Gelegenheit zu geben, ungestört miteinander zu reden. Eine Minute später packte mich Elliott an der Schulter und zog mich nach vorn. »Matt«, sagte Elliott, »kennst du Alex schon?«

Elliotts Freund schüttelte den Kopf und blickte desinteressiert drein. Er war etwa vierzig Jahre alt und hatte breite Schultern.

»Du wirst ihn lieben«, sagte Elliott. »Alex arbeitet an einem Projekt, das alles vereint, wofür du stehst. Er hat Larry King interviewt, Bill Gates ...«

Matts Augen weiteten sich ein wenig. Elliott forderte mich auf, Matt meine Geschichte über die Teilnahme an *The Price is Right* zu erzählen, und als ich das tat, lachte Matt die ganze Zeit über. Elliott spielte erneut den Stichwortgeber. »Alex, erzähl Matt die Analogie, die du mir erzählt hast. Du weißt schon, die mit den drei Türen.«

Elliott und ich hatten ein paar Tage zuvor telefoniert, und er hatte mich gefragt, ob ich bei den Leuten, die ich interviewt hatte, eine Gemeinsamkeit bemerkt hätte. Ich hatte ihm gesagt, dass ich mit einer Analogie herumspielen würde.

Alle Menschen, die ich interviewt hatte, behandelten das Leben, das Geschäftliche und den Erfolg auf die gleiche Art und Weise. In meinen Augen war es wie mit dem Zutritt zu einem Nachtclub. Es gibt immer drei Wege hinein.

»Da ist die erste Tür«, sagte ich zu Matt, »der Haupteingang, an dem die Warteschlange die Straße entlang und um die nächste Ecke herumführt. Dort stehen 99 Prozent der Menschen an, in der Hoffnung, hineinzukommen. Dann gibt es noch die zweite Tür, den VIP-Eingang. Da schlüpfen die Milliardäre, die Berühmtheiten und die Menschen, die in ein Leben der Reichen und Schönen hineingeboren wurden, hinein.«

Matt nickte.

»Die Bildungseinrichtungen und die Gesellschaft vermitteln einem das Gefühl, dies wären die einzigen beiden Wege hinein. Aber in den letzten Jahren ist mir klar geworden, dass es immer, wirklich immer ... die dritte Tür gibt. Das ist der Eingang, bei dem man aus der Reihe springen, die Gasse hinunterrennen, hundertmal gegen die Tür klopfen, das Fenster aufbrechen, durch die Küche schleichen muss – es gibt immer einen Weg. Ob es darum geht, wie Bill Gates seine erste Software verkaufte oder wie Steven Spielberg der jüngste Studioregisseur in der Geschichte Hollywoods wurde, sie alle nahmen ...«

»... die dritte Tür«, sagte Matt. Ein Lächeln breitete sich auf seinem Gesicht aus. »Genauso lebe ich schon mein ganzes verdammtes Leben.«

Ich sah zu Elliott hinüber, der grinste.

»Alex«, sagte Elliott, »du weißt sicher, dass Matt Lady Gagas soziales Netzwerk geschaffen hat, oder?« Bevor ich antworten konnte, fügte Elliott hinzu: »Hast du mir nicht mal gesagt, dass du sie interviewen möchtest?«

Natürlich kannte Elliott die Antwort darauf. Immerhin hatte er selbst mich ein Jahr zuvor Lady Gagas Manager vorgestellt. Seitdem versuchte ich, eine Beziehung zu dem Manager aufzubauen; ich hatte mich mit ihm in seinem Büro getroffen, ihm E-Mails geschrieben und ihn angerufen. Aber jedes Mal, wenn ich um ein Interview gebeten hatte, hatte die Antwort Nein gelautet. Erst wenige Wochen zuvor hatte er meine Bitte erneut abgelehnt.

Und doch hatte ich das Gefühl, dass von allen Musikern auf der Welt niemand den Geist der Mission besser repräsentierte als Lady Gaga.

»Ich würde sie sehr gern interviewen«, sagte ich.

Matt sah mich an und nickte.

»Nun«, sagte Matt, »Elliott ist mit ihrem Manager befreundet. Warum ruft Elliott ihn nicht an und arrangiert einen Termin?«

Ich wollte nicht zugeben, dass ich abgelehnt worden war, also erwiderte ich, das sei eine gute Idee.

Als John Mayer begann, »Waiting on the World to Change« zu singen, entdeckte Elliott einen weiteren Freund und ging hin, um ihn zu begrüßen. Matt und ich unterhielten uns noch ein bisschen über die Mission, und dann holte er sein iPhone hervor und rief Fotos darauf auf. Er drehte das Display in meine Richtung. Darauf war ein Bild von ihm mit Lady Gaga zu sehen, wie sie bei einem Konzert hinter der Bühne ihre Arme um ihn geschlungen hatte. Matt wischte über den Touchscreen, und ein weiteres Foto von den beiden erschien, diesmal in einem Büro. Gaga lag auf einem Schreibtisch, die Arme in die Luft gestreckt.

Matt zeigte weitere Fotos von sich – gemeinsam mit Condoleezza Rice bei einem Golfturnier, mit Tony Hawk beim Skateboarden in einer Halfpipe, mit Shaquille O'Neal beim Läuten der Eröffnungsglocke der NASDAQ, mit Jay-Z im Backstage-Bereich einer Show und dann gemeinsam mit Nelson Mandela auf einer Couch.

Von Matt ging eine starke Anziehungskraft aus, und ich konnte spüren, wie sie mich erfasste. Ich fragte ihn, wie seine Karriere begonnen hatte, und er erzählte mir eine Geschichte über die dritte Tür nach der anderen. Nachdem er zum US Army Ranger ausgebildet worden war und sich verletzt hatte, orientierte Matt sich um und gründete einen Hedgefonds. Anschließend schuf er eine technische Plattform für den elektronischen Handel, begann in Startups wie Uber und Palantir zu investieren und erhielt schließlich einen Anruf von 50 Cent, der ihn zu Lady Gaga führte. Wir redeten beinahe eine halbe Stunde lang miteinander, da spürte ich plötzlich einen Klaps auf meinem Rücken.

Elliott sagte, wir müssten los, also tauschten Matt und ich Kontaktdaten aus.

»Wenn du jemals nach San Diego kommen solltest«, sagte Matt, »lass es mich wissen. Ich würde mich über einen Besuch auf meiner Ranch freuen.«

Ich hörte Elliott flüstern: »*Wenn es vor dir liegt ... dann mach deinen Zug*«, aber als ich ihn ansah, bewegte sich sein Mund gar nicht. Die Stimme war in meinem Kopf.

»Weißt du was?«, sagte ich. »Ich werde nächsten Monat tatsächlich in San Diego sein. Ich könnte eine Bleibe gebrauchen.«

»Abgemacht«, sagte Matt. »Wir haben ein Gästehaus mit zwei Schlafzimmern. Es gehört ganz dir.«

KAPITEL 28
ERFOLG NEU DEFINIEREN

Ein Monat später, in Los Angeles

》》 Das ist *perfekt*«, sagte Cal.

Ich saß wieder mit am Frühstückstisch von Larry King und hatte Larry und Cal gerade erzählt, dass ich in ein paar Tagen Steve Wozniak interviewen würde, den Mitbegründer von Apple, der mit seinen bloßen Händen einen der ersten Personal Computer gebaut hatte. Elliotts Rat, mehrere Eisen ins Feuer zu legen, hatte funktioniert.

»Das Beste daran ist, dass Sie bei diesem Interview nicht das Problem haben werden, das Sie beim Interview mit Bill Gates hatten«, fügte Cal hinzu. »Dieses Mal können Sie unmöglich nervös sein. Er ist *The Woz*.«

»Wo führen Sie das Interview?«, fragte Larry.

»In einem Restaurant in Cupertino.«

»Als ich anfing«, sagte Larry, »habe ich eine Interview-Show in Pumperniks Feinkostladen in Miami gemacht. Restaurants sind großartig. Jeder will einfach nur Spaß haben.«

»Alex, tun Sie mir einen Gefallen«, sagte Cal. »Lassen Sie Ihren Notizblock zu Hause. Sehen Sie es als Experiment an. Sollte das Interview fehlschlagen, können Sie mir die Schuld geben.«

Ich zögerte, aber nachdem das Interview mit Bill Gates nicht besonders gut gelaufen war, fand ich, es sei einen Versuch wert. Ein paar Tage später stieg ich in ein Flugzeug, und innerhalb weniger Stunden ging ich zu Fuß zum »Mandarin Gourmet«, einem Restaurant nicht weit vom Apple-Hauptsitz entfernt. Ich stand vor dem Eingang, als mein Handy klingelte. Es war mein Freund Ryan.

»The Woz?«, fragte er, als ich ihm sagte, was ich vorhatte. »Mann, ich weiß ja, dass du Probleme hattest, Interviews zu bekommen, aber The Woz war vor zwanzig Jahren auf seinem Höhepunkt. Sieh dir die Forbes-Liste an. Er steht nicht einmal drauf. Ich verstehe nicht, warum du das tust. Weißt du was? Obwohl – vielleicht ist es gut, dass du ihn interviewst. Versuche, herauszufinden, warum Woz nie so erfolgreich wie Steve Jobs wurde.«

Bevor ich antworten konnte, sah ich aus dem Augenwinkel Steve Wozniak in Turnschuhen und mit Sonnenbrille auf mich zukommen. An der Brusttasche seines Hemdes waren ein Stift und ein grüner Laserpointer befestigt. Ich beendete mein Telefonat und begrüßte ihn, dann ging ich gemeinsam mit ihm hinein.

Das Restaurant war ein Meer aus weißen Tischdecken. Kaum saßen wir zusammen, nahm ich mir eine Speisekarte, aber Wozniak bedeutete mir, ich solle sie wieder hinlegen. Er rief den Kellner herbei und bestellte für uns beide mit dem Enthusiasmus eines Kindes, das so viele Desserts haben darf, wie es will. Unser Tisch war bald voll mit gebratenem Reis, Chow-Mein-Gemüse, chinesischem Hühnersalat, Sesamhähnchen, Walnussgarnelen mit Honig, mongolischem Rindfleisch und knusprigen Frühlingsrollen. Schon vor unserem ersten Bissen schien Wozniak der glücklichste Mensch zu sein, den ich je getroffen hatte. Egal, ob er mir von seiner Frau, seinen Hunden, seinen Lieblingsrestaurants oder von seiner geplanten Reise zum Lake Tahoe erzählte, Wozniak schien alles in seinem Leben zu lieben.

Er erzählte mir, dass er Steve Jobs 1971 getroffen habe, nur wenige Kilometer von dem Restaurant entfernt, in dem wir saßen. Jobs war in der Highschool, und Wozniak war auf dem College. Ein gemeinsamer Freund von ihnen namens Bill Fernandez machte sie miteinander bekannt. Vom ersten Moment an verstanden Wozniak und Jobs sich gut und verbrachten Stunden damit, gemeinsam auf dem Bürgersteig zu sitzen, zu lachen und sich gegenseitig Geschichten von den Streichen zu erzählen, die sie gespielt hatten.

»Einen meiner liebsten Streiche spielte ich während meines ersten College-Jahres«, sagte Wozniak zu mir. »Ich baute einen TV-Störsender, den man in der Handfläche verstecken konnte. Man konnte an einem Knopf drehen und jeden beliebigen Fernseher blockieren, sodass die Sendung durch Bildrauschen unscharf wurde.«

Wozniak erzählte, dass er eines Nachts mit einem Freund in den Gemeinschaftsraum eines anderen Studentenwohnheims gegangen sei, um dort herumzualbern. Dort saßen etwa zwanzig Studenten vor einem Farbfernseher herum. Wozniak saß hinten, umschloss den Störsender mit der Hand und sorgte dafür, dass der Fernseher nicht funktionierte.

»Bei den ersten Versuchen ließ ich meinen Freund aufstehen und auf den Fernseher hauen – *bonk* – und der Fernseher lief wieder reibungslos! Dann habe ich wieder den Störsender betätigt. Nach einer Weile schlug mein Freund immer härter auf den Fernseher ein, und wenn es hart genug war, funktionierte er. Nach einer halben Stunde hatte ich die ganze Gruppe von College-Kids so weit, dass sie mit ihren Fäusten auf den Fernseher einhämmerten, und wenn es eine Sendung war, die sie wirklich sehen wollten, schlugen sie mit Stühlen auf den Fernseher ein.«

Wozniak besuchte das Wohnheim immer wieder, um zu sehen, wie weit er es treiben könnte. Einmal hockten sich einige Studenten vor den Fernseher und versuchten, ihn zu reparieren. Ein Typ hatte eine Hand auf die Mitte des Bildschirms gelegt und gerade einen Fuß in der Luft, als Wozniak schnell den Störsender ausschaltete. Wenn der Kerl die Hand vom Bildschirm nahm oder den Fuß auf den Boden setzte, schaltete Wozniak den Störsender ein. Also stand der Typ da und hielt eine halbe Stunde lang eine Hand auf die Mitte des Bildschirms und einen Fuß in der Luft, während alle anderen sich die Fernsehsendung ansahen.

Während Wozniak mir von einem weiteren Streich erzählte, kam eine Frau mit kurzen braunen Haaren an unseren Tisch. »Woz«, sagte sie, »hast du ihm den Laserpointer-Test gezeigt?«

Wozniak stellte mir seine Frau Janet vor. Er nahm den grünen Laserpointer von seinem Hemd ab und hielt ihn nahe an mein Gesicht, wobei er mir sagte, das Ding könne erkennen, »wie viel Hirn« ich hätte. Als er mit ihm in mein rechtes Ohr leuchtete, erschien auf der gegenüberliegenden Wand grünes Licht.

»Heilige Scheiße!«, sagte er. »Ihr Kopf ist völlig leer.«

Als ich nach unten blickte, entdeckte ich einen zweiten Laserpointer, den er unter dem Tisch in der Hand hielt. Woz und ich lachten. Er steckte seinen Laserpointer wieder an sein Hemd und erzählte seiner Frau von meiner Mission. Er nannte ihr auch die Namen der Personen, die ich interviewt hatte.

»Wissen Sie«, sagte er, drehte sich zu mir und senkte seine Stimme, »mir ist nicht klar, weshalb Sie mich interviewen. Ich bin kein erfolgreicher Mogul wie Steve Jobs oder so ...«

Seine Worte versandeten, als ob er eine Antwort aus mir herauslocken wollte. Es fühlte sich an, als wollte er mich testen, aber ich wusste nicht, was ich sagen sollte, also tat ich das Einzige, das mir einfiel – ich stopfte mir eine Frühlingsrolle in den Mund.

»Als ich Kind war«, sagte Wozniak, »hatte ich zwei Ziele für mein Leben. Das erste war, mithilfe der Technik etwas zu erschaffen, das die Welt verändert. Das zweite war, das Leben zu meinen eigenen Bedingungen zu leben. Die meisten Menschen tun das, was die Gesellschaft von ihnen erwartet. Aber wenn Sie innehalten und gründlich nachdenken – *wenn Sie tatsächlich selbst denken –*, werden Sie erkennen, dass es einen besseren Weg gibt, Dinge zu tun.«

»Sind Sie deshalb so glücklich?«, fragte ich.

»Bingo«, sagte Wozniak. »Ich bin glücklich, weil ich jeden Tag das tue, was ich will.«

»Oh«, sagte seine Frau lachend, »er tut *genau* das, was er will.«

Ich war neugierig, was Wozniak und Steve Jobs voneinander unterschieden hatte, also fragte ich, wie es gewesen sei, Apple zu zweit zu gründen. Wozniak erzählte eine Handvoll Geschichten, aber am meisten stachen diejenigen heraus, die deutlich machten, wie unterschiedlich ihre Werte gewesen waren.

Eine Geschichte spielte sich ab, bevor Apple gegründet wurde. Jobs arbeitete damals bei Atari und wurde mit der Entwicklung eines Videospiels beauftragt. Er wusste, dass Wozniak besser programmieren konnte als er selbst, also schloss er einen Handel mit ihm ab: Wenn Wozniak das Spiel entwickeln würde, würden sie sich die siebenhundert Dollar Honorar teilen. Wozniak war dankbar für die Gelegenheit und entwickelte das Spiel. Sobald Jobs bezahlt worden war, gab er seinem Freund die dreihundertfünfzig Dollar, die er versprochen hatte. Zehn Jahre später erfuhr Wozniak, dass Jobs für das Spiel nicht siebenhundert Dollar, sondern *Tausende* von Dollar erhalten hatte. Als die Geschichte in die Nachrichten kam, stritt Steve Jobs sie ab, aber sogar der CEO von Atari behauptete, sie stimme.

Eine andere Geschichte spielte sich zu Beginn des Wachstums von Apple ab. Damals schien es auf der Hand zu liegen, dass Jobs der CEO des Unternehmens werden würde, aber es war nicht klar, an welcher Stelle Wozniak in das Führungsteam passen würde. Jobs fragte ihn, welche Position er wolle. Wozniak wusste, dass die Führung von Mitarbeitern und die Auseinandersetzung mit der Unternehmenspolitik das Letzte war, was er tun wollte. Also teilte er Jobs mit, er wolle, dass seine Position ausschließlich technischer Natur sei.

»Die gesellschaftlichen Konventionen besagen, dass Erfolg darin besteht, eine möglichst mächtige Position zu bekommen«, sagte Wozniak. »Aber ich habe mich gefragt: Würde ich so tatsächlich am glücklichsten sein?«

Die letzte Geschichte, die Wozniak erzählte, fand etwa zu der Zeit statt, als Apple seinen Börsengang beantragte. Jobs und Wozniak waren damit im Begriff, mehr Geld zu verdienen, als sie sich je hätten vorstellen können. Im Vorfeld des Börsengangs fand Wozniak heraus, dass Jobs einigen der ersten Mitarbeiter von Apple Aktienoptionen verweigert hatte. In Wozniaks Augen waren diese Leute Familienmitglieder. Sie hatten dabei geholfen, das Unternehmen aufzubauen. Aber Jobs weigerte sich, seine Meinung zu ändern. Also nahm Wozniak es auf die eigene Kappe und verschenkte einige seiner eigenen Aktien an die frühesten Mitarbeiter, sodass sie an der finanziellen Belohnung teilhaben konnten. An dem Tag, an dem das Unternehmen an die Börse ging, wurden diese ersten Mitarbeiter Millionäre.

Während ich Wozniak beobachtete, wie er sich in seinem Stuhl zurücklehnte, einen Glückskeks aufschlug und mit seiner Frau lachte, klangen in mir die Worte nach, die Ryan mir vor dem Interview gesagt hatte.

Aber ich dachte nur: Wer kann schon beurteilen, ob tatsächlich Steve Jobs der Erfolgreichere von den beiden war?

KAPITEL 29
EIN PRAKTIKANT BLEIBEN

Drei Wochen später, in Miami, Florida

Die Sonne ging gerade unter, als ich mich gegen das Balkongeländer lehnte und auf die Stadt blickte. Rosa- und Orangetöne umrahmten die Silhouetten der Palmen. Wir befanden uns im zwanzigsten Stock eines Hochhauses, und Armando Pérez zeigte mir die Schönheit seiner Heimatstadt. Es fühlte sich an wie die Szene aus *Der König der Löwen*, in der Mufasa über die Klippe schaut und sagt: »*Sieh es dir an, Simba. Das ist unser Königreich, alles, was das Licht berührt.*«

Armandos Finger deutete nach links. »Sieh mal, da ist Marlins Park.«

Nach rechts. »Das ist meine Schule, SLAM.

»In diesem Hotel halte ich mich gern auf.«

»Da unten ist das Boot, mit dem ich auf den Ozean hinausfahre.

»Siehst du das weiße Gebäude gleich dort neben Grove Isle? Das ist das Mercy Hospital. Dort wurde ich geboren.«

Die meisten Menschen kennen Armando – einen mit dem Grammy Award ausgezeichneten Rapper und Musiker – wahrscheinlich unter anderem Namen: Pitbull.

Anders zu denken und mehrere Eisen ins Feuer zu legen, zahlte sich weiterhin aus. Zuerst hatte ich mit Wozniak sprechen können, nun mit Pitbull, und erst an diesem Morgen hatte ich eine weitere Bestätigung von Jane Goodall erhalten. Die Mission begann, Früchte zu tragen, und ich hätte nicht glücklicher sein können.

Pitbull führte mich hinein, wo ein paar seiner Freunde auf einer Couch faulenzten. Er griff nach einem roten Einwegbecher, füllte ihn bis zum Rand mit Wodka und Limonade, und dann gingen wir wieder hinaus auf den Balkon. Als wir uns hinsetzten, fiel mir auf, wie sehr Pitbull sich von der Person, die ich Stunden zuvor bei seinem Konzert gesehen hatte und die häufig die Hand zur Faust geballt und in die Luft gestoßen hatte, unterschied. Jetzt besaß er eine beruhigende Ausstrahlung. Seine Bewegungen waren langsamer. Ich beschloss, nicht mit einer Frage zu beginnen, sondern mich einfach auf ein Gespräch einzulassen und zu sehen, wohin es führen würde. Er erzählte mir bald, dass er es seit seiner Kindheit liebte, sich neue Herausforderungen zu suchen.

»Wer wahrhaft vorankommen will, sucht immer nach der nächsten Herausforderung«, sagte er. »Es ist wie bei einem Videospiel – sagen wir Super Mario Bros. Okay, du hast das erste Level bezwungen, jetzt musst du das zweite Level bezwingen, dann musst du das dritte Level bezwingen. Sobald man das Spiel geschafft hat, sieht man sich schon wieder um: ›Wo ist das nächste Spiel? Wo ist es?‹«

Meine Gedanken drifteten in eine neue Richtung.

Worin besteht sein Schlüssel zum stetigen Aufstieg?

Wie schafft man es, den Erfolg stetig zu vergrößern, wenn man bereits an der Spitze steht?

Wenn man ihn einmal erreicht hat, wie erhält man den Erfolg dann aufrecht?

Das musste Cal wohl gemeint haben, als er gesagt hatte, ich solle meine Neugierde die Fragen stellen lassen. Ich bat Pitbull, mich durch die Videospiel-Level seines Lebens zu führen, in der Hoffnung, dass ich auf diese Weise sein Geheimnis entdecken würde.

»Was war dein erstes Level?«, fragte ich.

Er griff nach seinem Becher, nahm einen Schluck und saß dann für einige Augenblicke schweigend da. Anfang der Achtzigerjahre, so erzählte er mir, kam er mit Kokain im Blut aus dem Leib seiner Mutter. Nachdem sein Vater abgehauen war, zog Pitbulls Mutter ihn allein auf und handelte mit Drogen, um über die Runden zu kommen. Sie waren ständig unterwegs. Pitbull musste achtmal die Highschool wechseln. Drogenhandel war in seiner Jugend allgegenwärtig, und so war es nur natürlich, dass auch er darin verwickelt wurde. Ich konnte den Schmerz in seinen Augen sehen, als er sich daran zurückerinnerte.

»Ich habe alles verkauft, Alter«, sagte er. »Ich habe wirklich alles verkauft.«

Er verkaufte Ecstasy, Gras, Kokain und Heroin. In der Highschool hatte Pitbull nie Drogen bei sich, stattdessen versteckte er sie in den Spinden der Mädchen. Wenn er einen Verkauf tätigte, teilte er dem Käufer mit, aus welchem Schließfach er das Produkt erhalten würde. Eines Tages schnappte der Schulleiter sich Pitbull, zerrte ihn in sein Büro und sagte: »Ich weiß, dass du Drogen verkaufst! Lass mich den Inhalt deiner Taschen sehen!« Pitbull leerte seine Taschen. »Verdammt noch mal! Zeig mir deine Schuhe!« Pitbull zog sich die Schuhe aus. »Deine Kappe!« Der Schulleiter wurde immer frustrierter, und dann sagte Pitbull: »Wissen Sie was? *Warum sehen Sie sich das hier nicht mal an?*« – Und zog seine Hose runter.

Bald darauf stellte der Rektor ein Abschlusszeugnis aus, übergab es Pitbull und sagte ihm, er solle den Campus verlassen und niemals wiederkommen.

»Er hat es mir verdammt noch mal einfach so gegeben«, sagte Pitbull. »Ich habe die Highschool eigentlich nie abgeschlossen.

Aber ich ging trotzdem hin und beauftragte ein Fotostudio damit, meine eigenen Abschlussfotos zu machen. Ich ließ eines aufnehmen, auf dem ich lächele, und ein weiteres mit erhobenem Mittelfinger. Beide Fotos hängen noch immer im Haus meiner Großmutter.«

Doch in all dieser Zeit, so betonte Pitbull, habe er selbst nie Kokain genommen. Er hatte gesehen, wie es sich auf seine Eltern auswirkte, und er selbst wollte nicht so enden. Nun, da er seinen »Schulabschluss« hatte und die Welt des Drogenhandels überlebt hatte, war es Zeit für Level zwei seines Videospiels: der größte Rapper in Miami zu werden.

»Ich begann, zu verstehen, welche Möglichkeiten mir offenstanden, wenn ich mich wirklich darauf konzentrierte«, sagte Pitbull. »Das ist immer die Nummer eins: die Chance zu verstehen, die man hat. Ich wusste, wenn ich mit dem Rappen Geld verdienen wollte, musste ich zu Musik schreiben. Also fing ich an, Reime zu schreiben. Damals wusste ich noch nicht, wie das Musikgeschäft funktioniert. Ich schrieb einfach nur Reime, Reime, Reime, Reime.«

Pitbull wusste auch, dass er von dem damaligen König lernen musste, wenn er der nächste König der Rap-Szene Miamis werden wollte: Luther Campbell, Leader der Hip-Hop-Band 2 Live Crew.

»Luther Campbell war hier unten nicht nur die größte Nummer«, sagte Pitbull, »er ging die Sache zudem sehr unternehmerisch an. Zum einen war er in der Lage, seine Platten selbst zu pressen, sie selbst zu promoten und Millionen davon zu verkaufen. Er hat mir beigebracht, wie ein unabhängiger Unternehmer zu denken. Niemand wird sich deine Vision exakt so vorstellen, wie du sie dir vorstellst.«

Pitbull unterschrieb seinen ersten Vertrag bei Campbells Plattenfirma und erhielt einen Vorschuss von tausendfünfhundert Dollar. Pitbull hätte zu dieser Zeit keinen besseren Mentor haben können, denn 1999 stellte die Internetplattform Napster die Musikindustrie auf den Kopf, indem man dort Songs herunterladen konnte, ohne dafür zu bezahlen. Die erfolgreichen Künstler waren zum größten Teil diejenigen mit dieser unternehmerischen Denkweise.

»Das Wichtigste, was ich von Luther Campbell gelernt habe«, sagte Pitbull, »ist, dass es nichts Besseres gibt, als ein Praktikant zu sein. Die besten CEOs in der Wirtschaft haben als Praktikanten angefangen. Denn wenn man sich vom Praktikanten zum CEO hocharbeitet, kann einen niemand verarschen. Stattdessen kann man diesen Leuten helfen. ›Hör zu, ich habe diesen Job schon gemacht. Ich weiß genau, was nötig war, um den nächsten Schritt zu gehen.‹«

Pitbulls Talent zum Rappen und die Lektionen, die er von Luther Campbell gelernt hatte, zahlten sich schließlich aus. Pitbulls Debütalbum *M.I.A.M.I.* wurde mit Gold ausgezeichnet.

»Wie sah die nächste Stufe deines Videospiels aus?«, fragte ich.

Pitbull sagte, dass er, obwohl er der erfolgreichste Rapper in Miami wurde, Schwierigkeiten hatte, in den Mainstream zu gelangen. Seine erfolgreichste Single zu dieser Zeit erreichte ihren Höhepunkt mit Platz zweiunddreißig in den *Billboard*-Charts. Er wollte auf die Nummer eins. Also suchte er nach weiteren Experten, mit denen er zusammenarbeiten und von denen er lernen konnte: Manager im Musikgeschäft, die mit David Guetta, Flo Rida und Chris Brown arbeiteten; Songwriter, die gemeinsam mit Katy Perry, Lady Gaga und Britney Spears Nummer-1-Hits produzierten.

»Ich sehe mir ständig an, wie das Spiel funktioniert«, sagte Pitbull.

Nach Jahren der Neupositionierung seines Sounds und seiner Marke veröffentlichte er das Album *Planet Pit*, das ihm nicht nur seinen ersten Grammy einbrachte, sondern auch ein Nummer-1-Album wurde.

Sein Videospiel ging weiter. Das nächste Level: mehr zu werden als nur ein Musiker. Pitbull wollte für etwas stehen. Er wollte seinen Einfluss zum Guten nutzen, also begann er, mit einer freien Schule in Little Havana namens SLAM zusammenzuarbeiten, wo er Kindern aus dem Wohnviertel hilft, in dem er selbst aufgewachsen ist. In einem Stadtteil, in dem Maschendrahtzäune und heruntergekommene Schnapsläden das Straßenbild dominieren, ist SLAMs brandneue siebenstöckige Schule ein Leuchtturm der Hoffnung. Gleichzeitig schrieb Pitbull seine Texte bewusster und benutzte sie, um den Einfluss der Latinos in Amerika hervorzuheben.

• • • • • • • • •

Latin is the new majority, ya tú sabe [Latinos sind die neue Mehrheit, du weißt schon].

Next step: la Casablanca [Nächster Schritt: das Weiße Haus]

No hay carro, nos vamos en balsa [Wenn wir kein Auto haben, kommen wir mit einem Floß dorthin].

• • • • • • • • •

Dieser Song, »Rain Over Me«, den er gemeinsam mit Marc Anthony sang, erreichte in sechs Ländern Platz eins. Pitbulls politischer Kommentar hörte damit nicht auf, denn 2012 bat Präsident Obama Pitbull um Unterstützung im Wahlkampf für seine Wiederwahl. Zwei Jahre später trat Pitbull bei der Feier zum 4. Juli im Weißen Haus auf.

Als Pitbull wieder nach dem roten Einwegbecher griff, kehrte ein Moment der Ruhe in unser Gespräch ein. Ich hatte das Gefühl, es sei besser, nichts zu sagen und den Moment einfach verstreichen zu lassen.

»Letzten Monat«, brach Pitbull das Schweigen, »war ich auf dem Weg zu einem Treffen mit Carlos Slim Jr. in Mexiko. Ich sagte zu ihm: ›Ich weiß nicht genau, was Sie alles auf die Beine stellen, aber ich möchte lernen. *Hey, ich mache ein Praktikum bei Ihnen.*‹«

»Ernsthaft?«

»Hundert Prozent, *Papo.* Ich sagte ihm: ›Ich möchte nur in Ihrer Nähe sein, um zu sehen, wovon Sie sprechen und wie Sie die Dinge angehen. Ich habe kein Problem damit, einen Monat lang hier unten zu sein, Donuts zu holen und Kaffee zu kochen, Das ist für mich kein Problem.‹«

Der Blick in Pitbulls Augen vermittelte mir das Gefühl, dass er nicht scherzte. Ein Teil von mir konnte es nicht glauben – hier saß einer der berühmtesten Musiker der Welt, der als Hauptakt die größten Stadien füllen kann, und doch schien es ihm todernst damit zu sein, Kaffee für Carlos Slim Jr. zu holen.

Unser Gespräch setzte sich fort, und Pitbull kam immer wieder zu dem Gedanken zurück, ein Praktikant zu sein und zu lernen. Er sagte, dass er jetzt zwar wie ein König durch Plattenfirmen laufen könne, aber am nächsten Tag durch die Hallen von Apple oder Google gehen und sich Notizen machen werde. Diese Dualität macht ihn aus. Und da wurde mir klar, was Pitbulls Schlüssel zu weiterem Erfolg ist: Es geht darum, *für immer* ein Praktikant zu bleiben.

Es geht darum, sich selbst in genügend Bescheidenheit zu üben, um weiterhin zu lernen, auch wenn man an der Spitze steht. Es geht darum, zu wissen, dass der Moment, in dem man sich als Führungskraft wohlfühlt, der Moment ist, in dem man zu scheitern beginnt. Es geht darum, zu erkennen, dass man, wenn man weiterhin Mufasa sein will, gleichzeitig weiterhin Simba sein muss.

KAPITEL 30
DER WIDERSTREIT

Zwei Wochen später, in San Francisco

» Das ist Mr. H. Er begleitet mich überallhin.«
Ich hatte gerade das Hotelzimmer von Jane Goodall betreten,
und sie stellte mir ihren Stofftieraffen vor.

Goodall forderte mich auf, ihr zur Couch zu folgen, und bat
mich dann, ihr Stofftier zu halten, während sie nach einer Tasse
Tee griff. Die neunundsiebzigjährige Anthropologin hätte mich
gar nicht noch entspannter fühlen lassen können. Nichts an dieser Begrüßung ließ erahnen, wie ich aus diesem Gespräch her-
ausgehen würde – ängstlich, desorientiert und völlig zwiegespal-
ten. Goodall brachte mich dazu, mich selbst mit anderen Augen
zu sehen, und ehrlich gesagt gefiel mir nicht, was ich da sah.

Unser Gespräch begann unkompliziert. Goodall erzählte mir
von einem Spielzeugschimpansen, den ihr Vater ihr geschenkt
hatte, als sie zwei Jahre alt gewesen war. Das Geschenk hatte einen großen Wert, denn während London im Zweiten Weltkrieg
bombardiert wurde, gab es Zeiten, in denen Goodalls Familie
nicht einmal genug Geld hatte, um sich eine Kugel Eis zu leisten.
Goodall trug diesen Spielzeugschimpansen überallhin mit sich
herum, und ihre Besessenheit in Bezug auf Tiere wuchs. Ihr bes-

ter Freund war ihr Hund Rusty; ihre Lieblingsbücher waren *Tarzan bei den Affen* und *Doktor Dolittle und seine Tiere*; sie träumte davon, unter Primaten zu leben und mit ihnen sprechen zu können. Als sie älter war, fasste sie den Entschluss, ihren größten Traum zu verfolgen: Schimpansen im Dschungel Afrikas zu studieren.

Goodall konnte es sich nicht leisten, aufs College zu gehen, aber das schreckte sie nicht ab. Sie las weiterhin Bücher über Schimpansen, während sie als Sekretärin und Kellnerin arbeitete – zwei der wenigen Jobs, die Frauen in England in den 1950er-Jahren bekommen konnten. Mit dreiundzwanzig Jahren hatte sie schließlich genug Geld für eine Schifffahrt nach Afrika angespart. Nachdem sie in Kenia an Land gegangen war, landete Goodall auf einer Dinnerparty, wo sie einem anderen Gast ihre Obsession für Tiere beschrieb. Er empfahl ihr, sich an Louis Leakey zu wenden.

Leakey war einer der prominentesten Paläoanthropologen der Welt. Er war in Kenia geboren worden, jedoch von britischer Abstammung, hatte in Cambridge promoviert, und seine Forschung konzentrierte sich auf das Verständnis der Entwicklung des Menschen und der Affen. Es hätte keinen besseren Mentor für Goodall geben können – es gab lediglich einen Haken.

Während seine Frau schwanger war, hatte Leakey eine Affäre mit einer einundzwanzigjährigen Frau, die als Illustratorin an seinem Buch arbeitete. Er nahm diese Frau mit auf Reisen durch Afrika und Europa und zog schließlich mit ihr zusammen. Leakeys Frau reichte die Scheidung ein. Leakey heiratete daraufhin seine Illustratorin und zog mit ihr zurück nach Kenia. Dann begann Leakey *eine weitere* Affäre – diesmal mit seiner Assistentin. Leakeys zweite Frau fand es heraus. Er beendete die Affäre, und seine Assistentin zog nach Uganda. Nun war in Leakeys Büro eine Stelle frei – genau zu der Zeit, als er einen Anruf von Jane Goodall erhielt.

Hier waren zwei Personen: eine dreiundzwanzigjährige Frau mit einem Traum und ein vierundfünfzigjähriger Mann mit dem Schlüssel zu diesem Traum.

Und nun waren sie dazu bestimmt, aufeinanderzutreffen.

Goodall kam zu Leakeys Büro, das in einem Museum in Nairobi untergebracht war. Sie schlenderten durch die Ausstellung und sprachen über die afrikanische Tierwelt. Leakey war beeindruckt und gab ihr, natürlich, eine Stelle als seine Assistentin. Zwischen Goodall und Leakey entwickelte sich eine enge Beziehung. Er war ihr Mentor. Sie reiste mit ihm auf Expeditionen zur Fossiliensuche. Dann, gerade als Goodall das Gefühl hatte, ihr Traum vom Studium der Schimpansen rücke in greifbare Nähe, machte Leakey ihr sexuelle Avancen.

Aus irgendeinem Grund schweiften meine Gedanken von Goodall ab, und ich begann, mir meine Schwestern in dieser Situation vorzustellen. Talia war achtzehn. Briana war vierundzwanzig. Der Gedanke, eine von ihnen würde jahrelang auf ihr größtes Ziel hinarbeiten und auf einen anderen Kontinent reisen, um es zu erreichen, und dann, kurz bevor sie es in die Tat umsetzen könnte, würde der Mentor, der den Schlüssel dazu in der Hand hielte, andeuten: *Wenn du Sex mit mir hast, gebe ich ihn dir*, widerte mich dermaßen an wie noch nichts anderes zuvor.

Godall erzählte mir, dass sie seine Annäherungsversuche abgelehnt habe, auch wenn sie schreckliche Angst davor gehabt habe, ihren Traum zu verlieren.

»Ich habe zwei Schwestern«, sagte ich zu ihr und rutschte auf der Couch hin und her. »Als Leakey Sie angemacht hat – wie sind Sie damit umgegangen?«

Ich wappnete mich für eine Explosion der Gefühle. Doch Goodall antwortete leise: »Ich habe einfach erwartet, dass er meine Worte respektieren würde. Und das tat er auch.« Dann lehnte sie sich zurück, als wollte sie »Ende der Geschichte« sagen.

Ich hatte mit Dynamit gerechnet, aber es gab nicht einmal einen Funken.

»Wie hat sich das *angefühlt*«, fragte ich, »in genau diesem Moment?«

»Nun, ich war sehr besorgt«, sagte Goodall, »denn ich dachte, wenn ich seine Avancen einfach zurückweise, verliere ich vielleicht meine Chance auf die Schimpansen. Er hat es nie ausdrücklich ausgesprochen; es war nur die Art, wie er sich verhielt, wissen Sie? Aber natürlich habe ich trotzdem abgelehnt. Und er respektierte es, weil er ein anständiger Mensch war. Er war kein Raubtier. Er ist einfach meinem Charme verfallen«, fügte sie hinzu. »Da war er auch nicht der Einzige. Also bin ich irgendwie daran gewöhnt.«

Ein Teil von mir hatte das Gefühl, Goodall würde Leakey verteidigen. Meiner Ansicht nach war er ihr Mentor gewesen und hätte auf sie aufpassen sollen. Was er getan hatte, erschien mir wie ein Unrecht. Aber Goodalls Antwort wirkte, als würde sie es abtun und sagen: »Hey, so funktioniert die Welt nun mal.«

Goodall erklärte, dass Leakey nicht nur ihre Entscheidung, keine Affäre mit ihm einzugehen, respektiert, sondern ihr auch Mittel gewährt habe, um die Schimpansen zu studieren. Danach hatte sie drei Monate lang mit den wilden Schimpansen im Dschungel gelebt, hinter Büschen gekauert und beobachtet, dass sie genau wie Menschen Werkzeuge benutzen. Vor Goodalls Forschung machte sich die Definition des Menschen genau daran fest, dass wir die einzige Spezies sind, die Werkzeuge benutzt. Daher haben Goodalls Erkenntnisse die Wissenschaft erschüttert und das Verhältnis von Menschen zu Affen für immer neu definiert. Seitdem hat Goodall ihre Forschungen fortgesetzt, dreiunddreißig Bücher veröffentlicht, mehr als fünfzig Ehrentitel erhalten, und sie wurde zur Dame of the British Empire und zur Friedensbotschafterin der Vereinten Nationen ernannt.

Goodall und ich gingen zu anderen Themen über. Doch so sehr ich auch versuchte, präsent zu bleiben, konnte ich doch nicht aufhören, über die Geschichte mit Louis Leakey nachzudenken. Ich ärgerte mich über mich selbst. Goodall hatte gesagt, es sei keine große Sache. Wenn es sie nicht störte, warum störte es mich dann?

Goodall und ich beendeten das Interview und verabschiedeten uns. Ich kletterte in ein Taxi und machte mich auf den Weg zum Flughafen. Als ich meinen Kopf gegen das Fenster lehnte, konnte ich nicht aufhören, mich zu fragen, wie sich meine Schwestern in der Situation gefühlt hätten, in die Leakey Goodall gebracht hatte.

Und dann kam mir ein unerwarteter Gedanke ... *Dies ist das erste Mal, dass ich nach einem Interview mit meinen Schwestern darüber reden möchte, was gerade passiert ist.* Normalerweise rief ich meine besten Freunde oder Mentoren an, die – wie mir plötzlich klar wurde – allesamt männlich waren.

In meinen Gedanken ging ich im Schnelldurchlauf all die Interviews durch, die ich bisher geführt hatte – Tim Ferriss, Qi Lu, Sugar Ray Leonard, Dean Kamen, Larry King, Bill Gates, Steve Wozniak, Pitbull – und, als würde ich zum ersten Mal mein Spiegelbild betrachten, wurde mir erschreckend und peinlich klar: männlich, männlich, männlich, männlich, männlich, männlich, männlich, männlich.

Wie konnte mir das bisher noch nicht aufgefallen sein?

Als ich meine Liste erstellt hatte, hatte ich mit meinen *männlichen* Freunden davon geträumt, von wem wir lernen wollten. Wenn ich vor einem Interview über den möglichen Fragen brütete, hatte ich gemeinsam mit meinen *männlichen* Freunden darüber nachgedacht, was wir lernen wollten. Nicht ein einziges Mal war mir in den Sinn gekommen, mich zu fragen, von wem meine *Schwestern* oder Freundinnen lernen wollten. Ich war so sehr in meiner eigenen Blase gefangen gewesen, dass ich für alles außerhalb meiner einseitigen Version der Realität blind gewesen war. Und nur, weil ich nicht gewusst hatte, dass ich voreingenommen war, bedeutete das nicht, dass ich frei von Schuld war. Ich war das perfekte Beispiel für einen Mann, der behauptete, für Gleichbehandlung zu sein, aber kein einziges Mal hatte ich in mich hineingehorcht und mich gefragt, ob ich auch entsprechend handelte.

Diese Erkenntnis brachte mich dazu, mich zu fragen, wie viele Männer wie ich wohl da draußen waren. So, wie ich mit meinen männlichen Freunden zusammengesessen und darüber nachgedacht hatte, wen ich auf meine Liste setzen sollte, so muss es in den Vorstandsetagen männliche Führungskräfte mit ihren männlichen Freunden geben, die darüber nachdenken, wen sie einstellen und wen sie befördern sollen. Genau wie meine Freunde und ich wissen diese Führungskräfte wahrscheinlich nicht, dass sie instinktiv Menschen bevorzugen, die wie sie aussehen. Die Vorurteile, von denen wir gar nicht wissen, dass wir sie haben, sind am gefährlichsten.

Mein Taxi hielt vor dem Flughafengebäude, und ich schlang mir meine Reisetasche über die Schulter, aber sie fühlte sich schwerer an als zuvor. Ich schleppte mich durch den Terminal. Die Szenerie vor den Fenstern verschwamm, als der Nebel aus San Francisco hereinrollte. Ich machte mich auf den Weg zu meinem Gate und konnte nicht aufhören, mich zu wundern: *Wie konnte ich etwas so Offensichtlichem gegenüber so blind sein? Wie konnte mir nicht einmal klar sein, dass ich Teil des Problems war?*

Ich kannte die Antworten nicht, aber ich wusste, was ich zuerst tun musste.

Ich machte mich direkt auf den Weg zu meinen Schwestern.

KAPITEL 31
DUNKELHEIT IN LICHT VERWANDELN

Ich eilte voller Fragen nach Hause. Aber als ich mit meinen Schwestern in unserem Wohnzimmer saß, stellte ich fest, dass ich nicht einmal verstand, was ich nicht verstand.

»Du hast gerade ein Interview mit einer der begabtesten Frauen der Welt geführt, und das Einzige, woran du anschließend denken kannst, ist, dass sie von ihrem Mentor angemacht wurde?«, fragte Briana. Sie ist drei Jahre älter als ich, war zum Zeitpunkt dieses Gesprächs im dritten Jahr ihres Jurastudiums, und so lange ich sie kenne, kämpft sie für das, woran sie glaubt.

»Sogar während des Interviews«, fuhr Briana fort, »als du Goodall *noch einmal* danach gefragt hast, hat sie dir geantwortet, es sei keine große Sache. Wenn mir das passieren würde, dann hoffe ich, dass ich genauso reagieren würde, wie sie auf Leakeys Annäherungsversuche reagiert hat.«

Sie stand von der Couch auf. »Ich glaube, ich weiß, warum du so aufgebracht warst. Es liegt daran, dass du sexuelle Avancen als einen Akt der Respektlosigkeit ansiehst. Manchmal sind sie das auch, aber nicht immer. Du und Dad, ihr habt das mein ganzes Leben lang so gesehen. Dad hat deutlich gemacht, dass es ein Akt der Aggression wäre, wenn ein Typ auch nur Interesse an mir oder Talia zeigen würde – und deshalb hat dich das so getriggert. Und ich bin überrascht, dass du so lange gebraucht hast, um zu erkennen, dass Frauen ständig solchen

Dingen ausgesetzt sind. Du hast dein gesamtes Leben mit Frauen verbracht. Du bist mit zwei Schwestern, einer Mutter und neun Cousinen
aufgewachsen, die deine besten Freundinnen waren. Ich kann mich
sogar daran erinnern, dass du in der Highschool das Buch *Ich weiß,
warum der gefangene Vogel singt* von Maya Angelou gelesen hast. Wenn
also jemand das früher hätte erkennen müssen, dann du.«

Ich senkte den Blick und starrte auf meine Füße. Als ich zu meiner
jüngeren Schwester Talia hinübersah, saß sie ruhig da und nahm alles
in sich auf. Ich wusste, dass ich bald auch ihre Meinung hören würde.

»Ich versuche nicht, dir ein schlechtes Gewissen einzureden«,
fügte Briana hinzu. »Ich versuche nur, dir meinen Standpunkt klarzu-
machen. Wenn selbst *du* die Probleme, mit denen Frauen konfrontiert
sind, nicht verstanden hast – und du bist inmitten von Frauen aufgewachsen –, dann stell dir mal vor, wie es Männern ergeht, bei denen
das nicht so war.«

Stille breitete sich im Wohnzimmer aus, dann holte Talia ihr
Handy hervor. Sie rief ein Meme auf Facebook auf und hielt mir das
Display vors Gesicht. Es zeigte eine Abbildung mit einem Läufer und
einer Läuferin, bereit zum Start, unter etwas ungleichen Bedingungen. Die Beschriftung lautete: »Was ist los? Es ist doch dieselbe Entfernung.«

"What's the matter?
It's the same distance!"

Als ich das Bild anstarrte, sagte Talia: »Ich wette, du konzentrierst dich auf den falschen Teil. Mich stören nicht nur all die zusätzlichen Hindernisse, mit denen Frauen konfrontiert sind – sondern auch dieser Satz unten. Mich stört die Tatsache, dass die meisten Männer unsere Realität nicht einmal anerkennen wollen. Es gibt Probleme, denen Frauen sich gegenübersehen, die die meisten Männer niemals verstehen werden ... weil sie nicht einmal versuchen, sie zu verstehen.«

***

Es ist schwer zu sagen, warum ich Maya Angelous Memoiren nicht so wahrgenommen hatte, wie Briana es mir unterstellte. Als ich als Teenager *Ich weiß, warum der gefangene Vogel singt* gelesen hatte, war ich so überwältigt von der afroamerikanischen Erfahrung gewesen, dass ich mich nur darauf konzentriert hatte. Maya Angelou wurde in einer Zeit geboren, in der man, wenn man aus dem Fenster schaute, schwarze Männer sehen konnte, die an Bäumen erhängt worden waren, oder vermummte Mitglieder des Ku-Klux-Klans, die ein Kreuz in Brand setzten. Als Maya Angelou drei Jahre alt war, wurden sie und ihr fünfjähriger Bruder in einen Zugwaggon gesetzt, ganz allein auf dem Weg in den Süden, mit nichts weiter als einem Namensschild an den Handgelenken. Angelou und ihr Bruder wurden von ihrer Großmutter in Empfang genommen und in deren Haus in Stamps, Arkansas, gebracht. Die Stadt war klar zwischen Schwarzen und Weißen aufgeteilt.

Erst jetzt, als ich Maya Angelous Memoiren erneut zur Hand nahm, versuchte ich, sie durch die Augen ihres Geschlechts zu sehen. Als sie acht Jahre alt war, war Angelou eines Nachmittags auf dem Weg in die Bibliothek, als ein Mann ihren Arm packte, sie an sich riss, ihr die Pluderhose herunterzog und sie missbrauchte. Er drohte daraufhin, sie zu töten, wenn sie jemandem erzählte, was passiert war. Als Angelou schließlich meldete, wer sie vergewaltigt hatte, wurde der Mann verhaftet. In der Nacht nach seinem Prozess wurde er tot aufgefunden, hinter einem Schlachthof zu Tode getreten. Erschüttert und traumatisiert, wie sie war, setzte sich in Angelou die Überzeugung fest, ihre Worte hätten den Tod dieses Mannes verursacht. Während der nächsten fünf Jahre sprach sie kein Wort mehr.

Im Laufe der Zeit stieß sie auf noch mehr Hindernisse. Sie wurde mit sechzehn Jahren schwanger, arbeitete als Prostituierte und Puffmutter und wurde Opfer häuslicher Gewalt. Irgendwann fuhr ein Freund mit ihr zu einem romantischen Plätzchen an einer Bucht, schlug sie mit seinen Fäusten so lange, bis sie bewusstlos war, und hielt sie anschließend drei Tage lang gefangen. Diese Ereignisse sind jedoch nicht das, was sie ausmacht. Was Maya Angelou definiert, ist, wie sie die Dunkelheit in Licht verwandelte.

Sie kanalisierte ihre Erfahrungen in Kunstwerke, die in der amerikanischen Kultur Wellen schlugen. Sie wurde Sängerin, Tänzerin, Schriftstellerin, Dichterin, Professorin, Filmregisseurin und Bürgerrechtlerin und arbeitete an der Seite von Martin Luther King Jr. und Malcolm X. Sie schrieb mehr als zwanzig Bücher, und *Ich weiß, warum der gefangene Vogel singt* sprach so direkt zur Seele der Leser, dass Oprah Winfrey darüber sagte: »Maya auf diesen Seiten kennenzulernen, war, als hätte ich mich selbst vollständig kennengelernt. Zum ersten Mal wurde meine Erfahrung als junges schwarzes Mädchen bestätigt.« Angelou gewann zwei Grammy Awards und war nach Robert Frost die zweite Dichterin in der amerikanischen Geschichte, die bei der Amtseinführung des Präsidenten ein Gedicht rezitierte.

Und jetzt wollte ich gerade zum Telefon greifen und sie anrufen. Eine Freundin von mir hatte mir dabei geholfen, das Interview zu organisieren. Angelou war fünfundachtzig Jahre alt und vor Kurzem aus dem Krankenhaus entlassen worden, sodass das Interview nur fünfzehn Minuten dauern sollte. Mein Ziel war einfach: nicht nur die Fragen zu stellen, die sich meine Schwestern ausgedacht hatten, sondern zuzuhören und – hoffentlich – zu verstehen.

***

Meine Schwestern konzentrierten ihre Fragen auf vier Themenbereiche, vier verschiedene Hindernisse. Das erste war der Umgang mit der Dunkelheit. Es gibt einen von Maya Angelou geprägten Ausdruck, »Regenbogen in den Wolken«. Wenn alles im Leben dunkel und bewölkt ist und wenn keine Hoffnung in Sicht ist, dann ist es das schönste Gefühl überhaupt, einen Regenbogen in der eigenen Wolke zu finden, so der Gedanke dahinter. Also fragte ich Angelou: »Wenn jemand jung ist, noch am Anfang seines Lebensweges steht und Hilfe benötigt, diesen Regenbogen zu finden, um den Mut aufzubringen, weiterzumachen, welchen Rat würden Sie ihm geben?«

»Ich blicke zurück«, sagte Angelou. Ihre Stimme klang beruhigend und weise. »Ich blicke gern auf Menschen in meiner Familie zurück, oder auf Menschen, die ich gekannt habe oder über die ich einfach nur gelesen habe. Vielleicht blicke ich auf eine fiktive Figur zurück, etwa jemanden aus Charles Dickens' *Eine Geschichte aus zwei Städten.* Vielleicht blicke ich auf einen längst verstorbenen Dichter zurück. Vielleicht auf einen Politiker, vielleicht auf einen Sportler. Ich schaue mich um und stelle fest, dass sie allesamt Menschen waren – vielleicht waren sie Afrikaner, vielleicht waren sie Franzosen, vielleicht waren sie Chinesen, vielleicht waren sie Juden oder Muslime. Ich sehe sie an und denke: ›Ich bin ein Mensch. Sie war ein menschliches Wesen. Sie hat all diese Dinge überwunden. Und sie arbeitet immer noch daran. *Erstaunlich.*‹ Nehmen Sie von denen, die den Weg vor Ihnen beschritten haben, so viel Sie nur können«, fügte sie hinzu. »*Das* sind die Regenbögen in Ihren Wolken. Ob diese Menschen Ihren Namen kannten oder niemals Ihr Gesicht zu sehen bekommen werden – was immer sie getan haben, es war für Sie.«

Ich fragte sie, was jemand tun solle, wenn er nach Regenbögen sucht, aber nur Wolken sieht.

»Was ich weiß«, sagte sie, »ist, dass es besser werden wird. Wenn es gerade schlecht läuft, könnte die Situation sich zunächst noch verschlimmern, aber ich weiß, dass es besser werden wird. Und das müssen Sie wissen. Kürzlich ist ein Country-Song herausgekommen, den ich am liebsten selbst geschrieben hätte und in dem es heißt: ›Every storm runs out of rain‹ – ›Jedem Unwetter geht der Regen aus.‹ An Ihrer Stelle würde ich mir das groß irgendwo notieren. Schreiben Sie das vorn auf Ihren Notizblock. Egal, wie langweilig und scheinbar aussichtslos das Leben im Moment sein mag, es wird sich ändern. Es wird besser werden. Aber Sie müssen weiter daran arbeiten.«

Angelou hat einmal geschrieben: »Nichts macht mir so viel Angst wie das Schreiben, aber nichts befriedigt so sehr.« Als ich meinen Schwestern dieses Zitat vorgelesen hatte, hatten sie gesagt, dass es bei ihnen Anklang finde. In vielerlei Hinsicht trifft diese Aussage auf jede Art von Arbeit zu, die man liebt. Brianas Leidenschaft für das Sonderschulrecht hatte sich zu ihrem Traum entwickelt, aber nun wandelte sich dieser Traum zu harter Realität, eine Realität, in der sie sich bei Firmen bewerben und sich fragen musste, ob sie gut genug sei. Ich brachte dieses Zitat gegenüber Angelou zur Sprache und fragte sie, wie sie mit dieser Angst umgehe.

»Nun, ich bete viel und zittere viel«, sagte sie lachend. »Ich muss mich selbst daran erinnern, dass das, was ich tue, nicht leicht ist. Und ich glaube, das trifft immer zu, wenn jemand anfängt, das zu tun, was er oder sie tun will und wozu er oder sie sich berufen fühlt – nicht nur als berufliche Karriere, sondern wirklich als Berufung.

Wenn ein Spitzenkoch oder eine Spitzenköchin sich darauf vorbereitet, in die Küche zu gehen, dann muss er oder sie sich daran erinnern, dass jeder auf der Welt, der es kann, isst. Und somit ist die Zubereitung von Speisen keine Frage von Exotik; jeder isst. Wenn nun jeder etwas Salz, etwas Zucker, etwas Fleisch, wenn er kann oder will, und etwas Gemüse isst, dann muss der Koch, um eine Speise wirklich gut zuzubereiten, es auf eine Art und Weise tun, wie es noch niemand anderes getan hat. Und so ist es auch beim Schreiben. Sie erkennen, dass jeder auf der Welt, der spricht, Worte benutzt. Und so muss man ein paar Verben nehmen, einige Adverbien, einige Adjektive, Substantive und Pronomen, und sie alle zusammensetzen und sie zum Schwingen bringen. Das ist keine Kleinigkeit. Also loben Sie sich selbst dafür, dass Sie den Mut haben, es *zu versuchen*. Verstehen Sie?«

Das dritte Hindernis war der Umgang mit Kritik. Angelou erzählt in ihrer Autobiografie vom Beitritt zu einer Schriftstellervereinigung. Damals hatte sie einen Text vorgelesen, den sie geschrieben hatte, und die Gruppe hatte ihn zerrissen.

»Sie haben geschrieben«, sagte ich, »dass dieses Erlebnis Sie dazu gebracht hat, einzuräumen, dass Sie, wenn Sie schreiben wollten, einen Grad an Konzentration entwickeln müssten, den man vor allem bei Menschen findet, die auf ihre Hinrichtung warten.«

»Für die nächsten fünf Minuten!«, sagte Angelou und lachte wieder. »Das stimmt.«

»Welchen Rat haben Sie für einen jungen Menschen, der Kritik ausgesetzt ist und die gleiche Konzentration entwickeln möchte?«

»Denken Sie daran«, sagte sie, »und ich möchte, dass Sie das bitte aufschreiben. Nathaniel Hawthorne sagte einmal: *Leichtes Lesen ist verdammt schweres Schreiben*. Und das gilt wahrscheinlich genauso umgekehrt; das heißt, was leicht geschrieben wurde, ist verdammt schwer zu lesen. Gehen Sie das Schreiben, gehen Sie das, was auch immer Ihre Aufgabe ist, mit Bewunderung für sich selbst und für diejenigen, die es vor Ihnen getan haben, an. Machen Sie sich mit Ihrem Handwerk so vertraut, wie es nur möglich ist. Nun, was ich tue und wozu ich auch junge Schriftsteller ermutige, ist, allein in einen Raum zu gehen, die Tür zu schließen und etwas zu lesen, das Sie bereits geschrieben haben. Lesen Sie es laut vor, damit Sie die Melodie der Sprache hören können. Achten Sie auf den Rhythmus der Sprache. Hören Sie ihm zu. Bevor Sie es merken, werden Sie denken: ›Hm, das ist doch gar nicht so übel! Das ist ziemlich gut.‹ Tun Sie es, damit Sie sich für den *Versuch* bewundern können. Machen Sie sich selbst ein Kompliment dafür, dass Sie eine so schwierige, aber erfüllende, Aufgabe übernommen haben.«

Hindernis vier war ein Problem, mit dem Briana zu der Zeit konfrontiert war. Als sie nach einer Stelle suchte, hieß es in jeder Stellenbeschreibung, die sie fand: »Berufserfahrung erforderlich.« Aber wie konnte sie Berufserfahrung sammeln, wenn alle Stellen sie forderten? In Angelous Autobiografie stand, sie habe vor einem ähnlichen Problem gestanden.

»Ich habe gelesen«, sagte ich, »dass Sie sich, als Sie als stellvertretende Herausgeberin des *Arab Observer* eingestellt wurden, in den Job hineingemogelt haben, indem Sie Ihre Fähigkeiten und Ihre vorherige Erfahrung aufgeblasen haben. Und nachdem Sie eingestellt wurden, mussten Sie erst richtig schwimmen lernen. Wie war das?«

»Es war schwer«, sagte Angelou, »aber ich wusste, ich würde es schaffen. Und genauso muss man es angehen. Man muss wissen, dass man bestimmte natürliche Fähigkeiten hat und dass man andere erlernen kann, damit man einiges ausprobieren kann. Man kann versuchen, bessere Jobs zu bekommen. Man kann versuchen, eine höhere Position zu erreichen. Und wenn man sicher auftritt, sorgt diese Sicherheit irgendwie dafür, dass sich auch die

Mitmenschen sicher fühlen. ›Oh, da ist sie ja, sie weiß, was sie tut!‹ Nun, die Sache ist die, dass man spätabends in die Bibliothek geht und büffelt und plant, während alle anderen ihr Ding machen. Ich glaube nicht, dass wir als Künstler geboren werden«, fügte sie hinzu. »Wissen Sie, wenn Sie ein bestimmtes Auge haben, dann können Sie Tiefe und Präzision und Farbe und all das sehen; wenn Sie ein bestimmtes Ohr haben, können Sie bestimmte Töne und Harmonien hören; aber fast alles ist *erlernt*. Wenn man also ein normales Gehirn hat, und vielleicht ein wenig anormal denkt, dann kann man Dinge lernen. Haben Sie *Vertrauen* in sich.«

Ich hatte noch eine Minute Zeit. Ich fragte sie, ob sie einen einzigen Ratschlag für junge Menschen habe, die am Beginn ihrer beruflichen Laufbahn stehen.

»Versuchen Sie, über den Tellerrand hinauszuschauen«, sagte sie. »Versuchen Sie, zu erkennen, dass der Taoismus, die chinesische Religion, für die Chinesen sehr gut funktioniert, sodass er vielleicht auch für Sie funktioniert. Eignen Sie sich alle Weisheit an, die Sie finden können. Sehen Sie sich Konfuzius an; sehen Sie sich Aristoteles und Martin Luther King an; lesen Sie Cesar Chávez; *lesen Sie*. Lesen Sie und sagen Sie sich: ›Oh, das sind Menschen, genau wie ich. Okay, das funktioniert vielleicht nicht für mich, aber ich glaube, ich kann einen Teil davon gebrauchen.‹ Verstehen Sie? Engen Sie Ihr Leben nicht ein. Ich bin fünfundachtzig und fange gerade erst an! Das Leben wird kurz sein, ganz egal, wie lang es ist. Sie haben nicht viel Zeit. Gehen Sie an die Arbeit.«

Mit der Zeit wurde ich noch dankbarer für dieses Gespräch, denn hätte ich noch länger gewartet, wäre es nicht dazu gekommen. Fast genau ein Jahr nach diesem Telefonat verstarb Maya Angelou.

KAPITEL 32
MIT DEM TOD ZUSAMMENSITZEN

Seit meinem Gespräch mit Maya Angelou waren Monate vergangen, und der Trost, den sie mir vermittelt hatte, war wie weggespült. Ich erlebte einen Grad an Traurigkeit, von dem ich vorher nicht gewusst hatte, dass es ihn gibt. Bei meinem Vater war gerade Bauchspeicheldrüsenkrebs diagnostiziert worden.

Er war erst neunundfünfzig. Und ich musste zuschauen, wie er immer schwächer wurde. Zu sehen, wie mein Vater sein volles Haar verlor, wie fast vierzig Kilo von seinem Körper abfielen, und ihn mitten in der Nacht weinen zu hören, erfüllte mich mit einem Schmerz, den ich niemals ganz in Worte werde fassen können. Mich erfasste ein so tiefes Gefühl der Verzweiflung, der Hilflosigkeit, als wäre ich auf einem Floß und sähe meinem Vater zu, wie er im Ozean ertrank, und egal, wie weit ich meine Hand ausstreckte, ich konnte ihn nicht erreichen.

Aber so überwältigend diese Gedanken auch waren, dies war nicht der richtige Ort, um zu trauern. Ich saß in der Lobby des Hauptstandorts von The Honest Company. In wenigen Minuten würde ich ein Interview mit Jessica Alba führen, was bedeutete, dass ich mich für die nächste Stunde zusammenreißen, mich auf die Mission konzentrieren und aufhören musste, über den Tod nachzudenken.

Ich wurde einen Flur entlanggeführt. Helles Sonnenlicht erfüllte das offen gestaltete Bürogebäude. An einer Wand waren hundert bronzene Schmetterlinge zu sehen. An einer anderen Wand gab es Dutzende von strahlend weißen Keramiktassen, auf denen das Wort »HONESTY« – »Aufrichtigkeit« – geschrieben stand. Alles an dem Unternehmen wirkte positiv und optimistisch, und ich wollte, dass das Interview auch so abliefe.

Als ich um eine Ecke bog und mich Jessica Albas Büro näherte, dachte ich über das Ausmaß dessen nach, was sie erreicht hat. Sie ist die einzige Person in der Geschichte Hollywoods, die gleichzeitig als Hauptdarstellerin tätig war *und* ein Milliarden-Dollar-Start-up gründete. The Honest Company hat seit ihrer Gründung 300 Millionen US-Dollar erwirtschaftet, und ihre Filme haben weltweit schätzungsweise 1,9 Milliarden US-Dollar eingespielt. Jessica Alba ist außerdem die einzige Person auf der Welt, die im selben Monat sowohl auf dem Cover des *Forbes*- als auch des *Shape*-Magazins zu sehen war. Sie hat nicht erst den einen und anschließend einen weiteren Berg bestiegen. Sie hat zwei Berge gleichzeitig bestiegen. Und ich war hier, um herauszufinden, wie sie das gemacht hatte.

Ich begrüßte sie und nahm in ihrem Büro auf einem Ecksofa Platz. Während meiner Recherche war mir aufgefallen, dass Alba, wann immer sie über ihre Mutter sprach, nur die positivsten Dinge zu sagen hatte. Und ein paar Wochen zuvor hatte Cal mir am Frühstückstisch von Larry King gesagt, dass eine seiner Lieblingsfragen laute: »Was ist die beste Lektion, die Ihnen Ihr Vater beigebracht hat?« Ich dachte, wenn ich diese beiden Elemente kombinierte, würden wir das Gespräch sofort positiv und tiefgründig beginnen.

Ich fragte Alba, was die beste Lektion gewesen sei, die sie von ihrer Mutter gelernt habe. Sie nahm sich einen Moment Zeit zum Nachdenken und fuhr mit den Fingern über die Fransen ihrer zerrissenen Jeans. Ich lehnte mich zurück und spürte, dass ich ins Schwarze getroffen hatte.

»Ich habe gelernt«, sagte Alba, »zu versuchen, das Beste aus einem Augenblick zu machen. Wissen Sie, meine Großmutter starb, als meine Mutter Anfang zwanzig war ...«

Denk nicht darüber nach. Denk nicht darüber nach.

»Als Teenager war ich manchmal gemein«, fuhr Alba fort, »und meine Mutter sagte dann immer: ›Du musst netter zu mir sein, denn ich werde nicht für immer da sein.‹«

Sie hielt inne, fast so, als ob sie in sich hineinsehen würde. »Man glaubt einfach nie, dass das Leben irgendwann vorbei sein wird«, sagte sie, »bis es vorbei ist.«

Ich konnte es nicht mehr ertragen. Ich musste das Gespräch in eine andere Richtung lenken.

Ich hatte YouTube-Clips gesehen, in denen Alba regelrecht aufleuchtete, wenn sie erzählte, wie sie ihre Firma gegründet habe. Das war so abgelaufen: Sie war sechsundzwanzig und mit ihrem ersten Kind schwanger. Nach der Babyparty wusch sie einen Strampler in der Waschmaschine und war schockiert über die Allergene in dem »kindersicheren« Waschmittel. Das inspirierte sie zur Gründung eines Unternehmens, das sicheren und giftfreien Produkten verpflichtet ist. In jedem dieser Videoclips leuchteten Albas Augen auf, wenn sie darüber sprach, wie sie zu einem glücklicheren und gesünderen Leben beitragen könne, wodurch dies das perfekte Thema war.

»Wie haben Sie The Honest Company ins Leben gerufen?«, fragte ich.

»Ich habe über die Sterblichkeit nachgedacht«, sagte sie, »über meine eigene Sterblichkeit.«

»Mit sechsundzwanzig?«

»Wenn man Leben in die Welt bringt«, sagte sie und beugte sich vor, »zwingt das einen dazu, zu sehen, wie nahe Leben und Tod beieinanderliegen. Man erkennt: *Diese Person war nicht hier, und jetzt ist sie hier. Und sie kann genauso gut sterben.* Und nicht nur Babys sollten Zugang zu gesunden Produkten haben, sondern jeder Mensch. Auch ich. Ich will nicht früh sterben. Ich will keine Alzheimerkrankheit bekommen. Davor habe ich schreckliche Angst. Der Vater meiner Mutter hatte sie. Und meine Mutter hatte Krebs. Meine Tante hatte Krebs. Meine Großmutter hatte Krebs. Meine Großtante hatte Krebs. Der Sohn meines Cousins hatte Krebs. Also ... Ich will einfach nicht sterben.«

Ich war sprachlos. Aber das machte nichts, denn Alba sprach immer weiter von Tod und Krebs, Tod und Krebs, Tod und Krebs – bis mir körperlich übel wurde.

»Bei meinem Vater wurde vor Kurzem Bauchspeicheldrüsenkrebs diagnostiziert«, platzte ich heraus.

Das erste Mal, dass ich diese Worte gesagt hatte, konnte ich sie nicht herausbekommen, ohne in Tränen auszubrechen. Während die Wochen vergingen, konnte ich die Worte zwar aussprechen, aber ich glaubte sie nicht. Jetzt fühlte ich mich einfach wie betäubt. In all diesen Phasen hatte ich immer die gleichen Reaktionen erhalten. Die meisten Leute nahmen mich in den Arm und sagten mir, dass alles gut werden würde; andere sagten freundlich und leise: »Es tut mir so leid.« Daher war ich völlig unvorbereitet auf Albas Reaktion. Sie schlug mit der Hand auf die Couch und sagte: »Oh, Scheiße. *Fuck*.«

Ihre Worte fühlten sich an, als hätte mir jemand einen Eimer Eiswasser ins Gesicht geschüttet. Und das Merkwürdigste daran war, dass es mir eine Last von den Schultern nahm, von der ich nicht einmal gewusst hatte, dass sie da war.

Von diesem Moment an fühlte es sich nicht mehr wie ein Interview an.

Wir verbrachten die nächsten dreißig Minuten damit, über Krebs in unseren Familien zu sprechen. Sie erzählte mir davon, wie ihre Mutter in die Notaufnahme kam, sich drei Tage lang übergeben musste und dann von Ärzten Stücke ihres Darms herausgenommen bekam. Alba setzte ihre Eltern auf spezielle Diäten, setzte bei ihnen schädliche Medikamente ab, vermittelte sie an einen Ernährungsberater, und beide nahmen über zwanzig Kilo ab. Ich erzählte ihr, dass ich meinen Vater zu einer Ernährungsberaterin geschickt hatte, die darauf spezialisiert war, Krebspatienten zu helfen, aber mein Vater wollte ihrem Rat nicht folgen und sie nicht einmal ein zweites Mal aufsuchen. »Das ist einfach verrückt«, sagte ich.

»Bei meinen Eltern«, antwortete Alba, »musste ich nur sagen: ›Hört mal. Wenn ihr miterleben wollt, wie eure Enkel die Highschool abschließen oder heiraten, dann müsst ihr etwas ändern. So kann es nicht weitergehen. Ihr müsst tun, was immer nötig ist.‹ Also taten sie es.«

Irgendwie fühlte ich mich durch ihre Worte weniger allein.

»Es ist einfach schrecklich, krank zu sein«, fügte sie hinzu und stieß hörbar die Luft aus. »Und wenn ich dann höre, dass immer mehr Frauen Endometriose und Hysterektomien und hormonelle Krebserkrankungen, Brustkrebs, Gebärmutterhalskrebs und all das haben – ich befinde mich auf dem gleichen Gleis, wissen Sie? Ich denke dann nur noch: *Was zum Teufel geht hier vor?* Offensichtlich gibt es eine ganze Kombination von Auslösern, aber ich fragte mich schließlich: ›Was davon unterliegt meiner Kontrolle?‹ Und was meiner Kontrolle unterliegt, ist das, was sich in und um mein Zuhause herum befindet.«

»Das erste Mal, dass ich etwas von Ihrer Website gekauft habe«, sagte ich, »war nach der Diagnose meines Vaters. Ich weiß, das klingt komisch, aber durch den Krebs riecht sein Stuhlgang wirklich übel, und ich wollte ihm keinen normalen Lufterfrischer kaufen, weil ich nicht weiß, welche Chemikalien darin enthalten sind. Und Ihre Firma ist eine der wenigen mit einem ungiftigen Lufterfrischer, ich meine den mit den ätherischen Ölen. Und ich habe meinem Dad gesagt: ›Das ist dein bester Freund. Benutze es jeden Tag.‹ Und es hilft.«

Albas Augen glänzten, als hätte ich ihr gerade ein Geschenk überreicht.

»Sie und ich wissen, dass das, was wir unserem Körper zuführen, was wir einatmen, was in unserer Umwelt ist, unsere Gesundheit beeinflusst«, sagte sie. »Doch unsere Elterngeneration denkt: ›Wenn ich es in einem Laden kaufen kann, ist es in Ordnung. Wenn man es mir verkauft, ist es in Ordnung.‹ Und wir dagegen: ›Nein, der Scheiß ist nicht in Ordnung.‹ Es ist so schwer, weil unsere Eltern solche Angst davor haben, etwas Neues auszuprobieren.«

»Wem sagen Sie das«, meinte ich.

»Meine Großmutter hat kürzlich herausgefunden, dass sie Diabetes hat«, fuhr Alba fort. »Ich bin sicher, dass sie es schon eine Weile hat, aber sie wollte nie zum Arzt gehen. Sie hatte Schlaganfälle und so, und es könnten diabetesbedingte Schlaganfälle gewesen sein, aber sie will es nicht zugeben. Gestern Abend saßen wir also beim Abendessen zusammen, und mein Großvater gab ihr jede Menge Kuchen und Eiscreme. Ich sagte: ›Sie könnte jetzt buchstäblich einen Anfall bekommen und ins Koma fallen! Was macht ihr denn da?‹ Sie wollen die Realität einfach nicht akzeptieren.«

»Das macht mir eine Scheißangst«, sagte ich. »Ich habe keine Ahnung, wie Sie das bei so vielen Familienmitgliedern ausgehalten haben. Ich kann es bei nur einem schon nicht ertragen.«

»Ich glaube, es ist etwas anderes, wenn es den eigenen Vater betrifft«, antwortete sie.

»Ich habe das Gefühl, dass in dem Maße, wie die Technologie voranschreitet und mehr Leben gerettet werden können«, sagte ich, »die Dinge, die uns töten, immer extremer werden; die Giftstoffe, die Umweltverschmutzung.«

»Ich glaube, deshalb haben wir einen Nerv getroffen«, antwortete Alba, »weil die Leute es wahrnehmen.«

»Das Verrückte daran ist – ich weiß, dass Sie viel darüber reden, dass Ihre Firma Babys hilft –, aber Sie helfen auch meinem Vater. Und Sie helfen mir damit buchstäblich bei dem, was mich am meisten schmerzt.«

Ihre Augen weiteten sich, und da hatte ich plötzlich eine Offenbarung. »Das ist verrückt!«, sagte ich und sprang von der Couch auf. »All *dies*« –ich zeigte auf die Glastür, hinter der einige ihrer fünfhundert Angestellten arbeiteten – »all *dies* gibt es nur, weil *Sie* den Tod am Kragen gepackt, ihn an den Tisch gesetzt und sich gefragt haben: ›Was soll ich mit meinem Leben anfangen?‹«

Jetzt sah *sie* so aus, als wäre ihr Eiswasser übergekippt worden. »Das stimmt!«, sagte sie.

»Sie hätten einfach eine sehr erfolgreiche Schauspielkarriere fortsetzen und sich damit zufriedengeben können, aber stattdessen ...«

»Genau!«, sagte sie.

»Das ist überwältigend ... wow ... Wenn ...« Ich war so voller Energie, dass ich kaum einen Satz herausbekommen konnte. »Wenn wir dieses Gespräch vor zwei Monaten geführt hätten, dann hätten wir über all das nicht gesprochen. Ich hätte noch nie über den Tod nachdenken müssen. Aber jetzt sehe ich Ihre Firma mit ganz neuen Augen.«

Viele Prominente gründen Unternehmen, die ein Spiegelbild ihres Lebens auf dem Gipfel sind. Sie kreieren Düfte oder Bekleidungslinien, aber Alba gründete ein Unternehmen, das ihren tiefsten Punkt widerspiegelt. Sie nahm ihre Menschlichkeit als Grundlage. Sie schuf etwas, das bei allen Menschen Anklang findet. *Das* war ihr Schlüssel zum Aufstieg auf ihren zweiten Berggipfel: erst einmal zurück in ihr tiefstes Tal zu gehen.

»Dem Tod ins Auge zu sehen«, sagte Alba, »sensibilisiert einen dafür, wie zerbrechlich das Leben ist. In einem einzigen *Augenblick*« – sie schnippte mit den Fingern – »ist alles vorbei. Es zwingt einen dazu, auf andere Weise über all die eigenen Entscheidungen nachzudenken. Was ist wirklich wichtig? Womit verbringe ich mein Leben? Was werde ich tun, wenn ich mich meiner größten Angst gegenübersehe?«

***

Ich bemerkte kaum, dass unsere Stunde vorbei war, aber das machte nichts, denn wir redeten einfach weiter. Ich nahm mein Handy heraus und rief das Meme auf, das Talia mir gezeigt hatte, das Meme des Mannes, der einen Hindernislauf gegen eine Frau bestreiten will, die mit allerlei zusätzlichen Hindernissen konfrontiert ist.

»Ich möchte gern wissen, was Sie davon halten«, sagte ich.

Alba nahm mein Telefon in die Hand und starrte auf das Bild. Dann lachte sie. Ich hatte das Bild inzwischen einem Dutzend Menschen gezeigt, doch von denen hatte niemand so reagiert. Vielleicht bildete ich es mir nur ein, aber in Albas Lachen schien ein Hauch von Traurigkeit zu liegen.

»Es ist lustig ... weil es so zutreffend ist«, sagte sie. »Wenn jeder in Amerika sich aussuchen könnte, ein weißer Kerl zu sein, hineingeboren in eine Familie, der seine Bildung am Herzen liegt, dann würde sich wahrscheinlich jeder dafür entscheiden, denn ein solches Leben ist wirklich viel einfacher.«

Alba starrte weiter auf das Meme. »Ich glaube, man kann einige dieser Hürden auf dem Weg beseitigen, indem man sich mit den richtigen Leuten umgibt«, sagte sie. »Wenn man es als einsamer Wolf versucht, wenn man nur wütend ist und die ganze Zeit gegen das System ankämpft, wird niemand Zeit mit einem verbringen wollen, weil man immer wütend sein wird, während man für das Gute kämpft. Aber wenn man das Rennen mit Anmut, Würde und Integrität absolvieren kann, wird das Erreichen der Ziellinie sehr viel einfacher. Niemand hat die Kontrolle darüber, wer er ist, wenn er geboren wird«, fuhr sie fort. »Man wird in die Familie hineingeboren, in die man nun einmal hineingeboren wird, und man wird in die Umstände hineingeboren, in die man nun einmal hineingeboren wird. Man muss also einfach nehmen, was man unter diesen Voraussetzungen nehmen kann, und sich nicht mit anderen Menschen vergleichen. Man muss auf den eigenen Weg schauen und wissen, dass das, was einen dorthin gebracht hat und wohin man von dort aus gehen wird, einzigartig ist. Es ist einem nicht bestimmt, anders zu sein. Und es ist so leicht, sich ablenken zu lassen«, fügte sie hinzu. »Der Mann auf der linken Bahn wird schon bis zur Ziellinie kommen. Es ist ihm egal. Am Anfang sieht er vielleicht noch zu Ihnen rüber, aber dann ist er weg. Wenn Sie ihn ständig im Blick behalten, werden Sie Ihr Rennen nie beenden. Und wissen Sie was? Die Hindernisse, mit denen Frauen konfrontiert sind, sorgen einfach für bessere Unternehmen. Denn letztendlich wissen wir, wie man mit so mancher Scheiße klarkommt. Dieser Mann in dem Cartoon wird jedoch nicht so gut gerüstet sein, denn man lernt etwas wirklich nur dann, wenn man es selbst durchgemacht hat.«

Alba sah sich das Meme noch einmal an und gab mir dann mein Handy zurück.

»Was hat Sie überhaupt dazu bewogen, dieses Projekt anzugehen?«, fragte sie.

Ich erzählte ihr, wie ich an die Decke gestarrt und wie sich die Reise ab da entwickelt hatte. Dann fragte sie, ob ich in meinen Interviews ein Muster gefunden hätte.

»Ich hätte gern Ihre Meinung dazu«, sagte ich. »Meine Theorie ist, dass jeder einzelne dieser Menschen das Leben und das Geschäftliche ... wie einen Nachtclub angeht.«

Sie stieß ein kleines Lachen aus. Als ich ihr den Rest der Analogie der dritten Tür erzählte, nickte sie fortwährend mit dem Kopf.

»Das gefällt mir«, sagte sie. »Das ist so wahr. Meine Mitbegründer und ich sagen hier immer, dass es schwierig ist, Stellenbewerber zu finden, die intelligent und zielstrebig, aber auch Träumer sind. Der träumerische Teil ist dieser Unternehmergeist – wenn diese Tür verschlossen ist und diese Tür verschlossen ist und diese Tür ebenfalls verschlossen ist, *wie zum Teufel kommt man dann hinein?* Man muss es nur noch herausfinden. Man muss seinen gesunden Menschenverstand einsetzen, Beziehungen aufbauen; es ist mir egal, wie man hineinkommt, aber man muss irgendwie hineinkommen.«

»Sie stellen Mitarbeiter also buchstäblich auf der Grundlage der dritten Tür ein?«, fragte ich lachend.

»Ja! Es ist mir egal, wo jemand seinen Abschluss gemacht hat. Die bisherige Berufserfahrung ist mir egal. Mir ist wichtig, wie jemand Probleme löst. Mir ist wichtig, wie jemand Herausforderungen annimmt. Wie erschafft er oder sie neue Möglichkeiten, Dinge zu erledigen? Es geht darum, diesen Eifer, diesen Schwung zu haben. Genau das macht die besten Leute hier aus. Es dreht sich alles um die dritte Tür.«

KAPITEL 33
DER HOCHSTAPLER

*D*er Gründer von TED hatte mir gesagt: »Ich lebe mein Leben nach zwei Mantras. Erstens: Wenn man nicht um etwas bittet, bekommt man es auch nicht. Und zweitens: Das meiste wird nicht von Erfolg gekrönt sein.«

Und jetzt hatte ich gerade meine bisher am weitesten hergeholte Anfrage gestellt – und es lief besser, als ich mir hätte vorstellen können. Ich hatte Qi Lu gefragt, ob er mich Mark Zuckerberg per E-Mail vorstellen würde. Qi Lu hatte sofort geantwortet und geschrieben, das mache er sehr gern. Ich sah mich in der Abstellkammer um und schüttelte ungläubig den Kopf. Erst drei Jahre zuvor hatte ich noch in einem Toilettenraum kauern müssen, um mit Tim Ferriss sprechen zu können. Jetzt brachte mich eine einzige E-Mail in Kontakt mit Mark Zuckerberg.

Ich folgte dem Rat von Qi und verfasste einen Absatz, in dem ich Zuckerberg meine Mission darlegte und ihn darüber informierte, dass ich die Startup School besuchen würde, eine Konferenz, auf der er in der folgenden Woche sprechen sollte. Ich fragte ihn, ob wir uns dort treffen könnten. Qi übermittelte Zuckerberg auf Facebook meine Notiz, und sechzehn Stunden später erhielt ich diese Antwort:

• • • • • • • • •

An: Alex Banayan (cc: Stefan Weitz)

Von: Qi Lu

Betreff: (kein Betreff)

Das hier habe ich von Mark bekommen:

Sicher, bitte geben Sie meine E-Mail-Adresse an ihn weiter, und ich werde versuchen, ein paar Minuten Zeit zu finden, um mit ihm zu sprechen, bevor ich gehen muss. Ich kann nicht versprechen, dass ich Zeit haben werde, aber wenn ich ein paar Minuten Zeit habe, werde ich mich mit ihm treffen.

Seine E-Mail-Adresse lautet **********

Alles Gute, Qi

• • • • • • • • •

Ich wusste genau, wem ich das als Erstem erzählen wollte.

»Heilige ... Scheiße«, sagte Elliott.

Elliott sprach mit einer Aufregung, die wie Trompeten klang, die das triumphalste Lied, das ich je gehört hatte, erschallen ließen. Er riet mir, eine E-Mail zu schreiben, die von Zuckerberg nicht viel verlangen würde, sodass er leicht mit »Klingt gut« würde antworten können. Elliott half mir beim Entwurf der E-Mail, und ich schickte sie ab.

• • • • • • • • •

An: Mark Zuckerberg (cc: Qi Lu)

Von: Alex Banayan

Betreff: Bis Samstag

Hallo Mark,

Qi Lu hat mir von Ihrer Antwort berichtet und mir Ihre E-Mail-Adresse weitergegeben. Qi ist in den letzten Jahren wie ein Schutzengel gewesen, und ich bin sehr dankbar dafür, ihn zu kennen – und er hat mir wunderbare Dinge über Sie erzählt.

Ich kann nach Ihrer Rede bei der Startup School für ein paar Minuten hinter der Bühne vorbeischauen. Sollten Sie letztlich keine Zeit zum Reden haben, so habe ich vollstes Verständnis dafür. Hört sich das gut an?

Wie dem auch sei, ich schätze Sie wirklich überaus und danke Ihnen dafür, dass Sie eine solch große Inspiration sind.

• • • • • • • • •

Ich lief in der Abstellkammer hin und her und rief stündlich meine E-Mails ab. Aber es kam keine Antwort. Zwei Tage vor der Konferenz schickte ich Qi erneut eine E-Mail mit der Frage, ob es in Ordnung sei, eine Folgenachricht zu senden. Qi antwortete und fragte, wovon ich da spräche. »Mark hat Ihnen beinahe unverzüglich geantwortet.«

Das ist unmöglich. Moment. Was wäre, wenn ...
Ich überprüfte meinen Spam-Ordner:

• • • • • • • • •

Viagra
Viagra
Viagra
Mark Zuckerberg
Viagra
Viagra
Viagra

• • • • • • • • •

Selbst Gmail konnte nicht glauben, dass Mark Zuckerberg mir eine E-Mail schicken würde.

• • • • • • • • •

An: Alex Banayan (cc: Qi Lu)

Von: Mark Zuckerberg

Betreff: RE: Bis Samstag

Freut mich, Sie kennenzulernen. Qi ist ein großartiger Mensch, und ich freue mich, dass Sie ihn kennengelernt haben.

Ich werde versuchen, ein paar Minuten abzuzweigen, damit wir nach meinem Vortrag bei der Startup School am Samstag miteinander sprechen können. Ich werde nicht viel Zeit haben, aber ich freue mich darauf, mich kurz mit Ihnen zu treffen.

• • • • • • • • •

Ich leitete die E-Mails von Zuckerberg und Qi an die Organisatorin der Startup-School-Veranstaltung weiter, gab ihr den zugehörigen Kontext und fragte, wie ich hinter die Bühne würde kommen können. Dann rief ich Elliott an und erzählte ihm die gute Nachricht.

»Schick Zuckerberg keine weitere E-Mail«, sagte Elliott.

»Aber sollte ich die Absprache nicht bestätigen?«, fragte ich.

»Nein. Man sollte sich niemals zu sehr anpreisen. Er hat bereits Ja gesagt. Jetzt musst du nur noch dort auftauchen.«

Mein Bauchgefühl war damit nicht ganz einverstanden. Aber ich hatte Elliotts Rat in der Vergangenheit zu oft ignoriert, nur um letztlich herauszufinden, dass er recht gehabt hatte. Diesen Fehler wollte ich nicht noch einmal begehen.

»Nun, du große Nummer, herzlichen Glückwunsch«, sagte Elliott. »Du hast also ein Meeting mit The Zuck. Willkommen in der großen Liga.«

Einen Tag später, in Palo Alto, Kalifornien

Das Restaurant war voll, und auf unserem Tisch türmten sich Pita, Hummus und Hähnchenspieße. Es war der Vorabend der Startup-School-Konferenz, und ich aß mit Brandon und Corwin zu Abend, die mich am nächsten Tag begleiten würden. Als der Kellner unsere Rechnung auf den Tisch legte, checkte ich meine E-Mails und sah die Antwort der Organisatorin der Veranstaltung:

• • • • • • • • •

Hallo Alex,
ich kann Ihrem Antrag für morgen nicht stattgeben. Alle Anfragen dieser Art müssen von Marks Team kommen.

• • • • • • • • • • • • •

Ich antwortete und erklärte, dass ich niemanden aus seinem Team kenne und dass ich durch Qi Lu eingeführt worden sei. Die Organisatorin der Veranstaltung antwortete nicht. Mit jeder weiteren verstrichenen Stunde wurde ich nervöser. Ich schickte erneut eine E-Mail, bekam aber keine Antwort.

Spät in der Nacht schickte ich eine E-Mail an einen Freund vom Summit, der das Organisationsteam der Veranstaltung kannte. Ich beschrieb ihm die Situation und fragte ihn, was zu tun sei. Am nächsten Morgen schickte er mir eine Nachricht zurück.

• • • • • • • • •

Ist deine E-Mail von Zuck echt? Der Leiter der Veranstaltung hat mir gerade per E-Mail mitgeteilt, du hättest versucht, hinter die Bühne zu gelangen, indem du eine gefälschte E-Mail von Zuckerberg gesendet hättest …

• • • • • • • • • • • • •

***

Corwin und Brandon drängten sich in der Küche von Corwins Elternhaus um meinen Laptop.

»Schreib einfach eine E-Mail an Zuckerberg und erklär ihm, was los ist«, meinte Brandon.

»Ich glaube nicht, dass das eine gute Idee ist«, antwortete ich. »Elliott hat mir gesagt, ich solle cool bleiben.«

»Alter, es ist nur eine E-Mail«, sagte Corwin.

Ich presste die Lippen zusammen.

»Schön, wenn du Zuckerberg keine E-Mail schicken willst«, fuhr Corwin fort, »dann schick wenigstens eine an Qi Lu.«

Ich schüttelte den Kopf. »Ich muss nur die Organisatorin der Veranstaltung heute von Angesicht zu Angesicht sehen und sie die

E-Mails auf meinem Handy durchgehen lassen. Ich bin mir sicher, dass sich dann alles aufklären wird. Damit müssen wir Qi Lu nicht belästigen.«

Ich klappte meinen Laptop zu, und wir machten uns auf den Weg zum Auto. Eine halbe Stunde später bog Corwin um die Ecke und fuhr auf den Außenparkplatz des De Anza College. Wir drei stiegen aus und ließen den Blick über die beigefarbenen Gebäude des Campus schweifen. Hunderte von Teilnehmern schwärmten über das Gelände, die meisten mit Laptops und iPads. Die Warteschlange am Haupteingang führte um das Gebäude herum. Ich entdeckte einen weiteren Eingang auf der Rückseite des Gebäudes, wo – wie ich annahm – die VIPs eintreten würden, um hinter die Bühne zu gelangen.

Ich raste zum Hauptanmeldeschalter und bat darum, mit der Organisatorin der Veranstaltung sprechen zu können. Nachdem ich einige Minuten gewartet hatte, wurde mir mitgeteilt, dass sie mich nicht empfangen würde. Doch ich wollte auf keinen Fall mein Meeting mit Zuckerberg verpassen. Verzweifelt bekam ich die Telefonnummer der Organisatorin heraus, und sie nahm meinen Anruf entgegen.

»Hi, hier spricht Alex Banayan. Ich habe Ihnen gestern Abend eine E-Mail über mein Treffen mit Mark Zuckerberg geschickt. Ich wollte nur …«

»Lassen Sie uns auf den Punkt kommen«, sagte sie. »Wir wissen, dass Sie diese E-Mail gefälscht haben. Wir haben Marks PR-Team kontaktiert, und von dessen Seite heißt es, dass Sie nicht auf der Liste der bewilligten Meetings stehen. Wir haben auch das Sicherheitsteam von Facebook kontaktiert. Dort gibt es keine Aufzeichnungen über Sie. Und obendrein wissen wir, dass das nicht einmal Marks echte E-Mail-Adresse ist. Wenn ich Sie wäre, würde ich die Sache gut sein lassen, bevor Sie sich in ernste Schwierigkeiten bringen. Auf Wiederhören.«

Ich wusste nicht, was ich tun sollte. Ich hatte Angst, übermäßig hartnäckig zu sein und Qi Lu an einem Samstagnachmittag zu belästigen, aber ich brauchte Hilfe. Also dachte ich, ich könnte Stefan Weitz anrufen, der zusammen mit Qi bei Microsoft arbeitete. Stefan nahm sofort ab und sagte, er würde sich darum kümmern. Eine Minute später bekam ich in cc eine E-Mail an die Organisatorin der Veranstaltung. Stefan versicherte ihr, die E-Mail von Zuckerberg sei zu 100 Prozent echt, und wenn sie immer noch Bedenken habe, könne sie ihn auf seinem Handy anrufen.

Zwei Stunden vergingen. Die Veranstaltungsorganisatorin hatte immer noch nicht auf Stefans E-Mail geantwortet. Ich schickte ihm ihre Handynummer. Stefan rief an, aber sie nahm nicht ab. Mir gingen die Optionen aus. Bis zu Zuckerbergs Rede war nur noch eine Stunde Zeit, und ich hatte keinen Ausweichplan. Ich schickte eine weitere E-Mail.

• • • • • • • • •

An: Mark Zuckerberg (cc: Qi Lu)

Von: Alex Banayan

Betreff: RE: Bis Samstag

Bin bei der Startup School angekommen, und das Personal stellt sich ein bisschen quer, was den Zugang zum Backstage-Bereich anbelangt. Soll ich trotzdem versuchen, für ein paar Minuten dorthin zu gelangen, oder gibt es einen anderen Ort, an dem wir leichter miteinander sprechen können?

• • • • • • • • •

Ein wenig später sah ich auf die Uhr – noch dreißig Minuten. Ich hatte keine Antwort von Zuckerberg erhalten, also beschloss ich, die Sache selbst in die Hand zu nehmen.

Es lag nahe, dass Zuckerberg durch den VIP-Eingang auf der anderen Seite des Gebäudes hereinkommen würde. Vielleicht würde ich ihn abfangen können, wenn er aus seinem Auto ausstieg, und ihm sagen, dass ich die Person war, die Qi Lu ihm vorgestellt hatte, und dann könnte Zuckerberg der Organisatorin sagen, wer ich war. Es war der einzige Plan, der mir einfiel, also gingen Brandon, Corwin und ich zur Einfahrt, die zum Eingang der Redner führte. Wir entdeckten einen großen, schattenspendenden Baum und setzten uns darunter. Wir unterhielten uns und spielten mit einigen Zweigen herum, die auf dem Boden lagen, bis ich schließlich bemerkte, wie der Kopf eines Mannes hinter der Ecke der Hauswand auftauchte und wieder verschwand. Eine Minute später tauchte derselbe Mann erneut auf, flüsterte etwas in ein Funkgerät und verschwand dann wieder. Keine Sekunde später bewegten sich die Silhouetten einer Frau und eines viel größeren Mannes auf uns zu. Wenige Meter vor uns blieben sie stehen, als wollten sie mir nicht zu nahe kommen. Das Walkie-Talkie in der Hand des Mannes machte deutlich, dass er zum Sicherheitsdienst gehörte. Er trat einen Schritt vor und starrte mich an.

»Dürfte ich fragen, was Sie hier machen?«, fragte die Frau. Ich erkannte ihre Stimme.

»Hallo, ich bin Alex«, sagte ich, hob meine Hand und machte eine dezente winkende Bewegung. »Ich bin derjenige, der …«

»Ich weiß, wer Sie sind«, sagte die Organisatorin der Veranstaltung. »Warum sitzen Sie unter diesem Baum?«

»Oh … wir sitzen hier, weil … unser Auto genau dort parkt und wir nur etwas frische Luft wollten.«

Mein Auto parkte tatsächlich genau dort, aber sie und ich kannten beide den wahren Grund, weshalb ich unter diesem Baum saß.

Ich wünschte, ich hätte den Mut gehabt, zu sagen: »Hören Sie, ich weiß, dass Sie mich für einen Hochstapler halten, und ich weiß, dass Sie nur Ihren Job machen, aber ich muss auch meinen Job machen. Ein President von Microsoft hat mich dem Gründer von Facebook vorgestellt, und das Letzte, das ich tun werde, ist, nicht zu dem vereinbarten Treffen zu erscheinen. Wenn Sie nicht glauben, dass meine E-Mail echt ist, ist das Ihr Problem. Fragen Sie ruhig Mark, wenn er im Auto vorfährt.« Aber ich bekam nichts davon heraus. Ich starrte sie nur an.

Ihr Blick verhärtete sich. »Ich weiß, was Sie vorhaben«, sagte sie. »Sie müssen das Gelände sofort verlassen.«

Der Sicherheitsmann machte einen unheildrohenden Schritt nach vorn.

»Wenn Sie jetzt nicht gehen«, sagte er, »rufen wir die Polizei.«

Ich stellte mir vor, wie Zuckerbergs Auto vorführe und er ausstiege, wie er mich mit hinter dem Rücken gefesselten Armen sähe, während blaue und rote Lichter blinkten, und wie ich – während ich weggezerrt würde, schrie: »Mark! *Bitte!* Sag ihnen, dass wir ein gemeinsames Meeting haben!«

Ich senkte den Kopf, sagte dem Mann vom Sicherheitsdienst, dass wir keinen Ärger wollten, und ging davon.

***

Ich konnte mir nicht verzeihen. Dies war das *eine Mal* gewesen, dass ich nicht über einen Müllcontainer hatte springen oder hundertmal an eine Tür hatte klopfen müssen, um die dritte Tür zu benutzen. Ich hatte eine E-Mail an Qi gesendet, und Mark Zuckerberg hatte daraufhin gesagt: »Kommen Sie rein!« Aber natürlich hatte mich der Türsteher des Nachtclubs gesehen, mich am Arm gepackt und gesagt: »Nicht so schnell, Freundchen.«

Was es für mich noch schlimmer machte, war der Gedanke, dass ich Qi Lu im Stich gelassen hatte. Ich schickte ihm eine

E-Mail, in der ich erklärte, was passiert war. Qi antwortete innerhalb von Minuten.

• • • • • • • • •

Stefan hat mir davon erzählt, und es tut mir leid, dass es nicht geklappt hat. Ich habe direkt, nachdem Stefan mich kontaktiert hatte, eine Facebook-Nachricht an Mark geschickt, aber Mark hat nicht darauf geantwortet. Im Nachhinein betrachtet: Wenn Sie mich damals angerufen hätten, hätte ich den Leiter der Veranstaltung anrufen können, der Sie dann hereingelassen hätte.

Wenn Sie warten können, dann lautet mein Vorschlag, es nächstes Jahr bei der nächsten Startup-School-Veranstaltung erneut zu versuchen. Da Mark bereits zugestimmt hat, wäre das nur eine Verschiebung, und ich könnte mich im Vorfeld an den Leiter der Veranstaltung wenden, damit er seine Mitarbeiter anweist, Sie hereinzulassen. Wenn Sie nicht so lange warten können, kann ich versuchen, Mark noch einmal eine Nachricht zu schicken, aber ich bin mir nicht sicher, ob er antworten wird, da er es bei der vorherigen Nachricht, die ich geschickt habe, nicht getan hat.

• • • • • • • • • • • • •

Ich dankte Qi und bat ihn darum, es jetzt noch einmal zu versuchen. Der Gedanke dahinter war, dass die Angelegenheit jetzt noch so frisch wie nie wieder in Zuckerbergs Erinnerung sein würde. Wenn das Treffen jemals zustande kommen würde, dann jetzt. Qi sandte Zuckerberg eine zweite Botschaft. Drei Tage später mailte mir Qi zurück.

• • • • • • • • • •

Ich habe die Nachricht am Donnerstag über Facebook an
Mark geschickt, aber bis jetzt hat er nicht geantwortet.

Wenn man die Erfahrungen aus der Vergangenheit zugrunde
legt, bedeutet dies leider, dass Mark für diese Möglichkeit
nicht offen ist, da er sonst reagiert hätte. Es tut mir leid, Alex,
dass ich in dieser Sache nicht mehr helfen konnte. Ich hoffe,
es gibt andere Möglichkeiten, wie Sie ihn treffen können.

• • • • • • • • • • • • •

In den nächsten Wochen versuchte ich verzweifelt, die Situation
zu retten. Ein Facebook-Mitarbeiter, der schon in der Frühzeit des
Unternehmens dort tätig war und den ich beim Summit kennengelernt hatte, kontaktierte Zuckerbergs Sicherheitsteam; Bill Gates' Büro kontaktierte Zuckerbergs Assistentin; Matt Michelsen,
der Gründer des sozialen Netzwerks von Lady Gaga, den ich über
Elliott kennengelernt hatte, stellte mich einem von Zuckerbergs
Anwälten vor. Matt nahm mich dann zum Facebook-Hauptsitz
mit, wo wir uns mit dem Chief Marketing Officer des Unternehmens trafen. Doch noch immer kein Wort von Zuckerberg.

Während die Monate vergingen, störte mich an diesem Misserfolg am meisten, dass es keinen richtigen Abschluss gab. Es
gab keine Manöverkritik. Ein Teil von mir hatte das Gefühl, dass
ich von vornherein keine gute Strategie gehabt hatte. Es wäre
nicht einmal ein richtiges Treffen mit Zuckerberg gewesen. Seine
E-Mail implizierte im Grunde genommen, dass er mir die Hand
geschüttelt und eine Minute lang mit mir geredet hätte. Das wäre
zwar auch großartig gewesen, aber ich hätte Qi bitten sollen,
mich Zuckerbergs Stabschef vorzustellen, jemandem, mit dem
ich mich hinsetzen und dem ich hätte erklären können, was ich

tat, und der dann ein ausführliches Interview hätte arrangieren können.

Aber ein anderer Teil von mir wusste, dass es keine Rolle spielte. Selbst, wenn das Treffen nur eine Minute gedauert hätte, so hatte Qi Lu mir doch einen perfekten Pass zugespielt. Ich hatte den Ball kurz vor dem leeren Tor bekommen, und es war auch kein Verteidiger in Sicht. Ich hätte den Ball nur einschieben brauchen, aber ich hatte es *trotzdem* vermasselt.

KAPITEL 34
DAS GRÖSSTE GESCHENK

Ich geißelte mich über Wochen und dachte immer wieder daran, wie ich unter diesem Baum gesessen und Zuckerberg letztlich doch nicht getroffen hatte. Dann dachte ich daran, wie ich diesen Schuh geschickt und es versäumt hatte, mich rechtzeitig von Buffett zurückzuziehen. Und selbst als ich es endlich geschafft hatte, zu Bill Gates vorzudringen, hatte ich es versäumt, die richtigen Fragen zu stellen. Es gab Momente, in denen ich das Gefühl hatte, dass meine Reise eine lange, erbärmliche Kette von Fehlern war. Aber ich hörte auf, über meinen Schmerz nachzudenken, sobald ich mich in der Gegenwart von Quincy Jones befand.

»Woher stammen Sie, mein Freund?«

Seine tiefe, einundachtzig Jahre alte Stimme drang an meine Ohren wie die Klänge eines Baritonsaxofons. Quincy trug ein königsblaues Gewand, das bis zu seinen Knöcheln hinabreichte. Ich saß neben ihm auf einem Sofa im runden Wohnzimmer seines Hauses in Bel Air.

»Geboren und aufgewachsen in LA«, antwortete ich.

»Nein« – er schüttelte den Kopf – »ich habe gefragt, woher Sie *stammen*.«

»Oh. Meine Eltern kommen aus dem Iran.«

»Das habe ich mir gedacht.«

»Woher haben Sie das gewusst?«

Anstatt direkt zu antworten, stürzte er sich in eine wilde Geschichte über seine Reisen in den Iran, als er achtzehn Jahre alt gewesen war. Er hatte Partys besucht, die vom Schah veranstaltet worden waren, und sich nachts hinausgeschlichen, um sich mit jungen Revolutionären zu treffen, die versuchten, den Ayatollah aus dem Gefängnis zu befreien. Dann erzählte er mir, dass er mit einer persischen Prinzessin ausgegangen war.

»*Khailee mamnoon*«, sagte Quincy lachend und gab noch mehr Floskeln auf Persisch zum Besten. »Ich war in Teheran, Damaskus, Beirut, Irak, Karatschi, überall. Ich bin fünfundsechzig Jahre lang gereist, durch die ganze Welt.«

Ich hatte vor diesem Interview über ihn recherchiert, aber jetzt wurde mir klar, wie wenig ich doch über den Mann wusste. Ich wusste, dass er für mehr Grammy Awards nominiert worden war als jeder andere Musikproduzent in der Geschichte. Ich wusste, dass er Michael Jacksons *Thriller* produziert hatte, das Album mit dem höchsten Umsatz aller Zeiten, und auch »We Are the World«, die Single mit dem höchsten Umsatz aller Zeiten. Er hatte mit einigen der größten Interpreten des zwanzigsten Jahrhunderts zusammengearbeitet, von Frank Sinatra über Paul McCartney bis hin zu Ray Charles. Zudem hatte er gemeinsam mit Steven Spielberg *Die Farbe Lila* produziert, einen Film, der für zehn Oscars nominiert worden war. Fürs Fernsehen hatte er die Serie *Der Prinz von Bel-Air* erschaffen, die für einen Emmy nominiert worden war. Als Mentor hatte er dabei geholfen, die Karrieren von Will Smith und Oprah Winfrey in Gang zu bringen. Quincy Jones ist unbestreitbar eine der wichtigsten Persönlichkeiten in der Unterhaltungsgeschichte, und jetzt fragte er mich: »Haben Sie einen Stift?«

Ich holte einen aus meiner Tasche. Er zog ein Blatt Papier unter dem Couchtisch hervor. Er begann, kurvige Buchstaben zu zeichnen und brachte mir bei, auf Arabisch zu schreiben. Dann brachte er mir bei, wie man in Mandarin schreibt. Dann Japanisch. In der

Schule hatte ich es gehasst, Fremdsprachen zu lernen, doch Quincy ließ sie so erscheinen, als seien sie der Schlüssel zum Universum.

»Schauen Sie her«, sagte er und zeigte auf die gewölbte Decke des Wohnzimmers. Zwölf große Holzbalken strömten von der Mitte aus nach außen, wie Sonnenstrahlen. »Das ist *Feng-Shui*«, sagte er. »Sie symbolisieren die zwölf Töne der Tonleiter, die zwölf Apostel, die zwölf Tierkreiszeichen ...«

Er deutete durch den Raum. Um uns herum befanden sich Dutzende altertümlich anmutender Artefakte – eine chinesische Skulptur eines Jungen auf einem Pferd, die Büste einer ägyptischen Königin – und jedes davon schien seinen eigenen Energiestrudel zu haben.

»Da drüben habe ich Nofretete«, sagte Quincy. »Dort drüben habe ich Buddha. Die Tang-Dynastie dort. Japan dort. Das da ist Picasso. Dort drüben, das ist ein Modell der original SpaceX-Rakete. Elon hat sie mir geschenkt. Er ist mein Nachbar.«

In meinem Kopf drehte sich alles, und Quincy lächelte, als ob er etwas über mich wüsste, was ich nicht wusste.

»Es ist eine Wahnsinnswelt da draußen«, sagte er. »Man muss hinausgehen, um sie zu erfahren.«

Unser Gespräch verlief immer schneller und schneller. Im einen Augenblick sprach er über Meditation, im nächsten über Nanotechnologie; jetzt sprach er über Architektur (»*Frank Gehry sagt immer zu mir – er ist auch Fische – er sagt: ›Wenn Architektur gefrorene Musik ist, dann muss Musik flüssige Architektur sein.‹ Alle große Kunst ist emotionale Architektur.*«), und gleich darauf über Regie (»*Als Spielberg in mein Studio kam, sagte er, er führe auf die gleiche Weise Regie, wie ich dirigiere. Er erschafft eine starke Struktur, und darauf aufsetzend improvisiert er. Man muss den Leuten Raum geben, damit sie ihre Persönlichkeit einbringen können.*«). Immer wieder gab er Kleinode der Weisheit preis, und ich lehnte mich auf der Couch zurück und nahm jedes einzelne davon in mich auf.

• • • • • • • • •

»Ich bringe den Musikern, die ich betreue, bei, sie selbst zu
werden. Sich selbst zu kennen und sich selbst zu lieben.
Nur das ist mir wichtig … Kenne dich selbst und liebe dich
selbst.«

»Junge Leute sind immer auf der Jagd. Das liegt daran, dass
sie glauben, sie hätten alles unter Kontrolle. Sie müssen
lernen, dass sie mit dem Universum verbunden sind. Lasst
es einfach geschehen.«

»Es gibt eine Verjährungsfrist für alle Kindheitstraumata.
Bring deinen Scheiß in Ordnung und mach mit deinem Leben
weiter.«

• • • • • • • • • •

Quincy griff unter den Couchtisch und zog ein Buch hervor. Er
blätterte durch Seiten mit Schwarz-Weiß-Bildern. »Chicago in den
1930er-Jahren«, sagte er und zeigte auf die Fotos. »Hier habe ich
meine Kindheit verbracht. Mein Vater hat als Zimmermann für die
berüchtigtsten schwarzen Gangster der Welt gearbeitet. Die haben
nicht lange gefackelt, Mann. Als ich jung war, wollte ich Gangster
werden. Ich habe tagtäglich Waffen und Leichen zu Gesicht bekommen.«

Er schob einen Ärmel hoch und deutete auf eine Narbe auf seinem Handrücken. »Sehen Sie das? Da war ich sieben Jahre alt.
Ich war zum falschen Häuserblock gegangen. Einige Typen nahmen ein Messer, nagelten damit meine Hand an einen Zaun und
rammten mir dann einen Eispickel in den Hinterkopf. Ich habe geglaubt, ich würde sterben.«

In einigen Sommern nahm sein Vater ihn mit nach Louisville,
um seine Großmutter, eine ehemalige Sklavin, zu besuchen. Sie

sagte Quincy, er solle zum Fluss gehen und Ratten fangen, deren Schwänze sich noch bewegten. Zum Abendessen briet sie auf ihrem Kohleherd die Ratten mit Zwiebeln.

Als Quincy zehn Jahre alt war, zog seine Familie nach Seattle. Eines Nachts, als er und seine Freunde in ein Freizeitzentrum einbrachen, um Essen zu stehlen, kam er in einen Raum, in dem ein Klavier stand. Es war das erste Mal, dass er eins zu Gesicht bekam. Das Gefühl, als seine Finger die Tasten berührten, behielt er bis heute als einen Moment des Göttlichen in Erinnerung. »Für mich änderte sich alles«, sagte er. »Ich liebte die Musik so sehr, dass ich Songs schrieb, bis mir die Augen bluteten.«

Quincy lernte jedes Instrument zu spielen, das er in die Finger bekam – Geige, Klarinette, Trompete, Sousaphon, B-Baritonhorn, Es-Althorn, Waldhorn und Posaune. Er begann, sich in Nachtclubs hineinzuschleichen, um Jazzmusiker zu treffen, die in der Stadt Halt machten. Als er vierzehn Jahre alt war, schlüpfte Quincy in einen Club und lernte einen blinden Teenager kennen, der zwei Jahre älter war als er. Sie verstanden sich gut, und der ältere Teenager fungierte fortan als Quincys Mentor. Sie wurden enge Freunde. Dieser blinde Teenager war Ray Charles.

»Ich habe McCartney kennengelernt, als er zweiundzwanzig war; Elton John, siebzehn; Mick Jagger; all diese Jungs. Ich habe Lesley Gore entdeckt, als sie sechzehn war.«

Lesley Gores »It's My Party«, von Quincy produziert, war einer der erfolgreichsten Songs im Jahr 1963.

»Wie haben Sie sie entdeckt?«, fragte ich.

»Durch ihren Onkel, der zur Mafia gehörte. Er schloss sich Joe Glaser an, der mit Al Capone zusammenarbeitete. Damals, als ich die Leiter raufkletterte, war die gesamte Musikindustrie in den Händen der Mafia. Die Vermittlungsagenturen für Konzerte mit Duke Ellington, Louis Armstrong, Lionel Hampton – *allesamt* Mafia. Das war echt beschissen, Mann. Die Schwarzen wurden dermaßen ausgebeutet, wie Sie es sich nicht vorstellen können. Damals habe ich gelernt, dass man nicht im Musikgeschäft ist, wenn man nicht über das Original der Plattenaufnahme, das Negativ oder ein Copyright verfügt. Ich habe das auf die harte Tour gelernt.«

Quincy hatte zehn Originalsongs für den Kult-Bandleader Count Basie komponiert. Ein Musikmanager namens Morris Levy rief Quincy zur Vertragsunterzeichnung über die Veröffentlichungsrechte in sein Büro. Der Vertrag lag auf dem Tisch – und alle Kumpane Levys standen hinter ihm. »Du kannst bitten, um was du willst«, sagte er zu Quincy, »aber du bekommst nur ein Prozent.«

»Ich habe den Vertrag unterschrieben«, sagte Quincy zu mir, »und noch bevor ich sein Büro verließ, gehörte ihm mein ganzer Scheiß.«

Quincy lachte leise, als würde er von einer schönen Erinnerung erzählen, aber aus irgendeinem Grund fühlte ich, wie sich mein gesamter Körper anspannte.

»Ich war jung und habe meine Lektion gelernt«, sagte Quincy. »Als ich das zweite Mal ein Album für Basie machte, fragte er mich: ›Wie regeln wir das mit der Veröffentlichung?‹ Ich antwortete ihm: ›Gar nicht. Ich werde es selbst veröffentlichen.‹ Und er erwiderte: ›Jetzt wirst du schlau, Junge! Warum ist dir das nicht gleich beim ersten Mal eingefallen?‹«

Quincy lachte erneut.

»Die Mafia hat mir meinen ganzen Scheiß abgenommen«, fuhr er fort. »Ich bin immer noch dabei, mir die Rechte zurückzuholen.«

»Das ist eine riesige *Scheiße*«, sagte ich. Meine Wut überraschte uns beide. Im Nachhinein erkenne ich, woher sie stammte. Ich ärgerte mich noch immer ungeheuerlich darüber, wie es mit Zuckerberg abgelaufen war, sodass mich schon die kleinste Erinnerung daran, dass Menschen in Machtpositionen andere verarschen, aus der Haut fahren ließ.

»Es ist alles gut, Mann«, sagte Quincy und legte mir seine Hand auf die Schulter. »So lernt man.«

Als Quincy und ich uns in die Augen sahen, machte etwas in mir klick. Ich fühlte mich, als wäre mein Körper ein mit zu viel Luft gefüllter Reifen gewesen und Quincy hätte soeben ein Ventil betätigt, sodass der ganze Überdruck abgelassen wurde.

»Man muss seine Fehler wertschätzen«, sagte er. »Man muss immer wieder aufstehen, egal, wie oft man niedergeschlagen wurde. Manche Menschen treten den Rückzug an, wenn sie mit einer Niederlage konfrontiert werden. Sie werden vorsichtig und ängstlich und geben ihrer Furcht Raum statt ihrer Leidenschaft, und das ist falsch. Ich weiß, es erscheint kompliziert, aber eigentlich ist es recht einfach. Die Lösung lautet: *Lass los und lass Gott machen.*

•Man kann keine Eins bekommen, wenn man Angst davor hat, eine Sechs zu bekommen«, fügte Quincy hinzu. »Es ist schon erstaunlich, diese Psychologie dahinter, wenn man auf seinem Gebiet wächst, egal, was man tut. Wachstum *entsteht* aus Fehlern. Man muss sie *wertschätzen*, damit man aus ihnen *lernen* kann. Die eigenen Fehler sind das größte Geschenk.«

***

Den Rest des Abends sprachen wir stundenlang über alles Mögliche, von den Pyramiden in Ägypten bis zu den Sambatänzerinnen des Karnevals in Rio. Quincy machte mir klar, dass ich mich die letzten fünf Jahre ständig nur nach oben orientiert hatte – ich hatte zum reichsten Mann der Welt *hinauf*geblickt, zum erfolgreichsten Investor *hinauf*geblickt, zum berühmtesten Regisseur *hinauf*geblickt. Und jetzt wurde mir klar, wie sehr ich mich danach sehnte, mich in die Breite zu orientieren – zu reisen und zu erforschen und die Magie der entlegensten Winkel der Welt in mich aufzunehmen. Quincy flößte mir eine neue Sehnsucht ein. Es fühlte sich an, als würde ein Abschnitt meines Lebens enden und ein neuer beginnen.

»Ich fühle mich wie ein anderer Mensch«, sagte ich, als unser Gespräch ausklang. »Wissen Sie, Sie haben mir heute Abend etwas beigebracht, das zu lernen ich nicht erwartet hätte.«

»Und was?«, fragte er.

»Sie haben mich gelehrt, ein vollwertiger Mensch zu sein, ein Mensch der Welt.«

»Das ist klasse, Mann. Es stimmt. Nat King Cole pflegte mir immer zu sagen: ›Quincy, deine Musik kann nicht mehr und nicht weniger sein, als du als Mensch bist.‹«

»Und genau das schenkt einem die Welt«, ergänzte ich.

»Nein«, korrigierte Quincy mich. »Das schenken einem die eigenen *Fehler*.«

Es schien, als wollte er diese Lektion so lange wiederholen, bis ich sie verinnerlicht hätte. Und nun war es so weit. In einem Moment der Klarheit dämmerte mir, dass der Rat von Bill Gates niemals mein Heiliger Gral gewesen war. Meine Fehler, die ich auf dem Weg zu dem Treffen mit ihm begangen hatte, hatten mich am meisten verändert.

Ich hatte Erfolg und Misserfolg immer als Gegensätze angesehen, aber jetzt konnte ich erkennen, dass sie nur unterschiedliche Ergebnisse ein und desselben waren – des Versuchens. Ich schwor mir, mich von nun an nicht mehr an den Erfolg zu klammern und mich auch nicht mehr an das Scheitern zu klammern. Stattdessen würde ich mein Leben danach ausrichten, Dinge zu versuchen, zu wachsen.

Es war beinahe so, als könnte Quincy sehen, wie die Zahnräder in meinem Kopf sich drehten, denn er senkte langsam eine Hand auf meine Schulter und sagte: »Sie haben es verstanden, Mann. Sie haben es verstanden.«

Bevor mir eine Antwort darauf einfiel, sah er mich an und sagte: »Sie sind ein wunderbarer, wunderbarer Mensch. Ändern Sie sich niemals, Motherfucker.«

KAPITEL 35
INS SPIEL KOMMEN

Drei Monate später, in Austin, Texas

Wir gingen auf den Nachtclub zu und näherten uns einer Schlange, die so chaotisch war, dass sie wie ein Mob aussah. Matt Michelsen, der Gründer des sozialen Netzwerks von Lady Gaga, zog mich zu sich heran und führte mich durch die Menge. Zerbrochene Bierflaschen lagen auf dem Boden verstreut, in den Scherben brach sich das Mondlicht. Ein Rudel Türsteher bewachte den Eingang.

Einer trat vor. »Mehr Leute passen nicht rein«, sagte er.

»Wir gehören zu Gaga«, antwortete Matt.

»Sie ist bereits drinnen. Es kommt niemand mehr rein.«

Es herrschte eine kurze Stille, dann trat auch Matt vor. Er flüsterte dem Türsteher etwas ins Ohr. Der Mann zögerte – dann trat er beiseite.

Sobald sich die Tür öffnete, brachte das Dröhnen der Technomusik meinen ganzen Körper zum Vibrieren. Matt und ich drängten uns durch die Menge auf der Tanzfläche. Hunderte von Menschen starrten in eine Richtung, hielten ihre Handys in die Luft und machten Fotos. Auf einer erhöhten VIP-Plattform stand unter einem strahlenden weißen Licht einer der berühmtesten Popstars der Welt.

Das platinblonde Haar von Lady Gaga hing bis über ihre Taille hinab. Sie balancierte auf Schuhen mit mindestens zehn Zentimeter hohen Absätzen. Die VIP-Plattform war überfüllt. Ein Türsteher, der die Treppe bewachte, sagte, dass es keine Möglichkeit gebe, hinaufzukommen. Dieses Mal machte sich Matt nicht die Mühe, mit dem Sicherheitsmann zu sprechen. Wir begaben uns zur Vorderseite der Plattform, direkt unterhalb der Stelle, an der Lady Gaga stand.

»Hey, L.G.!«, schrie Matt.

Sie schaute nach unten und ihr Gesicht leuchtete auf. »Komm hier hoch!«

»Es ist zu voll«, antwortete Matt. »Sie werden uns nicht ...«

»*Komm verdammt noch mal hier hoch!*«

Sekunden später packten uns zwei Leibwächter an den Armen und führten uns auf die Plattform. Matt ging direkt auf Gaga zu. Ich blieb zurück und ließ ihnen etwas Platz.

Kurz darauf deutete Matt in meine Richtung. Ein Leibwächter griff meine Schulter, zog mich durch die Menge und stellte mich neben Matt und Lady Gaga. Matt legte seine Arme um uns beide und zog uns näher zu sich.

»Hey, L.G.«, rief er über die Musik hinweg. »Erinnerst du dich an die Sache, von der ich dir erzählt habe, die man ›dritte Tür‹ nennt?«

Sie lächelte und nickte.

»Und erinnerst du dich an die Geschichte, die ich dir über den Kerl erzählt habe, der *The Price is Right* gehackt hat? Derselbe Kerl, der mit seinen Freunden zu Warren Buffetts Aktionärsversammlung ging?«

Ihr Lächeln wurde breiter, und sie nickte erneut.

»Nun«, sagte Matt und zeigte auf mich, »er steht genau hier.«

Gagas Augen weiteten sich. Sie drehte sich mir zu, streckte die Arme aus und umarmte mich fest.

***

Seit Elliott mich bei dem Konzert in New York City mit Matt bekannt gemacht hatte, war Matt für mich zu einem Mentor geworden. Ich hatte wochenlang in seinem Gästehaus gewohnt, war mit ihm nach New York und San Francisco gereist, und als ich Probleme mit Zuckerberg hatte, versuchte er sofort zu helfen. Selbst, als es darum ging, ein Interview mit Lady Gaga zu arrangieren, brauchte ich nicht einmal zu fragen. Matt brachte es selbst zur Sprache und bot mir an, es in die Wege zu leiten. So ein Kerl ist er.

Am Nachmittag, nachdem ich Gaga im Nachtclub getroffen hatte, saß ich auf einer Couch in Matts Hotelsuite, als er mit dem Handy am Ohr hereinkam. Matt lief im Raum hin und her. Nachdem er aufgelegt hatte, fragte ich ihn, mit wem er gesprochen habe. Er sagte, es sei Gaga gewesen – und sie sei in Tränen aufgelöst.

Matt setzte sich und erklärte die Situation. Die ersten beiden Alben von Gaga waren Riesenerfolge gewesen und hatten sie an die Spitze der Musikindustrie katapultiert. Doch dann, erst im vergangenen Jahr, hatte sie sich die Hüfte gebrochen, hatte sich einer Notoperation unterziehen müssen, war an den Rollstuhl gefesselt gewesen und hatte fünfundzwanzig Termine ihrer Tournee absagen müssen. Dann hatte sie sich mit ihrem langjährigen Manager über die Richtung ihrer Karriere gestritten, und als Gaga ihn feuerte, sorgte das für Schlagzeilen. Ihr Manager, der in der Vergangenheit meine Interviewanfragen abgelehnt hatte, erzählte der Presse seine Sicht der Dinge, aber Gaga blieb still, was nur noch mehr Fragen aufwarf. Und dann, nur Wochen später, veröffentlichte Gaga ihr drittes Album, *ARTPOP,* das von den Kritikern in Fetzen gerissen wurde. Der *Rolling Stone* nannte es »bizarr«. *Variety* bezeichnete einige der Songs als »einschläfernd«. Gagas Vorgängeralbum hatte sich in der ersten Woche über eine Million Mal verkauft. *ARTPOP* schaffte nicht einmal ein Viertel davon.

Das war vor vier Monaten gewesen, und nun stand Gaga kurz davor, wieder ins Rampenlicht zu treten. In zwei Tagen sollte sie nachmittags einen Auftritt für *Jimmy Kimmel Live* aufzeichnen, abends ein Konzert geben und am nächsten Morgen die Hauptrede über Musik beim Kulturfestival South by Southwest halten.

Die Rede beunruhigte sie am meisten. Sie würde etwas gänzlich anderes sein als eine kurze Rede vor ihren Fans, nämlich ein einstündiges Interview in einem großen Saal voller Musikmanager und Journalisten, von denen viele mit ihrem ehemaligen Manager befreundet waren. Gaga befürchtete, einige würden hoffen, dass sie auf die Nase fallen würde. Es war nicht schwer, sich vorzustellen, welche Fragen ihr gestellt werden könnten: *Halten Sie* ART-POP *für einen Misserfolg? War es ein Fehler, ihren Manager zu feuern? Werden Ihre verrückten Outfits Ihnen schaden, jetzt, da Ihre Albumverkäufe zurückgegangen sind?*

Deshalb hatte Gaga Matt unter Tränen angerufen und um Hilfe gebeten. Sie fühlte sich missverstanden. Sie wusste, dass sie sich selbst treu geblieben war, als sie *ARTPOP* gemacht hatte, aber sie fand nicht die richtigen Worte, um zu erklären, was das Album bedeutete. Die nächsten Tage waren Gagas Chance, ein neues Kapitel in ihrer Karriere aufzuschlagen, und sie wollte nicht, dass der Ballast des vergangenen Jahres sie belastete.

Nachdem Matt mir dies erklärt hatte, rief er einen seiner Mitarbeiter an, und innerhalb einer Stunde saßen die beiden neben mir in der Hotelsuite und grübelten darüber nach, was Gaga erzählen könnte. Matts Angestellter war Ende zwanzig. Ich wusste, dass er auf dem College Betriebswirtschaft studiert hatte, und aus seinem Mund kamen nur leere Phrasen: »Bei *ARTPOP* geht es um *Zusammenarbeit*!« »*Synergie*!« »*Verbindung*!«

Ich wollte schreien: »*So beschreibt man nicht die Seele eines Künstlers.*« Aber ich hatte das Gefühl, dass es mir nicht zustünde, etwas zu sagen, besonders, nachdem Matt so großzügig zu mir gewesen war. Er arrangierte für mich ein Interview mit Gaga für Ende der Woche und ließ mich obendrein im Extrazimmer in seiner Hotelsuite übernachten. Also sagte ich nichts.

Aber in mir rumorten die Ideen. Ich hatte Gagas Biografie gelesen, mich in zahllose Artikel über sie vergraben und endlos die Texte von *ARTPOP* studiert. Während ich Matt und seinem Mitarbeiter zuhörte, fühlte ich mich wie ein Basketballspieler, der auf der Bank sitzt, mit zuckenden Beinen, der unbedingt ins Spiel kommen will.

Nach einer Stunde Brainstorming sah Matt mich frustriert an. »Hast du nichts beizutragen?«

»Nun ...«, sagte ich und versuchte, mich zurückzuhalten. Aber stattdessen verschmolzen, beinahe unkontrollierbar, die Lektionen, die ich während meiner Reise gelernt hatte, mit dem, was ich über Gaga gelesen hatte, und alles brach aus mir heraus. »Kunst ist emotionale Architektur, und wenn wir Gaga unter dieser Prämisse betrachten – ihr Fundament, ihre Holzbalken –, dann geht alles auf ihre Kindheit zurück. Als sie ein Kind war, ging sie auf eine katholische Schule und fühlte sich unterdrückt. Die Nonnen maßen die Länge ihres Rocks. Sie zwangen sie, ihre Regeln zu befolgen. Jetzt, wenn Gaga Kleider aus Fleisch trägt, rebelliert sie noch immer gegen diese Nonnen!«

»Gaga steht für kreative Rebellion!«, sagte Matt.

»Genau! Der Gründer von TED hat mir einmal gesagt: ›Genialität ist das Gegenteil von Erwartung‹, und jetzt ergibt das absolut Sinn! Ob nun mit ihrer Musik oder mit ihren Outfits, Gaga hat sich immer gegen die Erwartungen gestellt.« Ich sprang von der Couch auf und fühlte mich auf eine Weise lebendig, wie ich mich noch nie zuvor gefühlt hatte.

»Gagas Idol ist Andy Warhol«, fuhr ich fort, »und eine Dose Campbell's Soup als Thema zu verwenden, widerspricht auch der gängigen Erwartung! Die Kritiker haben auf *ARTPOP* eingeschla gen, weil es zu ungewöhnlich sei und nicht wie ihr letztes Album bei den Massen ankomme, aber was, wenn genau das der Punkt wäre? Gagas Album *musste* so herauskommen, wie es herauskam! Ihre ganze Kunst ist das Gegenteil von Erwartung. Es ergibt Sinn, dass sie, als sie ganz oben in den Top 40 war, das Gegenteil tun musste. *ARTPOP* bedeutet nicht, dass Gaga ihr Gespür verloren hat. Bei *ARTPOP* war Gaga ganz sie selbst!«

Ich redete weiter und immer weiter, bis ich mich schließlich auf die Couch fallen ließ, um wieder zu Atem zu kommen. Ich sah zu Matt auf.

»Herzlichen Glückwunsch«, sagte er. »Du hast vierundzwanzig Stunden Zeit, um das aufzuschreiben.«

***

Es war nach Mitternacht. Matt war auf einer Veranstaltung, und ich war allein in der Hotelsuite. Meine Augen klebten an meinem Laptop. Der Wortschwall, der zuvor aus mir herausgeflossen war, war versiegt. Am Morgen musste ich Matt ein einseitiges Dokument mit den Kernargumenten sowie eine PowerPoint-Präsentation geben, die er Gaga vorlegen würde.

Als ich vorher auf der Couch gesessen und Matt und seinen Mitarbeiter beobachtet hatte, hatte ich mir alles vorgestellt, was ich tun würde, wenn ich ins Spiel käme. Aber jetzt, wo ich im Spiel war, hatte ich das Gefühl, am Spielfeld festzukleben, egal, wie sehr ich zu springen versuchte.

Minuten dehnten sich zu Stunden. Ich ging zu Bett, in der Hoffnung, dass ich am nächsten Morgen die Inspiration wiederfinden würde. Doch als ich unter der Decke lag, konnte ich nicht schlafen. Meine Gedanken schwirrten mir im Kopf herum, und ich weiß nicht, warum, aber ich begann, über ein Video von Steve Jobs nachzudenken, das ich mir Jahre zuvor auf YouTube angesehen hatte. Er hatte die Marketingkampagne »Think Different«

vorgestellt und darüber gesprochen, wie wichtig die Definition der eigenen Werte sei. Es war eine der brillantesten Reden, die ich je gesehen hatte. Ich warf die Decke zurück und griff nach meinem Laptop. Ich sah mir die Rede noch einmal an, und wieder haute sie mich um. Ich dachte: *Ich muss Gaga dieses Video zeigen. Es hat die Magie, die mir fehlt.* Aber ich würde am nächsten Tag nicht gemeinsam mit ihr in einem Zimmer sein. Und selbst, wenn ich es wäre, könnte ich Lady Gaga nicht zwingen, sich ein YouTube-Video anzusehen. Also schickte ich Matt eine E-Mail:

• • • • • • • • •

Das ist es … Vertrau mir und sieh dir die vollen sieben Minuten an: https://www.youtube.com/watch?v=keCwRdbwNQY

• • • • • • • • • • • • •

Kurze Zeit später betrat Matt die Hotelsuite.

»Hast du das Video gesehen?«, fragte ich.

»Noch nicht. Ich werde es mir jetzt ansehen.«

Endlich hatte ich das Gefühl, dass die Dinge wieder ins Lot kamen. Matt verschwand in seinem Schlafzimmer, und ich konnte durch die offene Tür hören, wie er das Video abspielte. Dann tauchte Matt mit einer Zahnbürste im Mund und seinem Handy in der Hand wieder auf. Er widmete dem Video kaum einen Blick. Als die Rede zu Ende war, bemerkte Matt es nicht. Er kehrte ohne ein Wort in sein Zimmer zurück.

Ich zog die Bettdecke über mich. Nicht nur, dass mein Plan nicht funktioniert hatte, zudem war bereits die zweite Halbzeit angebrochen, und mir gingen die Ideen aus.

***

Ich wachte vor Tagesanbruch auf und machte mich auf den Weg zur Lobby, um dort weiterzuschreiben. Doch so sehr ich mich auch anstrengte, die Worte erzielten einfach nicht die Wirkung, von der ich wusste, dass sie sie haben könnten. Dann rief Matt an.

»Komm in mein Zimmer«, sagte er. »Mein Treffen mit Gaga wurde vorverlegt. Wir haben jetzt nur noch zwei Stunden Zeit.«

Ich eilte zur Suite und öffnete die Tür. Matt stand an der Küchenzeile, auf der sich sein Laptop befand, und trug Kopfhörer. Er schaute sich das Video von Steve Jobs im Vollbildmodus an. Seine Augen klebten am Bildschirm fest. Als das Video zu Ende war, drehte Matt langsam den Kopf in meine Richtung.

»Ich habe eine Idee«, sagte er.

Ich schwieg.

»Ich werde mich mit Gaga hinsetzen ... und ihr dieses Video zeigen.«

»*JAAAA*!«, rief ich.

Aus dem Hochgefühl des Augenblicks heraus, holte ich meinen Laptop hervor und schrieb innerhalb einer Minute die gesamte Seite mit den Kernargumenten neu, wobei ich alles, was ich am Tag zuvor gesagt hatte, perfekt einfing. Matt kannte Gaga besser als ich, und seine Überarbeitungen verliehen den Worten eine noch höhere Qualität. Jetzt brauchten wir nur noch die PowerPoint-Präsentation.

Matt musste innerhalb einer Stunde in Gagas Haus sein, also blieb ich im Hotel, um die Präsentation fertigzustellen. Es hatte etwas Aufregendes, unter dieser Art von Stress zu stehen, als ob die Spieluhr die letzten Sekunden herunterzählen würde: *10 ... 9 ... 8 ...* Als Matt anrief, um mir zu sagen, dass er nun Gagas Haus betrete, ertönte die Schlusssirene – und ich klickte auf Senden.

Eine Stunde später vibrierte mein Handy. Eine Nachricht von Matt war eingetroffen.

• • • • • • • • •

Homerun. Hier weinen alle.

• • • • • • • • • • • •

Die nächsten zwei Tage vergingen wie im Flug. Spät an diesem Abend ging ich auf ein Konzert von Snoop Dogg, auf dem auch Matt und Lady Gaga waren. Nachdem ich mir ein Red Bull an der Bar geholt hatte, entdeckte ich die beiden auf einem Sofa im VIP-Bereich. Matt bedeutete mir, ich solle mich neben Gaga setzen. Ich ließ mich aufs Sofa sinken, und sie legte einen Arm um mich. Mit der anderen Hand griff sie nach meinem Red Bull, nahm einen Schluck und gab es mir zurück.

»Alex«, sagte sie, »manchmal ... manchmal ist etwas so tief in einem drin, dass man es nicht selbst ausdrücken kann. Du hast es zum ersten Mal für mich in Worte gefasst. Und diese Zeile über Andy Warhol«, fügte sie lächelnd hinzu und wedelte mit der Hand durch die Luft. »Unglaublich.«

Nachdem Gaga und ich unser Gespräch beendet hatten, kam Kendrick Lamar herüber und setzte sich neben mich auf die Couch. Auf der Bühne war immer noch Snoop Dogg zu sehen. Er rappte meine Lieblingslieder. Ich stand auf und tanzte und fühlte mich freier als jemals zuvor.

Am nächsten Abend, als Matt und ich auf dem Weg zu Gagas Konzert waren, rief ich Twitter auf und sah, dass sie ihren Profilnamen in »CREATIVE REBELLION« geändert hatte. Sie twitterte:

• • • • • • • • •

ARTPOP ist kreative Rebellion. Ich spiele nicht nach den Regeln der Nonnen. Ich mache meine eigenen. #MonsterStyle #ARTPOP

• • • • • • • • • • • •

Gefühlt nur eine Sekunde später hörte ich den tosenden Jubel von Tausenden von Fans. Gaga tanzte auf der Bühne. Während sie sang, leerte eine Frau neben ihr Flaschen mit einer grünen Flüssigkeit auf ex. Gaga stand still unter einem Scheinwerferlicht, die Frau würgte und übergab sich auf den Popstar. Gaga nannte es »Kotzkunst«.

Als ich beobachtete, wie grüne Flüssigkeit aus dem Mund der Frau herausschoss und auf Gagas Körper spritzte, zuckte ich zusammen. Matt lachte. »Das ist das Gegenteil von Erwartung, was?«

Später am Abend wurde Gagas Interview bei *Jimmy Kimmel Live* ausgestrahlt. Kimmel eröffnete mit einer kurzen Geraden auf Gagas Outfits, dann versuchte er es mit einem Schlag auf *ART-POP*. Aber Gaga hatte sofort die passenden Antworten parat. Sie schlug mit dem »Gegenteil der Erwartung« zurück, und das Publikum jubelte und applaudierte.

Gefühlt einen Wimpernschlag später saß ich am nächsten Morgen in der ersten Reihe des Saales, in dem die Rede gehalten werden sollte, genau zwischen Matt und Gagas Vater. Das Licht wurde gedimmt. Gaga betrat die Bühne in einem riesigen Kleid aus Plastikplanen. Eine der ersten Fragen betraf die »Kotzkunst«.

Sie erklärte, wie die Idee entstanden sei, und sagte dann: »Wissen Sie, Andy Warhol dachte, er könnte eine Suppendose zur Kunst machen. Manchmal können Dinge, die wirklich seltsam sind und sich wirklich falsch anfühlen, die Welt wirklich verändern ... Es geht darum, sich von den Erwartungen der Musikindustrie und den Erwartungen des Status quo zu befreien. Ich habe es nie gemocht, dass mein Rock in der Schule vermessen wurde oder dass man mir vorschrieb, wie ich etwas zu tun oder nach welchen Regeln ich zu leben hätte.«

Irgendwann erfüllte Applaus den Raum. Die Rede war zu Ende und das Publikum auf den Beinen. Gaga erhielt stehende Ovationen.

Matt fuhr direkt zum Flughafen, ich ging zurück zum Hotel, um zu packen. Während ich meine Sachen zusammensammelte, schickte Matt mir den Screenshot eines Textes, den er kurz zuvor von Gaga erhalten hatte:

• • • • • • • • •

Ich weiß nicht einmal, was ich sagen soll. Ich bin so dankbar für alles, was ihr Jungs getan habt. Ihr habt mich wirklich unterstützt, und ich hatte heute Flügel dank euch. Hoffentlich habe ich dich und Alex stolz gemacht.

• • • • • • • • • • • • •

Als ich Gagas Nachricht zu Ende gelesen hatte, erschien eine weitere auf meinem Handy. Ein Freund von der USC lud mich zu einer Party auf dem Campus ein. Die Freunde, mit denen ich das College begonnen hatte, waren im letzten Semester und feierten ihren Abschluss. Ich hatte das Gefühl, dass ich das auf meine eigene Art auch tat.

***

Während ich aus dem Fenster des Flugzeugs starrte und die darunter schwebenden Wolken beobachtete, musste ich unablässig darüber nachdenken, wie es zu dieser Gaga-Erfahrung gekommen war. In gewisser Weise schien mich nur eine Reihe von kleinen Entscheidungen dorthin geführt zu haben. Jahre zuvor hatte ich mich dazu entschieden, Elliott Bisnow aus dem Nichts eine E-Mail zu schicken. Dann hatte ich mich dazu entschieden, mit ihm nach Europa zu reisen. Ich hatte mich für das Konzert in New York City entschieden, wo Elliott mich Matt vorgestellt hatte. Dann hatte ich beschlossen, Matt zu Hause zu besuchen und eine Beziehung zu ihm aufzubauen.

Mir kam ein Zitat in den Sinn, das aus einer scheinbar unerwarteten Quelle stammte. Es war aus einem der Harry-Potter-Bücher. In einem kritischen Moment in der Geschichte sagt Dumbledore: »Es sind unsere Entscheidungen, die zeigen, was wir wirklich sind, weit mehr als unsere Fähigkeiten.«

Es sind unsere Entscheidungen ... weit mehr als unsere Fähigkeiten ...

Ich dachte an meine Gespräche mit Qi Lu und Sugar Ray Leonard zurück. Die Botschaft dieses Zitats war die zugrunde liegende Lektion, die ich während dieser Gespräche gelernt hatte. Obwohl Qi Lu und Sugar Ray beide mit bemerkenswerten Fähigkeiten geboren worden waren, zeichneten sie sich in meinen Augen durch ihre Entscheidungen aus. Das Qi-Tempo war eine *Entscheidung*. Dem Schulbus hinterherzujagen, war eine *Entscheidung*.

Mir kamen verschiedene Bilder in den Sinn, die wie bei einer Diashow eins nach dem anderen vor meinem inneren Auge erschienen. Als Bill Gates in seinem Studentenzimmer saß, seine Angst beiseiteschob und zum Telefon griff, um seinen ersten Verkauf abzuschließen, war das eine Entscheidung. Als Steven Spielberg auf dem Gelände der Universal Studios aus dem Tourbus sprang, war das eine Entscheidung. Als Jane Goodall mehrere Jobs annahm, um Geld für eine Reise nach Afrika zu sparen, war das eine Entscheidung.

Jeder Mensch hat die Macht, kleine Entscheidungen zu treffen, die sein Leben für immer verändern können. Man kann entweder der Trägheit nachgeben und weiter in der Schlange vor der ersten Tür warten, oder man kann sich entscheiden, aus der Reihe zu springen, die Gasse hinunterzurennen und die dritte Tür zu nehmen. Wir alle haben diese Wahl.

Wenn es eine Lektion gibt, die ich während meiner Reise gelernt habe, dann die, dass es möglich ist, diese Entscheidungen zu treffen. Es ist diese auf die Möglichkeiten ausgerichtete Denkweise, die mein Leben verändert hat. Denn wenn man ändert, was man für möglich hält, ändert man das, was möglich wird.

Die Räder des Flugzeugs setzten in Los Angeles auf dem Boden auf. Ich nahm meine Reisetasche und machte mich auf den Weg durch den Terminal, wobei ich eine Ruhe empfand, die ich zuvor noch nicht gekannt hatte.

Ich verließ den Bereich der Gepäckausgabe. Mein Vater hielt mit seinem Wagen neben mir, stieg aus, und ich umarmte ihn lang und fest. Dann warf ich meine Reisetasche in den Kofferraum und setzte mich auf den Beifahrersitz.

»Also, wie ist das Interview gelaufen?«, fragte mein Vater.

»Es hat gar nicht stattgefunden«, antwortete ich.

Als ich ihm die Geschichte erzählte, setzte mein Vater ein breites Lächeln auf, und wir fuhren nach Hause.

In liebevoller Erinnerung an

David Banayan
1957–2017

DANKSAGUNGEN

Vier Tage vor seinem Tod lehrte mein Vater mich eine der wichtigsten Lektionen meines Lebens. Ich war in Elliotts Wohnung in Santa Monica, als mich die Ärztin meines Vaters anrief. Sie war gerade von einem Besuch im Haus meiner Eltern zurückgekommen, und sein Zustand hatte sich schlagartig verschlechtert.

»Nach dem zu urteilen, was ich gesehen habe«, sagte sie, »hat er wahrscheinlich nur noch ein paar Tage zu leben.«

Nichts hätte mich darauf vorbereiten können, wie es sich anfühlte, diese Worte zu hören. Alles um mich herum schien zu verschwimmen. Ich konnte nicht mehr klar denken. Ich konnte nur noch fühlen. Ich fühlte unermessliche Einsamkeit. Angst und Trauer erfassten mich, als wäre ich ein kleines Kind, das sich plötzlich von seinen Eltern getrennt inmitten eines überfüllten Bahnhofs wiederfindet, verloren und allein, völlig hilflos.

In diesem Moment tat ich das Einzige, zu dem ich noch fähig war. Ich rief meine ältere Schwester Briana an. Nachdem ich ihr die Einschätzung der Ärztin mitgeteilt hatte, stieg ich in mein Auto, holte sie ab und fuhr mit ihr zu unseren Eltern. Als wir dort ankamen, saßen meine Mutter und die Betreuerin meines Vaters schweigend auf der Couch. Mein Vater saß in seinem Lieblingssessel, aber er sah völlig verändert aus. Nur zwei Tage zuvor hatten wir noch zusammen gefrühstückt, er hatte eine ganze Portion gegessen und sich mit Leichtigkeit bewegen können. Jetzt saß er regungslos da, mit geschlossenen Augen, aber ich wusste, dass er nicht schlief. Seine Haut war gelblich geworden. Sein Atem ging schwer. Mein Vater hatte sich für einen natürlichen Tod zu Hause entschieden, also kämpfte ich gegen meinen Drang an, einen Krankenwagen zu rufen.

»Dad?«, sagte ich.

Als er nicht reagierte, rückte ich näher, legte meine Hand auf seine und schüttelte sie sanft.

»Dad?«

Ich drehte mich zu meiner Mutter um. Sie erwiderte meinen Blick und schüttelte fast unmerklich den Kopf, als ob es keine Worte zu sagen gäbe. Ich nahm neben meiner Schwester auf der Couch Platz. Wir saßen schweigend da, während die Realität über uns hereinbrach. Wir sahen dabei zu, wie unser Vater, der Mann, der uns das Leben geschenkt hatte, ins Koma fiel.

Ein paar Minuten später sagte die Betreuerin meines Vaters, es sei Zeit für ihn, seine Schmerzmittel einzunehmen. Die Betreuerin stand über ihn gebeugt da und versuchte, ihm die Pille zu geben, aber mein Vater öffnete seinen Mund nicht.

»David«, flehte die Betreuerin, »bitte öffnen Sie den Mund.«

Aber es gab keine Reaktion.

Ich geriet in Panik, nicht wegen uns, sondern wegen meines Vaters. Ich wusste, dass seine letzten Tage entsetzlich schmerzhaft sein würden, wenn er seine Schmerzmittel nicht nähme.

»David, bitte«, wiederholte die Betreuerin.

Sie bat ihn immer wieder, aber mein Vater blieb regungslos sitzen.

Dann stand meine Mutter langsam auf. Sie nahm die Pille und streifte dann ihre Schuhe von den Füßen. Sie kniete sich neben meinem Vater hin und legte ihre Hand sanft auf seine.

Im selben Moment, als meine Mutter zu sprechen begann – in eben dem Moment, in dem mein Vater ihre Stimme vernahm, die ihn bat, den Mund zu öffnen –, öffnete sich sein Mund. Mein Vater nahm die Pille nicht nur, er schluckte sie auch ohne Umstände hinunter.

Ich schluchzte und sank in mich zusammen. Aber ich weinte nicht aus Traurigkeit. Vielmehr weinte ich wegen der Schönheit des Augenblicks. Während ich meiner Mutter zusah, wie sie neben meinem Vater niederkniete, war es, als wollte mein Vater mir zu verstehen geben, dass am Ende des Lebens – wenn man nicht mehr über Geld oder Besitz verfügt, nicht einmal die Augen öffnen kann – nur mehr der eigene Herzschlag, der Atem und die Verbindung zu denen, die man liebt, übrig bleiben.

Also, Dad, mein erstes Dankeschön gilt dir. Ich könnte hundert Seiten mit all dem füllen, was ich dir gern sagen würde, und selbst das wäre nicht genug. Also sage ich vorerst einfach: Ich liebe dich, und du fehlst mir ...

Der nächste Dank geht an meine Mutter, von der ich immer wusste, dass sie eine Superheldin ist, die mir aber im letzten Lebensjahr meines Vaters bewies, dass ich noch nicht einmal die Hälfte davon gesehen hatte. Irgendwie verwandelte der entsetzliche Schmerz, den sie durchmachte, sie in eine noch fabelhaftere Frau. Anstatt von Angst verzehrt zu werden, wurde sie furchtloser. Anstatt ihr Herz zu verschließen, öffnete sie es noch mehr. Mom, ich bin so stolz, dein Sohn zu sein. Ich bin, wer ich bin, weil du so bist, wie du bist.

Ich möchte meinen Schwestern Talia und Briana danken, die nicht nur meine wertvollsten Freundinnen, sondern auch meine wichtigsten Lehrmeisterinnen sind. Als unser Vater starb, als ich glaubte, dass wir jeden Tag aufs Neue von schrecklichen Gefühlen bombardiert würden, gab mir die Tatsache, dass wir drei gemeinsam im Schützengraben lagen und dass ich nur zur Seite blicken musste, um euch beide neben mir sehen zu können, das sichere Gefühl, dass am Ende alles in Ordnung kommen würde. Ich bin so dankbar, dass wir das Leben zusammen verbringen dürfen.

Vielen Dank an meine Großeltern, Urgroßeltern, Tanten, Onkel, Cousinen und Cousins, denn bevor ich in meinem Studentenwohnheim auf dem Bett liegend an die Decke starrte, habe ich auf euren Sofas und an euren Esstischen gesessen und mich vollkommen geliebt gefühlt. Und vielen Dank an Mike Eshaghian und AJ Silva, die sich uns für diese Fahrt mit standhaftem Geist und offenem Herzen angeschlossen haben.

Ein besonderer Dank gebührt meiner Oma, die wir liebevoll Momina nennen und die in dieser Geschichte vor allem für ihren Ausdruck *jooneh man* bekannt wurde. Am Ende meiner Reise, als ich mir meiner Entscheidung, nicht aufs College zurückzukehren, immer sicherer wurde, setzte sich Cal Fussman mit mir zusammen und erinnerte mich daran, dass ich mich bei meiner Oma noch immer nicht dafür entschuldigt hatte, dass ich mein Versprechen gebrochen hatte.

Ich schob es beiseite. Ich sagte Cal, dass meine Großmutter wisse, dass ich nicht vorhabe, wieder aufs College zurückzukehren, und dass mein Verhältnis zu ihr hervorragend sei. Da bräuchte ich es nicht ausdrücklich erwähnen.

»Sie haben auf ihr Leben geschworen und das Versprechen gebrochen«, sagte Cal. »Es muss gesagt werden.«

Ich zögerte, ging aber trotzdem eines Abends zum Haus meiner Oma, um mit ihr zu reden. Wir hatten bereits die Hälfte des Abendessens hinter uns, als ich endlich den Mut aufbrachte.

»Ich weiß nicht, ob du dich daran erinnerst«, sagte ich zu ihr, »aber vor Jahren habe ich dir geschworen, dass ich das College beenden und meinen Master machen würde. Ich sagte: ›*Jooneh man.*‹«

Meine Oma legte ihre Gabel weg.

Sie sah mich schweigend an, so, als hätte sie Jahre darauf gewartet, diese Worte von mir zu hören.

»Ich habe das Versprechen gebrochen, und« – Tränen schossen mir in die Augen – »es tut mir leid.«

Die Stille, die folgte, sorgte dafür, dass ich mich noch schlechter fühlte.

Dann sagte meine Oma: »Es ist ... schon gut.« Sie holte tief Luft. »Ich hoffe ... ich hoffe ... ich hoffe, dass ich falsch damit lag, dich überhaupt darum zu bitten, so etwas zu versprechen.«

***

Die letzten Monate im Leben meines Vaters waren von mehr Schmerz erfüllt, als ich je erfahren hatte. Aber sie waren auch erfüllt mit einer Art von Liebe, von deren Existenz ich bis dahin nichts gewusst hatte.

Elliott rief mehrmals am Tag an, um sich über den Zustand meines Vaters zu informieren und darüber, wie meine Familie damit zurechtkam. Als sich der Zustand meines Vaters verschlechterte, kam Elliott häufiger nach LA geflogen, besuchte meinen Vater und saß mit ihm unter seinem Orangenbaum in unserem Garten. Elliott und mein Vater waren über diesen Baum miteinander verbunden. Elliott erstellte eine Website für den Baum. Sein Bruder Austin schrieb ein Lied über den Baum. Sein bester Freund, IN-Q, schrieb ein Gedicht über den Baum. Elliott ließ über zwanzig Baseballkappen mit der Aufschrift »Mr. Banayans Orangenbaum« auf der Vorderseite herstellen. Egal, wie viele Schmerzen mein Vater auch haben mochte – wenn er mit Elliott unter dem Orangenbaum saß, strahlte er.

Als ich Elliott das erste Mal ungefragt angemailt hatte, hatte ich davon geträumt, einen Mentor zu haben. Ich hatte nicht nur das Glück, einen Mentor zu bekommen, sondern auch einen besten Freund. Aber selbst in meinen wildesten Träumen hätte ich mir nicht vorstellen können, dass er auch mein Bruder werden würde.

Irgendwann war es für mich an der Zeit, Elliott anzurufen und ihm zu sagen, dass mein Vater ins Koma fiel. Elliott war gerade beruflich unterwegs und sagte, er würde so schnell wie möglich nach Los Angeles kommen.

Die nächsten Tage vergingen träge. Am Nachmittag des vierten Tages saß ich mit meinen Schwestern unter dem Orangenbaum und versuchte, inmitten des Chaos von Gefühlen ein bisschen Ruhe zu

finden. Als die Sonne unterzugehen begann, kam meine Tante heraus und bat uns, ans Bett meines Vaters zu kommen. In genau dem
Moment, als ich eintrat, kam Elliott durch die Vordertür herein. Er
sah den Blick in meinen Augen und folgte schweigend zum Bett meines Vaters. Wir alle standen in einem Kreis um meinen Vater herum – ich, meine Schwestern, meine Mutter, meine Tante, mein Onkel und Elliot – und hielten uns an den Händen. Eine Minute später
tat mein Vater seinen letzten Atemzug.

Wenn ich daran zurückdenke, wie es sich anfühlte, meinen Vater
vor meinen Augen sterben zu sehen, durchfluten mich viele Gefühle.
Gedanken und Theorien wirbeln in meinem Kopf herum, und ich
werde mich immer fragen, ob mein Vater gewartet hat, bis Elliott in
unserem Haus ankam und meine Hand hielt, bevor er starb.

***

Mein Vater lehrte mich eine letzte Lektion, bevor er zur Ruhe gebettet
wurde, und das geschah am Tag seiner Beerdigung.

Nach dem Gottesdienst in der Kapelle trugen sechs Sargträger
den Sarg meines Vaters zum Leichenwagen hinaus. Meine Mutter,
meine Schwestern und ich stiegen in ein anderes Auto und folgten
dem Leichenwagen bis zur Grabstätte. Als wir aus dem Auto ausstie-
gen, waren die sechs Sargträger, die meinen Vater aus der Kapelle
getragen hatten, aus irgendeinem Grund nicht beim Leichenwagen,
um den Sarg zum Grab zu geleiten.

Ich begann, mir Sorgen zu machen, hatte aber nicht viel Zeit
dazu, da ein Rabbi kam, um mit meiner Familie zu sprechen. Ich
konnte nicht sehen, was als Nächstes geschah, aber ich hörte, wie der
Kofferraum des Leichenwagens geöffnet und der Sarg meines Vaters
herausgenommen wurde.

Als ich schließlich die Grasfläche betrat und zum Prozessions-
zug blickte, sah ich, dass der Sarg meines Vaters von meinen besten
Freunden getragen wurde.

Meine Tränen wurden nun von Schluchzern begleitet, während ich den Kopf hob und zum Himmel aufblickte. Wieder weinte ich nicht aus Traurigkeit, sondern wegen der Schönheit des Augenblicks. Es war, als wollte mein Vater mir, kurz bevor er begraben wurde, sagen, dass es im Leben Freunde gibt, dass es beste Freunde gibt – und dass es die Art von besten Freunden gibt, die den Sarg deines Vaters tragen.

Vielen Dank an Kevin Hekmat, Andre Herd, Jojo Hakim, Ryan Nehoray, Brandon Hakim und Corwin Garber, die die Bedeutung von Freundschaft neu definiert und bewiesen haben, dass sie wirklich die gewaltigste Kraft auf der Welt ist.

Ich liebe euch Jungs, als wärt ihr Familie. Weil ihr Familie seid.

Und ich bin dankbar dafür, dass die Liste der Mitglieder meiner selbsterwählten Familie damit nicht endet.

Mehr als jeder andere, den ich getroffen habe, ist Cal Fussman für mich der Beweis, dass Gott existiert. Die Art und Weise, wie Cal und ich uns begegnet sind, kommt mir wie ein Wunder vor, und was Cal mir gegeben hat, war auch ein Wunder. In den letzten vier Jahren hat Cal mir nicht nur beigebracht, wie man Interviews führt, sondern auch, wie man schreibt, indem er zwei- oder dreimal pro Woche abends zwei Stunden mit mir verbrachte. Er begutachtete Satz für Satz und verlor dabei nie die Geduld. Wir haben gemeinsam einige Kapitel überarbeitet, bis zu hundertvierunddreißigmal. Und Cals Großzügigkeit endete damit nicht. Er nahm mich in seine Familie auf – *obrigado*, Gloria, Dylan, Keilah und Bridgette – und seine jüngste Tochter, Bridgette, ist jetzt meine Patentochter, was eine der größten Ehren ist, die mir im Leben zuteilwurden. Cal, zu sagen, dass ich unglaublich dankbar bin, wäre eine Untertreibung.

Vielen Dank an die gesamte Familie Bisnow: Austin, IN-Q, Nicole, Deena, Mark und Margot. Jedes Mal, wenn ich mit euch allen zusammen bin, ganz gleich, wo auf der Welt wir gerade sind, fühle ich mich zu Hause.

Ich bin dankbar für meine engsten Freunde, von Kindheit an über die Collegezeit bis heute, die jedem Teil meines Lebens mehr Sinn, Liebe und Spaß gebracht haben. Eure Energien sind in die Zeilen dieses Buches hineingesickert: Andrew Horn, Arturo Nuñez, Ben Nemtin, Brad Delson, Cody Rapp, Danny Lall, Jake Strom, Jason Bellet, Jesse Stollak, Jon Rosenblum, Kyla Siedband, Max Stossel, Maya Watson, Mike Posner, Miki Agrawal, Nia Batts, Noa Tishby, Olivia Diamond, Penni Thow, Radha Agrawal, Ramy Youssef, Ross Bernstein, Ross Hinkle, Sean Khalifian, Sophia Zukoski und Tamara Skootsky.

Und danke an meinen geliebten Freund Mallory Smith, der ein Licht in unseren Leben war und meine Leidenschaft für das Lesen seit unserer Kindheit angefacht hat: Du wirst vermisst und bleibst für immer in unseren Herzen.

***

Es gibt ein Zitat von Rabbi Abraham Joshua Heschel, das mich besonders anspricht: »Als ich jung war, bewunderte ich kluge Menschen. Jetzt, da ich alt bin, bewundere ich liebenswürdige Menschen.«

Als ich Stefan Weitz zum ersten Mal traf, zogen mich sein Intellekt und seine Fähigkeit an, für jedes Problem zehn Lösungen zu finden. Heute, wenn ich zurückblicke, bin ich vor allem von seiner Großzügigkeit und Selbstlosigkeit überwältigt. Stefan, du hast meine Mission mit der ganzen Kraft deines guten Rufs unterstützt, als sie nicht mehr als der Wunschtraum eines Achtzehnjährigen war. Menschen wie du verändern wirklich die Welt. Ich werde dir für den Rest meines Lebens dankbar sein.

Danke an Matt Michelsen, der mich nicht nur ins Spiel gebracht, sondern auch in seine Welt eingeführt und sich um mich gekümmert hat, als ich ihn am meisten brauchte. Matt, du lebst die dritte Tür. Ich bin dir, Jenny und den drei Gs unendlich dankbar für die unerschütterliche Unterstützung und dafür, dass ihr mich immer mit offenen Armen in eurem Haus empfangen habt.

Ein besonderer Dank gilt meinen frühesten Mentoren, von der Highschool an bis zu den ersten Tagen meines Projektes, die voll und ganz an mich glaubten, noch bevor ich es selbst tat. Sie alle haben die Flamme in mir entfacht, und ich könnte nicht dankbarer sein: Calvin Berman, César Bocanegra, Dan Lack, Indra Mukhopadhyay, John Ullmen, Keith Ferrazzi, Kristin Borella, Michelle Halimi und Richard Waters.

Ich möchte einen besonderen Dank an Stewart Alsop, Gilman Louie, Ernestine Fu und das gesamte Team von Alsop Louie Partners aussprechen. Sie haben mich nicht nur in die Welt der Unternehmensinvestitionen eingeführt, sondern mich auch die ganze Zeit über ermutigt, dieses Buch zu schreiben.

Ich bin meiner literarischen Agentin, Bonnie Solow, ewig dankbar, die mich zum Glück nicht für verrückt hielt, als ich ihr jene E-Mail mit dem Betreff »mein Gedankenfluss um 3 Uhr morgens« schickte. Bonnie, Sie haben den Kern der Mission gleich bei unserem ersten Telefongespräch verstanden. Sie haben diesen Traum meisterhaft von einer Idee über einen Verlagsvertrag bis hin zu dem Buch geführt, das heute in unseren Händen liegt.

Ich danke meinem Herausgeber, Roger Scholl, und meiner Verlegerin, Tina Constable, aus Gründen, die mich schon beim bloßen Gedanken daran bewegen. Roger und Tina, als mein Vater im Sterben lag, haben Sie beide mich mit einem Maß an Mitgefühl und Freundlichkeit behandelt, das beinahe unfassbar ist. Danke, dass Sie mir Zeit eingeräumt haben, meine Gefühle auszuleben, mich etwas auszuruhen und für meine Mutter und meine Schwestern da sein zu können. Dass Sie beide Meister im Verlegen von Büchern sind, ist wohlbekannt, aber ich möchte, dass die Welt weiß, dass Sie vor allem durch Ihre großen Herzen so bemerkenswert sind.

Ich danke Ihnen beiden und dem gesamten Team der Crown Publishing Group – Campbell Wharton, Megan Perritt, Ayelet Gruenspecht, Nicole McArdle, Owen Haney, Erin Little, Nicole Ramirez, Mary Reynics, Norman Watkins, Andrea Lau und vielen anderen – für alles, was Sie getan haben, um dieses Buch zum Glänzen zu bringen. Ein besonderer Dank gilt Rick Horgan, der mich in die Crown-Familie eingeführt und die Vision dieses Buches von Anfang an mitgestaltet hat. Ich bin Adam Penenberg dankbar für seine sorgfältige Bearbeitung des Manuskripts, das dadurch straff und sauber wurde. Und ich möchte Kevin McDonnell für seinen meisterhaften Faktencheck und Ben Hannani für seine Hilfe bei der Sichtung der frühen Interviewprotokolle danken.

Während sich mein Schreibprozess dem Ende näherte, lieferten einige meiner liebsten Freunde bemerkenswerte Rückmeldungen und Überarbeitungsvorschläge: Breegan Harper, Casey Rotter, Kaplan Kevin, Claire Schmidt, Dani Van De Sande, Julie Pilat, Michelle Zauzig und Sam Hannani. Ihr habt nicht nur geholfen, das Buch zu verbessern, sondern ihr habt mich auch daran erinnert, warum ich es überhaupt geschrieben habe.

Ich möchte David Creech ein riesiges, halleluja-mäßiges Dankeschön dafür aussprechen – nein, ich möchte es ausrufen –, dass er seine Zauberkünste auf dem Buchumschlag entfaltet hat. Und ein großes Dankeschön an meinen Bruder Arturo Nuñez, der das ermöglicht hat.

Vielen Dank an die folgenden Autoren, von denen ich einige gut kenne und mit anderen wiederum E-Mails ausgetauscht habe, die mich so selbstlos durch den Publikationsprozess geführt haben. Sie alle sind ein Beweis dafür, dass es wirklich gute Menschen auf der Welt gibt: Adam Braun, Adam Penenberg, Baratunde Thurston, Ben Casnocha, Ben Nemtin, Brendon Burchard, Cal Fussman, Craig Mullaney, Dan Pink, Dave Lingwood, Dave Logan, David Eagleman, Diane Shader Smith, Emerson Spartz, Esther Perel, Gary Vaynerchuk, Gina Rudan, Guy Kawasaki, Jake Strom, James Marshall Reilly, Janet Switzer, John Ullmen, Josh Linkner, Julien Smith, Keith Ferrazzi, Kent Healy, Lewis Howes, Malcolm Gladwell, Mastin Kipp, Neil

Strauss, Rich Roll, Ruma Bose, Sam Horn, Seth Godin, Simon Sinek, Stanley Tang, Tim Ferriss, Tim Sanders, Tony Hsieh und Wes Moore.

***

Jahrelang habe ich versucht, mir vorzustellen, wie es sich anfühlen würde, die folgenden Worte zu schreiben.

Nachstehend finden Sie eine Liste aller Personen, die für das Projekt interviewt wurden, die ein Interview koordiniert oder versucht haben, ein Interview zu ermöglichen. Der große Umfang dieser Liste freut mich ungemein. Er ist der ultimative Beweis dafür, was es bedurfte, damit dieses Buch entstehen konnte.

Von ganzem Herzen danke ich jedem Einzelnen von ihnen:

Adrianna Allen	Debbie Bosanek	Julie Hovsepian
Ali Dalloul	Debborah Foreman	Justin Falvey
Allie Dominguez	Drew Houston	Karla Ballard
Allison Wu	Dylan Conroy	Katie Curtis
Aman Bhandari	Elise Wagner	Keith Ferrazzi
Amelia Billinger	Elizabeth Gregersen	Kelly Fogel
Amy Hogg	Elliott Bisnow	Kevin Watson
Andrea Lake	Franck Nouyrigat	Kristin Borella
Arturo Nuñez	Fred Mossler	Lady Gaga
Asher Jay	Gerry Erasme	Larry Cohen
Barry Johnson	Gilman Louie	Larry King
Ben Maddahi	Hannah Richert	Lee Fisher
Ben Schwerin	Howard Buffett	Lisa Hurt-Clark
Bettie Clay	Jacob Petersen	Marie Dolittle
Bill Gates	James Andrews	Mastin Kipp
Blake Mycoskie	James Ellis	Matt Michelsen
Bobby Campbell	Jane Goodall	Max Stossel
Brenna Israel Mast	Jason Von Sick	Maya Angelou
Bruce Rosenblum	Jason Zone Fisher	Maya Watson

Cal Fussman	Jennifer Rosenberg	Michael Kives
César Bocanegra	Jesse Berger	Michelle Rhee
Cesar Francia	Jesse Stollak	Miki Agrawal
Charles Best	Jessi Hempel	Penni Thow
Charles Chavez	Jessica Alba	Peter Guber
Chelsea Hettrick	Joe Huff	Phillip Leeds
Cheri Tschannel	Joey Levine	Pippa Biddle
Corey McGuire	Johnny Steindorff	Pitbull
Courtney Merfeld	Jon Rosenblum	QD3
Dan Lack	Jonathan Hawley	Qi Lu
Daphne Wayans	Jordan Brown	Quddus Philippe
Darnell Strom	Juan Espinoza	Quincy Jones
Dean Kamen	Julia Lam	Radha Ramachandran
Rebecca Kantar	Shira Lazar	Tom Muzquiz
Rick Armbrust	Simmi Singh	Tony DeNiro
Robert Farfan	Soledad O'Brien	Tony Hsieh
Romi Kadri	Sonja Durham	Tracy Britt
Ruma Bose	Stefan Weitz	Tracy Hall
Ryan Bethea	Steve Case	Van Scott
Ryan Junee	Steve Wozniak	Vivian Graubard
Samantha Couch	Stewart Alsop	Warren Bennis
Scott Cendrowski	Sugar Ray Leonard	Wendy Woska
Scott McGuire	Suzi LeVine	Will McDonough
Seth London	Tim Ferriss	Zak Miller

***

Vielleicht lautet die letzte Frage, die es zu beantworten gilt: *Wie geht es nun weiter?*

Nach dem Tod meines Vaters fühlte ich mich noch mehr von Quincy Jones' Rat angezogen, in die entlegensten Winkel der Welt zu reisen und die Weisheit und Schönheit verschiedenster Kulturen aufzusaugen. Im vergangenen Jahr bereisten meine besten Freunde und ich Argentinien, Brasilien, Kenia, Indien, Japan und Südafrika, und diese Zeilen schreibe ich jetzt von Australien aus, wo Kevin und ich im Great Barrier Reef tauchen. Das Interview mit Quincy Jones hat mein Leben verändert, weil es änderte, was ich mir vom Leben wünsche. Und ich könnte nicht dankbarer dafür sein.

Das Reisen hat mir die Gelegenheit gegeben, mit frischem Blick auf die vergangenen Jahre zurückzuschauen. Je mehr ich über meine Reise nachdenke, desto mehr erkenne ich, was die Seele des Projekts ausmacht. Zu Beginn konzentrierte ich mich allein darauf, die Weisheit der Großen zu sammeln, um ihr Wissen in der Rückschau zur Vorausschau für meine Generation zu machen. Und wenngleich dieser Aspekt weiterhin Bestand hat, habe ich doch erkannt, dass das Projekt noch eine tiefere Bedeutung hat. In diesem Buch und bei der Denkweise der dritten Tür dreht sich alles um Möglichkeiten.

Ich habe gelernt, dass man jemandem zwar das beste Wissen und die besten Werkzeuge der Welt zur Verfügung stellen kann, dennoch kann sich das Leben manchmal festgefahren anfühlen. Aber wenn man ändern kann, was jemand für möglich hält, wird sein Leben nie mehr dasselbe sein.

Ich träume von einer Zukunft, in der immer mehr Menschen dieses Geschenk der Möglichkeiten erhalten, unabhängig davon, wer sie sind oder wo sie geboren wurden. Ich werde alles daransetzen, was in meiner Macht steht, und jede erdenkliche Rolle spielen, um diesen Traum Wirklichkeit werden zu lassen. Wenn Sie von dieser Idee ebenso leidenschaftlich begeistert sind wie ich, wenn Sie dazu beitragen wollen, die Denkweise der dritten Tür in die Welt zu tragen, dann möchte ich gern von Ihnen hören. Rufen Sie mich an, schicken Sie mir eine E-Mail. Gemeinsam können wir etwas bewirken.

Also, auf die Zukunft.

Auch wenn sich meine Tage der Jagd nach Interviews vielleicht dem Ende zuneigen, habe ich das Gefühl, dass ein viel größeres Projekt gerade erst beginnt.

ÜBER DEN AUTOR

*A*m Tag vor seinen Abschlussprüfungen im ersten Studien-jahr hackte Alex Banayan die Fernsehspielshow *The Price is Right*, gewann ein Segelboot, verkaufte es und nutzte das Preisgeld, um sein Bestreben zu finanzieren, von den erfolgreichs-ten Menschen der Welt zu lernen. Seitdem wurde Banayan in die Forbes-Liste der 30 unter 30-Jährigen und in die Liste der mäch-tigsten unter 30-Jährigen von *Business Insider* aufgenommen. Er hat Artikel für *Fast Company*, die *Washington Post*, *Entrepreneur* und TechCrunch geschrieben und wurde in wichtigen Medien wie *Fortune*, *Forbes*, *Businessweek*, Bloomberg TV, Fox News und CBS News vorgestellt. Als gefeierter Redner stellte Banayan das Kon-zept der dritten Tür bei Geschäftskonferenzen und vor Unterneh-mensführungsteams auf der ganzen Welt vor, darunter bei Apple, Nike, IBM, Dell, MTV, Harvard und zahllosen anderen.